U0367708

汽车维修电工手册

主　编　吴荣辉　税绍军

副主编　范光明　李志军　邓　忠

参　编　管伟雄　林庆芳　黄林彬　夏仁兵

机械工业出版社
CHINA MACHINE PRESS

本书由汽车行业专家及技能大师工作室带头人主导，一线维修技师参与编写，全面、系统地介绍了汽车维修电工的基础知识和基本技能，以及利用不同的工具设备对汽车电路及电控系统的电阻、电压、电流、占空比、频率、数据流、波形进行检测及分析的方法。同时，作为工具书还汇集了近10年内典型车型（包括新能源汽车）的多种技术参数。

为解决纸质图书提供技术资料内容篇幅有限，以及持续更新缓慢的问题，本书配套有数字化手册，读者可以使用手机扫描二维码，进入数据库查询相关车型维修的技术资料。数据库的技术资料将根据读者需求持续补充和更新。

本书是一本汽车电气维修的实用工具书，主要适用于一线汽车维修电工进行汽车电路及电控系统知识和维修技能的学习，并可作为实际维修工作的参考资料，也可作为汽车机电维修技术人员的培训教材及中、高职汽车专业师生的教学参考书。

图书在版编目（CIP）数据

汽车维修电工手册 / 吴荣辉，税绍军主编. —北京：
机械工业出版社，2022.12
ISBN 978-7-111-71776-8

Ⅰ.①汽…　Ⅱ.①吴…　②税…　Ⅲ.①汽车–电工–维修–手册
Ⅳ.①U463.6–62

中国版本图书馆CIP数据核字（2022）第187159号

机械工业出版社（北京市百万庄大街22号　邮政编码100037）
策划编辑：齐福江　　　　　　　责任编辑：齐福江　刘　煊
责任校对：李　杉　张　薇　　　封面设计：王　旭
责任印制：张　博
北京建宏印刷有限公司印刷

2023年1月第1版第1次印刷
184mm×260mm·21.25印张·2插页·499千字
标准书号：ISBN 978-7-111-71776-8
定价：158.00元

电话服务　　　　　　　　　　　网络服务
客服电话：010-88361066　　　机　工　官　网：www.cmpbook.com
　　　　　010-88379833　　　机　工　官　博：weibo.com/cmp1952
　　　　　010-68326294　　　金　书　网：www.golden-book.com
封底无防伪标均为盗版　　　机工教育服务网：www.cmpedu.com

前　言

　　汽车电路及电控系统维修是汽车维修行业中技术难度最高的工作，加上汽车电子控制技术不断更新，特别是新能源汽车的快速发展，汽车维修电工及其他相关的技术人员需要持续学习相关知识和技能才能满足工作要求。另外，汽车电路及电控系统维修人员在工作中，需要查阅大量的万用表测量数据、诊断仪数据流、示波器显示波形的正常（标准）数据技术资料。因此，汽车维修行业急需一本实用的，供汽车维修电工学习电路及电控系统维修的操作指导手册和方便技术资料查询的工具书。

　　为此，我们邀请汽车维修行业专家及全国各地技能大师工作室带头人，组织一线维修技师参与，编写了这本《汽车维修电工手册》。本书集汽车电路及电控系统维修操作指导手册与工具书为一体，指导手册部分（第一～三章）采用大量现场拍摄的图片，全面、系统地介绍了汽车维修电工的必备知识和技能，以及利用不同的工具设备，进行汽车电路及电控系统的电阻、电压、电流、占空比、频率、数据流、波形检测及分析的方法；工具书部分（第四～六章及数据库资源）汇集了近10年内的典型车型（包括新能源汽车）的大量技术资料，供实际维修工作中进行对比分析。

　　为解决纸质图书提供技术资料内容篇幅有限，以及持续更新缓慢的问题，本书配套有数字化手册，读者可以使用手机扫描二维码，进入数据库查询相关车型维修的技术资源。数据库的技术资源将根据读者需求持续补充和更新。

　　本书主要适用于一线汽车维修电工进行汽车电路及电控系统知识和维修技能的学习，同时作为实际维修工作的参考资料，也适合用作中高职汽车专业的师生教学参考书和汽车机电维修及其他汽车行业工程技术人员的培训教材。

　　本书由吴荣辉（汽车维修行业专家）、税绍军（汽车维修行业专家）任主编，范光明（云南省汽车维修技术专家委员会主任／云南省汽车维修行业人民调解委员会主任）、李志军（无锡职业技术学院／江苏省李志军技能大师工作室）、邓忠（珠海齐创汽车科技创始人／汽车电子维修专家）任副主编，管伟雄（浙江省汽车维修行业协会专家委员会成员／台州市首席技师）、林庆芳（厦门市职工技术创新工作室）、黄林彬（厦门市黄林彬自动变速箱维修技能大师工作室）、夏仁兵（重庆道路运输协会汽车维修专业委员会委员／重庆市职业鉴定中心汽车类专家库专家）参与编写，珠海齐创汽车科技公司、熊继荣（无锡市熊继荣技能大师工作室）为本书提供大量技术资源。

　　感谢听车汽修APP创始人余超、联合创始人邱银光对本书的大力支持。

　　本书在编写过程中，参考了大量国内外相关著作及其他文献资料，在此一并向有关作者及汽车厂家表示最真诚的感谢！限于编者的水平，书中难免存在不当之处，敬请广大读者批评指正。

编　者

目　录

汽车维修电工手册

第一章
汽车维修电工基础
知识与基本技能

本章介绍汽车维修电工必备的基础知识和基本技能，包括：汽车常用电子元器件及检测方法；汽车电路常见故障与排除方法；汽车电路图识读方法。通过以上内容的学习，你能掌握汽车维修电工的基础知识与基本技能，并能够在实际工作中应用。

第一节 汽车常用电子元器件及检测方法

一、电子元器件在汽车上的应用模式及检修要求

随着汽车技术的发展，电子元器件在汽车上的应用越来越广泛。传感器、执行器、电子控制单元（简称电控单元 ECU，也称电控模块 ECM）都属于电子元器件，也是汽车电气系统中不可缺少的组成部件。

以发动机电控系统为例，传感器的作用是进行信号变换，把被测的非电量信号变换成电信号输入到发动机电控单元，电控单元按照设定的程序对这些信号进行分析计算，用于在发动机整个工作范围内控制最优燃油喷射量、喷射时间及点火控制、怠速控制、废气排放控制等，以降低废气排放并提高发动机功率和燃油经济性。图 1-1-1 是发动机电控系统控制模式，传感器进行数据采集并输入到电控单元（ECU），电控单元进行数据处理后，发出控制指令控制执行器工作；同时，电控单元也能对传感器和执行器进行功能诊断。

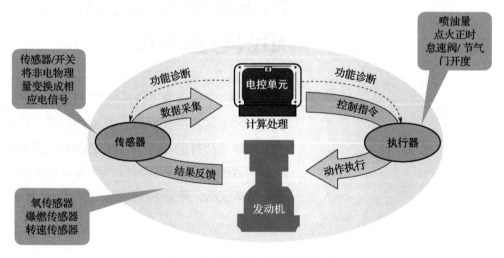

图 1-1-1 发动机电控系统控制模式

对于从事汽车电控系统及电子元器件检修的汽车维修电工等技术人员，应具备电工电子基础知识与基本技能，熟悉电子元器件的结构组成、工作原理与检测方法，并能够利用万用表、诊断仪器、示波器等设备进行故障诊断与排除。

二、汽车电子元器件的类型、应用及检测方法

汽车电子元器件从结构原理的角度，可分为开关、电阻器、磁电元件、霍尔元件、压力检测元件、电磁线圈、电动机、集成电路等类型，以下介绍各类型电子元器件在汽车上的应用及检测方法。

1. 开关

（1）开关在汽车上的应用

开关的词语解释为开启和关闭，从汽车电气系统的角度是指一个可以使电路开路、使电流中断或使其流到其他电路的电子元器件。最简单的开关有两片金属触点（接点），触点接触时使电路形成回路，触点不接触时电路开路。

开关在汽车上的应用有手动操作开关和自动控制开关两种主要类型。

1）手动操作开关：手动操作开关包括旋转式开关（如传统汽车的点火开关等）、按钮开关（如危险警告灯开关、空调开关、电子稳定系统 ESP 开关等）、交互式转换开关（如门锁开关等）、操作杆式开关（如灯光开关、变速器档位开关、制动灯开关、刮水器开关等），通过手动操作接通或断开对应部件的控制电路。

图 1-1-2 是传统汽车的点火开关；图 1-1-3 是电子稳定系统 ESP 控制开关。

图 1-1-2　点火开关　　　　　图 1-1-3　电子稳定系统 ESP 控制开关

2）自动控制开关：自动控制开关通过感测压力（如空调制冷循环系统或液压助力转向系统的压力开关等）、温度（如电子冷却风扇控制的温控开关等）、液位（如机油、冷却液的液位开关等），自动接通或断开对应部件的控制电路。

图 1-1-4 是液压助力转向系统的压力开关；图 1-1-5 是电子冷却风扇的温控开关。

 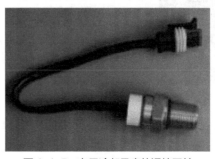

图 1-1-4　液压助力转向系统的压力开关　　　图 1-1-5　电子冷却风扇的温控开关

（2）开关的检测方法

开关量信号是通过开关断开和导通所引发的信号，即跳跃变化的电压信号，是最简单的脉冲信号，广泛应用于现代电子技术信号处理中。

开关及开关量信号的电子元器件检测方法如下：

1）**电阻**：采用万用表的电阻档检测电阻，通常在开关断开时电阻为无穷大，导通时电阻接近 0Ω。

🔖 **注意**：测量电阻时，被测电路应独立（断开），不带电。

2）**电压**：采用万用表的电压档检测电压，通常开关连接电源或者搭铁。开关连接电源一侧电压为 12V，连接搭铁一侧电压为 0V。当开关闭合时，开关另一侧等电位，同为 12V 或者 0V。若开关闭合或断开，另一侧电压无变化，则可说明开关损坏。

3）**数据流**：采用诊断仪器读取对应电控系统的数据流，通常在开关断开时数据流显示 "OFF" 或 "OPEN"，导通时数据流显示 "ON" 或 "CLOSE"。

2. 电阻器

（1）电阻器在汽车上的应用

电阻器的种类有很多，在汽车电子元器件中的应用包括固定电阻器、可变电阻器、热敏电阻器等类型。

1）**固定电阻**：固定电阻的电阻值在本体温度、压力等条件发生变化时不会发生变化，或者变化很小。固定电阻在汽车上主要用于电路的分压或整流，如早期本田车型保护低电阻喷油器线圈的分压电阻、丰田汽车燃油泵控制电路的分压电阻（实现油泵两种转速），以及电动汽车高压系统的预充电阻、车载局域网络 CAN 系统的终端电阻等。

图 1-1-6 是丰田汽车燃油泵控制线路上分压的固定电阻；图 1-1-7 是具备终端电阻（数据传递终端）的 CAN 系统示意图。

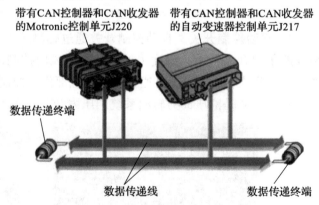

图 1-1-6　丰田汽车燃油泵控制线路的固定电阻　　　　图 1-1-7　具备终端电阻的 CAN 系统

2）**可变电阻**：汽车用的可变电阻为电位计（也称电位器）。电位计是一种典型的接触式传感器，一般为滑动变阻器，通过可调电阻改变输出电压，即电位计的电阻值 / 信号电压随着元件的动作发生变化。某些电控发动机的节气门位置传感器、加速踏板位置传感器，以及大部分的位置传感器均为此类型的传感器。

图1-1-8是电位计式的节气门位置传感器；图1-1-9是装备位置传感器的废气再循环（EGR）阀。

图 1-1-8　节气门位置传感器　　　图 1-1-9　装备位置传感器的 EGR 阀

3）**热敏电阻**：热敏电阻是开发早、种类多、发展较成熟的敏感元器件。热敏电阻由半导体陶瓷材料组成，其原理是根据温度变化引起内部电阻产生相应的变化。

热敏电阻一般包括负温度系数（NTC）热敏电阻、正温度系数（PTC）热敏电阻以及临界温度热敏电阻（CTR）。

①负温度系数热敏电阻的电阻值随着 NTC 热敏电阻本体温度的升高而减小；温度越高，电阻值越小。NTC 热敏电阻广泛应用于温度检测、温度补偿等场合，如用于检测汽车发动机冷却液温度的冷却液温度传感器、用于检测汽车进气温度的进气温度传感器等。

②正温度系数热敏电阻的电阻值随着 PTC 热敏电阻本体温度的升高而增大；温度越高，电阻值越大。正温度系数热敏电阻在汽车上应用不多，通常用于加热部件，如电动汽车暖风系统 PTC 加热器等。

③临界温度热敏电阻具有负电阻突变特性，在某一温度下，电阻值随温度的增加急剧减小，具有很大的负温度系数。临界温度热敏电阻在汽车上的应用很少，应用场合与温控开关类似。

图1-1-10是热敏电阻的温度传感器（内部结构）；图1-1-11是电动汽车暖风系统的PTC加热器。

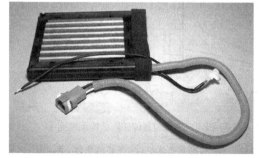

图 1-1-10　温度传感器内部结构图　　　图 1-1-11　电动汽车暖风系统的 PTC 加热器

（2）电阻器的检测方法

以下介绍电阻器类型的电子元器件检测方法。

1）电阻： 采用万用表的电阻档检测电阻，对于固定电阻，直接检测电阻值；对于可变电阻、热敏电阻、压敏电阻等，则需要检测在不同的条件下，如位置（开度或角度）、温度、压力、真空度等发生变化时对应的电阻值，并与正常值进行比较。

2）电压： 采用万用表的电压档检测电压，检测参考电源经过电阻器以后的电压降或电压信号，并与正常值进行比较。

3）数据流： 采用诊断仪器读取对应电控系统的数据流，观察在不同的条件下，如位置（开度或角度）、温度、压力、真空度等发生变化时对应的数据值，看传感器是否对工况变化有正确响应，并与正常值进行比较。

3. 磁电式传感器

（1）磁电式器件在汽车上的应用

磁电式传感器是利用电磁感应原理，将输入的运动速度转换成线圈中的感应电势输出。它直接将被测物体的机械能量转换成电信号输出，工作不需要外加电源，是一种典型的无源传感器。在汽车上典型的应用如曲轴/凸轮轴位置传感器、车轮速度传感器等。这种传感器一般由永磁体、线圈、软铁心等组成。传感器与信号齿圈（齿形转子）之间的气隙也很重要，如果装配不当时会影响信号输出。

图1-1-12是磁电式曲轴位置传感器结构示意图，有两条电气导线。图1-1-13是磁电式曲轴位置传感器波形，图中曲线1和曲线3是信号齿圈上非缺口（正常齿）处产生的波形；图中曲线2是缺口处产生的畸变波形（上止点基准标记），ECU通过判别该处齿形缺口的信号来识别曲轴位置。通常信号齿圈上有58个齿，缺口处少2个齿。

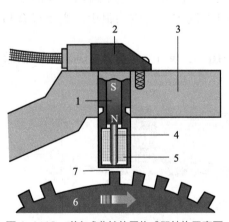

图 1-1-12　磁电式曲轴位置传感器结构示意图

1— 永久磁铁　2— 传感器壳体　3— 发动机壳体　4— 软
铁心　5— 线圈　6— 信号齿圈（基准标记）　7— 气隙

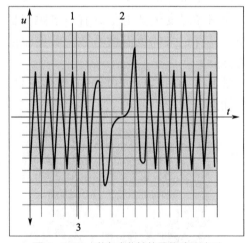

图 1-1-13　磁电式曲轴位置传感器波形

1— 正常齿波形（+）　2— 缺口波形（上止点基准标记）
3— 正常齿波形（-）

（2）磁电式传感器的检测方法

磁电式传感器通过转子与线圈的相互作用，在线圈内产生交变的电压信号。磁电式传感器检测方法如下。

1）**电阻（静态测量）**。采用万用表的电阻档检测线圈电阻。检测时，将传感器插接器拔下，使用电阻档测量传感器两个针脚之间的电阻，将测量值与标准值进行对比。磁电式曲轴位置传感器的电阻值一般为 1000Ω 左右，如别克凯越的曲轴位置传感器电阻 $800\sim1200\Omega$，丰田凯美瑞的曲轴位置传感器电阻 $1150\sim1450\Omega$。以上对线圈电阻进行测量属于静态测量。在维修实践中，除了静态测量，还要结合动态测量才能准确判断元器件的好坏。

2）**波形测试（动态测量）**。采用示波器测试波形（交流波形），可以很准确地判定器件是否有故障。测量时，传感器接入电路，被测部件或系统正常工作，将示波器测试探头连接传感器的两个端子测试波形。正常波形为均匀变化的交流波形。

3）**数据流（动态测量）**。采用诊断仪器读取对应系统的数据流，可以判断该传感器是否有正常信号输出。测试转速的传感器会以转速的形式在数据流列表中呈现。通常维修电工会改变发动机转速或者轮速，观察数据流是否同步变化。

4. 霍尔式传感器

（1）霍尔式器件在汽车上的应用

霍尔传感器是利用霍尔效应制成的传感器，通常有开关型霍尔和线性霍尔两种类型。

霍尔效应是电磁效应的一种，这一现象是美国物理学家霍尔（E.H.Hall，1855—1938）于 1879 年在研究金属的导电机制时发现的。当电流垂直于外磁场通过半导体时，载流子发生偏转，垂直于电流和磁场的方向会产生一个附加电场，从而在半导体的两端产生电势差，这一现象就是霍尔效应，这个电势差也被称为霍尔电势差。

图 1-1-14 是霍尔效应的原理图。对于一个给定的霍尔器件，当偏置电流 I 固定时，霍尔电压 U_h 将完全取决于被测的磁场强度 B。磁场强度 B 越大，U_h 越大。

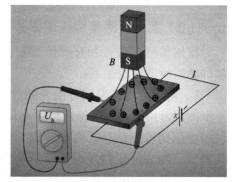

图 1-1-14　霍尔效应原理

霍尔传感器在汽车上的应用很广泛。开关型霍尔可以用于门控开关、无刷电机、转速检测、流量检测、无接触定位等。线性霍尔可用于节气门位置、加速踏板位置的位移检测，转角传感器的角度检测，以及电器线路的电流检测等。

1）**开关型霍尔**：图 1-1-15 是开关型（单级）霍

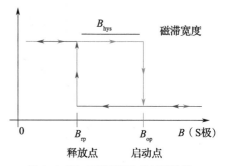

图 1-1-15　开关型霍尔的输出特性

尔的特性图。单级霍尔需要指定一个磁极，一般都是指定 S 极。当磁场靠近时霍尔元件导通，输出低电平；磁场远离时霍尔元件断开，输出高电平，而另一磁极始终保持高电平的状态。根据单级霍尔这种特性，可以使用一个磁铁或者类似的磁场来进行各种应用。

图 1-1-16 是宝马汽车采用的一种轮速传感器，图 1-1-17 显示了其内部结构。在车轮轴承密封件中安装了 48 对磁极。车轮转速传感器由 2 个霍尔传感器和 1 个电子分析装置组成。这类传感器输出方波波形，有别于传统的磁电式传感器波形。

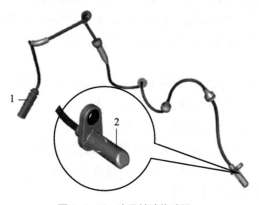

图 1-1-16　宝马轮速传感器

1— 插接器　2— 传感器本体

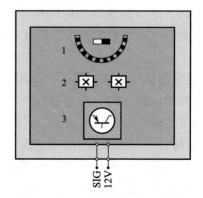

图 1-1-17　宝马轮速传感器内部结构

1— 磁极　2— 霍尔传感器　3— 电子分析装置

2）线性霍尔：如图 1-1-18 所示，线性霍尔的输出电压与传感器自身的磁场强度成正比，根据磁场特性和强度其输出电压上升或下降。图 1-1-19 是宝马汽车的加速踏板位置传感器，图 1-1-20 是该传感器的输出特性，该传感器有 2 组线性信号输出，同步增大或减小。

（2）霍尔传感器的检测方法

霍尔传感器是一种有源传感器，任何检测之前都需要测量传感器的供电是否正常。霍尔传感器检测方法如下：

1）电压测量：采用万用表的电压档检测传感器的供电参考电压。供电电压正常的，进一步使用万用表测量其输出信号电压。开关型霍尔传感器输出方波信号，当有信号输出时，利用电压档可测量有无信号输出。电压测量的弊端是不能精准判定器件是否有故障。因为普通型万用表电压档采用平均值响应进行测量，只能看到信号的平均值，不能看到信号的细节，所以存在电压测量误判的情形。

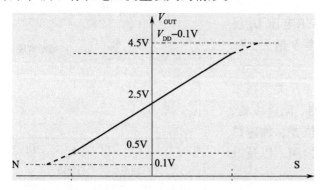

图 1-1-18　线性霍尔输出特性

图 1-1-19　宝马汽车加速踏板位置传感器

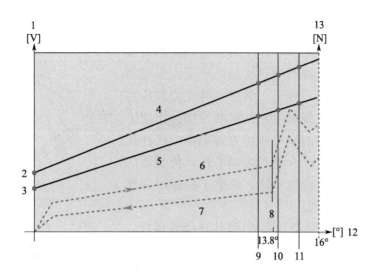

图 1-1-20 宝马汽车上的线性霍尔传感器输出特性

1— 传感器电压 2— 传感器 1 在怠速下的信号电压 3— 传感器 2 在怠速下的信号电压 4— 传感器 1 输出信号变化过程
5— 传感器 2 输出信号变化过程 6— 不断增大的制动踏板力特性线 7— 不断减小的制动踏板力特性线（减速）
8— 由于强迫降档开关开始提高制动踏板力或由于强迫降档结束减小制动踏板力 9— 不带强迫降档的满负荷位置
10— 强迫降档关闭 11— 强迫降档接通 12— 加速踏板角度 13— 制动踏板力

2）波形测试：采用示波器测试波形，可以很准确地判定霍尔器件是否有故障。测量时，传感器正常接入电路，被测部件或系统正常工作，将示波器测试探头连接传感器的信号输出端子进行测量，负极搭铁。波形为方波波形。通过波形测量能方便、快速、准确地判定器件是否存在故障。图 1-1-21 所示是霍尔式凸轮轴位置传感器波形。

3）数据流：采用诊断仪器读取对应系统的数据流，可以判断该传感器是否有正常信号输出。如测量转速的曲轴位置传感器（霍尔式）、凸轮轴位置传感器（霍尔式）、轮速传感器（霍尔式）等传感器，均可以利用数据流来观察传感器是否正常工作。

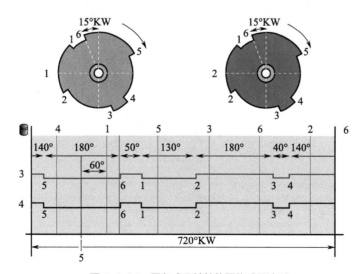

图 1-1-21 霍尔式凸轮轴位置传感器波形

1— 进气凸轮轴 2— 排气凸轮轴 3— 进气凸轮轴信号 4— 排气凸轮轴信号
5— 气缸 1 上止点参考标记 6— 气缸编号

5. 压力传感器

压力传感器通常是采用半导体压阻效应制成的传感器，这是半导体压力传感器的主要类型。早期大多是将半导体应变片粘贴在弹性元件上，制成各种应力和应变的测量仪器，随着半导体集成电路技术的发展，出现了由扩散电阻作为压阻元件的半导体压力传感器。这种压力传感器结构简单可靠，没有相对运动部件，传感器的压力敏感元件和弹性元件合为一体，免除了机械滞后和蠕变，提高了传感器的性能。

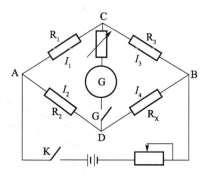

图 1-1-22　惠斯通压阻电桥模型

常用的半导体压力传感器选用 N 型硅片作为基片。先把硅片制成一定几何形状的弹性受力部件，在此硅片的受力部位，沿不同的晶向制作四个 P 型扩散电阻，然后用这四个电阻构成惠斯通电桥，在外力作用下电阻值的变化就变成电信号输出。这个具有压力效应的惠斯通电桥是压力传感器的心脏，通常称为压阻电桥。图 1-1-22 是惠斯通电桥的模型。

压力传感器在汽车上的应用非常广泛。压力传感器可用于测量气体、流体的压力。在汽车上，主要有进气压力传感器、增压压力传感器、空调制冷剂压力传感器、机油压力传感器、高压燃油压力传感器、制动压力传感器、真空压力传感器等。

图 1-1-23　空调制冷循环系统压力传感器

与压力开关不同的是，压力开关只能向电控单元 ECU 提供断开或导通信号，而半导体压阻效应式的压力传感器则可以提供整个监测范围内的线性压力信号。

图 1-1-23 是空调制冷循环系统压力传感器；图 1-1-24 是发动机进气系统的进气压力传感器。图 1-1-25 是压力传感器的线性输出特性曲线。

图 1-1-24　进气压力传感器

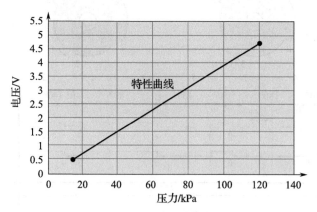

图 1-1-25　压力传感器的线性输出特性曲线

6. 电磁线圈

（1）电磁线圈在汽车上的应用

线圈是由导线一圈靠着一圈地绕在绝缘管上，导线彼此互相绝缘，而绝缘管可以是空心的，也可以包含铁心或磁粉心。

电感线圈是利用电磁感应的原理进行工作的器件。当有电流流过一根导线时，就会在这根导线的周围产生一定的电磁场，而这个电磁场的导线本身又会对处在这个电磁场范围内的导线发生感应作用。对产生电磁场的导线本身发生的作用，称为"自感"，即导线自己产生的变化电流产生变化磁场，这个磁场又进一步影响了导线中的电流；对处在这个电磁场范围的其他导线产生的作用，称为"互感"。

1）继电器：继电器是利用电磁线圈工作的常用电气元件。它的主要功能是实现小电流控制大电流，并实现电气隔离。如图1-1-26a所示，继电器常见的类型是4脚继电器，85和86是线圈的两端，30是常电源供电端，87是继电器电源输出端。这种类型的继电器是常开触点继电器。当线圈通电时，有电流流过电磁线圈，线圈产生电磁吸力，将触点闭合，继电器工作。图1-1-26b所示是5脚继电器，其中87a端子是常闭触点，87是常开触点。继电器不工作时，常闭触点保持闭合；继电器工作时，87a断开，87触点闭合。

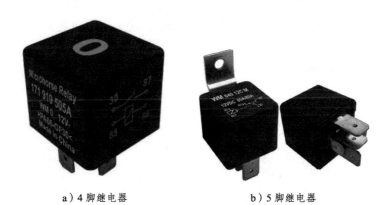

a）4脚继电器　　　　　　　　b）5脚继电器

图1-1-26　继电器结构

图1-1-27（大众汽车J329继电器）中，1号脚是线圈正极，2号脚是线圈负极接地，3号脚接正极，5号脚是继电器输出端。

在实际的继电器中，内部还有续流二极管或电阻，其功能是在继电器线圈断开时将线圈的能量释放掉。

2）**点火线圈**：点火线圈是发动机点火系统的重要组件。点火线圈由初级线圈和次级线圈组成。当初级线圈通电时，能量蓄积。储能结束后，初级线圈断开，在初级线圈内产生自感，电压可以上升到几百伏。次级线圈和初级线圈的匝数比可达

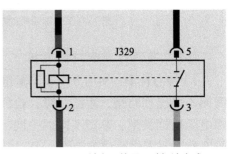

图1-1-27　继电器的另一种标注方式

80~100，由于互感效应，在次级线圈可以产生高达 30kV 的感应电动势。

图 1-1-28 是点火线圈实物；图 1-1-29 是点火线圈电路图，1 和 3 针脚之间是初级线圈，2 和 4 脚之间是次级线圈。

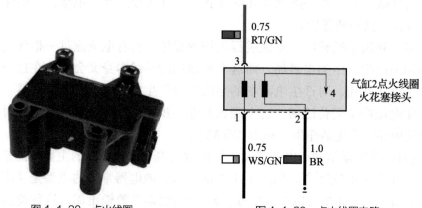

图 1-1-28　点火线圈　　　　　　　图 1-1-29　点火线圈电路

3）电磁阀： 电磁阀工作原理是当电磁线圈通电时，阀芯和阀体就会产生相对位移，以改变流体流量，起到调节、通断等作用。

电磁阀在车辆中的应用也十分广泛。最常见的是喷油器、高压燃油系统流量调节阀、废气再循环电磁阀、空调压缩机流量调节阀、炭罐电磁阀、自动变速器中的换档电磁阀、液压系统中的压力调节阀等。

喷油器是典型的电磁阀，图 1-1-30 是喷油器实物图，图 1-1-31 是喷油器内部结构图。

图 1-1-30　喷油器实物图　　　　图 1-1-31　喷油器内部结构图

（2）电磁线圈的检测方法

1）静态检测： 使用万用表测量继电器、喷油器线圈、电磁阀线圈等类型线圈的电阻值，线圈不能出现断路、短路故障；检测线圈与壳体的绝缘情况，不能存在搭铁故障。电磁线圈电阻根据类型、车型不同而不同，测量时的温度对测量值影响也很大。因此，电磁线圈静态检测不能代替动态检测。

2）**动态测量**：继电器除了测量线圈电阻外，还需要通电进行动态测试，以判断触点的动作情况。点火线圈除测量线圈电阻外，还要配合火花塞进行点火测试。对于电磁阀，可使用诊断仪器动作测试功能，检测电磁阀是否动作。

注意：有的车型电磁阀是使用 5V 或者 PWM 脉冲信号供电，电磁阀不能使用 12V 电压直接供电测试。

7. 电动机

（1）电动机在汽车上的应用

电动机是一种常见的电气部件，在汽车上的应用非常广泛。电动机在汽车上的应用主要有直流电动机、交流电动机和步进电动机 3 种类型。

1）**直流电动机**：采用直流电动机的部件包括：起动机、刮水器电动机、门锁电动机、车窗玻璃升降电动机、天窗电动机、座椅调节电动机、转向助力电动机、鼓风机电动机、电子风扇电动机、油泵电动机等。

图 1-1-32　刮水器电动机

图 1-1-32 是刮水器电动机，图 1-1-33 是门锁电动机。

2）**交流电动机**：采用交流电动机的系统包括有些车型的燃油泵电动机、新能源车型的空调电动机、驱动电机等。

图 1-1-34 是电动汽车上为驱动电机的交流电机。

3）**步进电动机**：采用步进电动机的包括空调系统的风门电动机、怠速调节电动机、增压压力调节电动机等。

图 1-1-33　门锁电动机

图 1-1-35 是空调风门步进电动机，图 1-1-36 是怠速步进电动机。

图 1-1-34　交流驱动电机

图 1-1-35　空调风门步进电动机

图 1-1-36　怠速步进电动机

（2）电动机的检测方法

1）**静态检测**：使用万用表测量电动机定子线圈阻值，测量线圈与壳体之间的绝缘情况，不得有短路、断路、绝缘失效等情况。

2）**动态测量**：电动机最常见的动态测试方式是通电检测，观察电动机是否动作；或者使用诊断仪器的动作测试功能，观察电动机是否运转。

8. 集成电路

（1）集成电路在汽车上的应用

集成电路（integrated circuit）是一种微型电子器件或部件，采用一定的工艺，把一个电路中所需的晶体管、电阻、电容和电感等元器件及布线互连一起，制作在一小块或几小块半导体晶片或介质基片上，然后封装在一个管壳内，成为具有所需电路功能的微型结构。其中所有元器件在结构上已组成一个整体，使电子元器件向着微小型化、低功耗、智能化和高可靠性方面迈进了一大步。

集成电路在汽车上的应用非常多，主要在电子控制单元内部使用。芯片针脚要看芯片上的标记，有标记处是第 1 个针脚，一般按逆时针方向进行排列。

汽车上的集成电路包括微控制器、功率半导体器件、电源管理器件、LED 驱动器、总线驱动器等，应用非常广泛。

图 1-1-37 是某型号汽油直喷发动机 ECU 内部结构示意图。在 ECU 内部，使用了很多集成电路，中间是微处理器，下方是传感器，上方是电源供给，PMIC 是电源管理芯片；左侧是总线（CAN、LIN、FlexRay）收发器；右侧是功率输出级，包括 H 桥驱动（Half-bridge）和低边驱动（low-side driver）。图 1-1-38、图 1-1-39 分别是 LIN 驱动芯片针脚和实物。

以上 ECU 内部结构可以划分为 5 个板块，一是电源板块，二是传感器信号输入板块，三是总线通信板块，四是功率输出级板块，最后也是最重要的微控制器（MCU）板块。

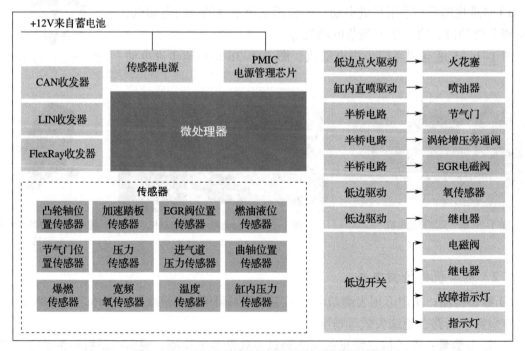

图 1-1-37　缸内汽油直喷发动机 ECU 内部结构示意图

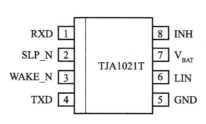

图1-1-38　LIN驱动芯片针脚

图1-1-39　LIN驱动芯片实物

（2）集成电路的检测方法

集成电路的检测方法如下：

1）**检测电阻判别法**。可用万用表电阻档检测各针脚与接地（搭铁）端的电阻值，并与标准值比较，若电阻值不符合要求，则说明集成电路有故障。这种方法需要有标准电阻值表，且进行的是静态检测，可用于故障的初步判断。

2）**电压测量判断法**。对有可疑的集成电路，测量其针脚电压，将测量的结果与已知数值或经验数据进行比较，进而判断出故障范围。这种方法需要有标准电压值表，且进行的是动态检测。

3）**信号检查法**。利用示波器及信号源，检查电路各级的输入和输出信号。对于数字集成电路主要是通过信号来查清它们的逻辑关系。对集成运算放大器来说，需要弄清其放大特性。故障点一般发生在正常与不正常信号电压的两测试点之间的那一段。

4）**KGU法**。KGU法即已知良好单元替换法。对有可疑的集成电路，判断是否存在故障的最快办法是采用同型号的、完好的集成电路做替代试验。

注意：替代试验前，要确保没有过电压、过电流输入或输出，避免烧坏集成电路。

三、汽车电子元器件针脚的类型及识别方法

汽车电子元器件的导线针脚（也称端子或接脚）根据其作用可分为电源、搭铁、信号、屏蔽线等类型。对于针脚的类型识别，除了根据电路图的针脚编号、线束颜色、线束直径等技术信息外，可以采用万用表等检测设备检测端子的电阻、电压等参数进行识别。

1. 电源针脚

（1）电源针脚的类型

汽车电子元器件的电源针脚包括供给加热、动作，以及参考电源等类型。

1）**加热、动作电源**：汽车电子元器件中，供给传感器的加热电源、执行器的动作电源通常是蓄电池的12V电源，经点火开关、继电器、熔丝连接到电子元器件的针脚；也有部分电子元器件的12V电源由电控单元/控制模块（ECU/ECM）提供。

图 1-1-40 是丰田汽车热线式空气流量计的电路图，加热电源（1 号针脚 +B）来自电子燃油喷射系统 EFI 继电器。

2）**参考电源：** 开关量信号电子元器件的参考电源一般是来自 ECU/ECM 提供的 12V 电压，传感器（如电位计、温度传感器等）的参考电源都来自 ECU/ECM，一般为 5V，也有 8V、9V 或 12V（如霍尔传感器的参考电源）。

图 1-1-41 是丰田汽车冷却液温度传感器的电路图，参考电源（2 号针脚 THW）来自电控模块 ECM（E11 插接器 19 号针脚 THW 的 5V 电压）。

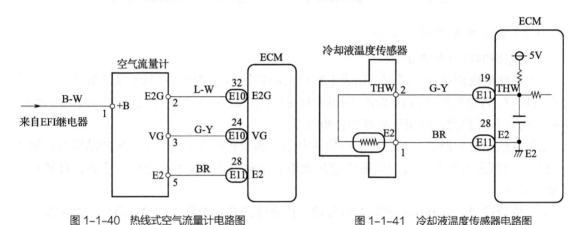

图 1-1-40 热线式空气流量计电路图　　　　图 1-1-41 冷却液温度传感器电路图

（2）电源针脚的识别方法

汽车电子元器件的电源针脚识别方法是采用万用表的电压档，在点火开关 ON 或电子元器件工作的状态下直接检测对应针脚的电压，并与正常值进行比较。

对应 12V 的电源，也可以采用试灯测试，如果试灯点亮则电源正常。

2. 搭铁针脚

（1）搭铁针脚的类型

汽车电子元器件的搭铁（接地）有两种，一种是直接到车身的搭铁，另一种是通过 ECU/ECM 的搭铁。

1）**直接车身搭铁：** 直接车身搭铁一般用于多个针脚的执行器搭铁线，如继电器、点火线圈等。

图 1-1-42 是日产汽车独立点火系统电路图，图中 1 号、3 号、5 号点火线圈的 2 号针脚导线汇集到一起，在车身编号为"F11"的搭铁点，连接到车身金属部分。

2）**通过 ECU/ECM 搭铁：** 同一个电控系统的传感器，为了确保搭铁可靠以及节省针脚，通常会把多个传感器搭铁针脚的导线汇集到一起，通过 ECU/ECM 的共用搭铁端子进行搭铁。

图 1-1-40 空气流量计的 5 号针脚 E2 和图 1-1-41 冷却液温度传感器 1 号针脚 E2，导线都经过电控模块 ECM 的 E11 插接器 28 号端子 E2 进行搭铁。

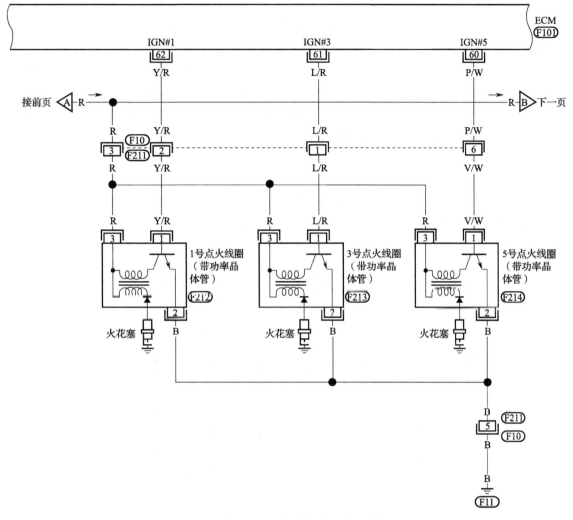

图 1-1-42　日产汽车独立点火系统电路图

（2）搭铁针脚的识别方法

汽车电子元器件的搭铁（接地）识别方法有两种，一种是电阻检测识别，另一种是电压检测识别。

1）**电阻**：采用万用表的电阻档检测电阻，检测电子元器件搭铁针脚（含导线）与车身搭铁之间的电阻值，应为 0Ω。

2）**电压**：采用万用表的电压档检测电压，检测电子元器件搭铁针脚（含导线）与蓄电池电源或电源针脚之间的电压值，应为蓄电池电压或对应的电压值。

3. 信号针脚

（1）信号针脚的类型

汽车传感器、执行器类的电子元器件，根据输入、输出信号针脚数量有单信号和双（多）

信号两种类型。

1）**单信号**：单信号是指传感器的输出信号或执行器的输入控制信号只有 1 个信号针脚。

图 1-1-41 中冷却液温度传感器 2 号针脚 THW，在传感器工作时是信号针脚，向 ECM 发送冷却液温度信号。图 1-1-42 中 1 号、3 号、5 号点火线圈的 1 号针脚就是控制信号针脚，ECM 通过信号针脚控制点火线圈点火，每个点火线圈只有 1 个信号针脚（2 号针脚是搭铁、3 号针脚是电源），因此是单信号的电子元器件。

2）**双（多）信号**：双信号，即一个电子元器件有两个或多个信号针脚，传输的信号可能相同也可能不同。

图 1-1-43 是大众 / 奥迪汽车电子节气门的电路图，具有节气门位置信号 1（J338 的 1 号针脚 G187）和节气门位置信号 2（J338 的 4 号针脚 G188），具有两个节气门位置信号针脚和节气门电动机控制信号针脚。

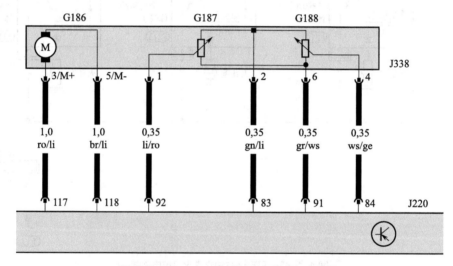

图 1-1-43　大众 / 奥迪汽车电子节气门电路图

J220— 发动机电控单元　J338— 电子节气门总成　G186— 节气门电动机
G187— 节气门位置信号 1　G188— 节气门位置信号 2

（2）信号针脚的识别方法

汽车电子元器件信号针脚识别方法是根据该针脚信号的类型（电压或频率信号），采用万用表对应档位进行检测，根据信号变化的结果与正常值进行比较，判断是否为信号针脚。

例如图 1-1-43 中的电子节气门总成 J338，如果用万用表检测 J338 的 1 号和 4 号针脚的电压，在电子节气门动作时电压会发生变化，可以判断为信号针脚；对于 2 号和 6 号针脚，电压为 5V 的是参考电源针脚，0V 的是搭铁针脚；对于节气门电动机 G186 的 3 号和 5 号针脚，因为是执行器，通过目测导线的截面面积（1.0mm^2）比其他的导线截面面积（0.35mm^2）粗即可识别，如果用万用表测量电压，则会有 12V 的电压。

4. 屏蔽线针脚

（1）屏蔽线针脚的类型

为了避免信号受到干扰，对于产生持续变化或微弱信号的传感器，信号线外皮通常会有屏蔽线，屏蔽线可能占用传感器插接器的针脚，也可能不占用。图 1-1-44 是爆燃传感器的电路图，连接爆燃传感器与发动机控制模块 ECM 的导线外部即包含有屏蔽线（图中的虚线），从图中可以看出，爆燃传感器一侧的屏蔽线连接到传感器的 2 号针脚，而 ECM 一侧的屏蔽线则不占用 ECM 的针脚。

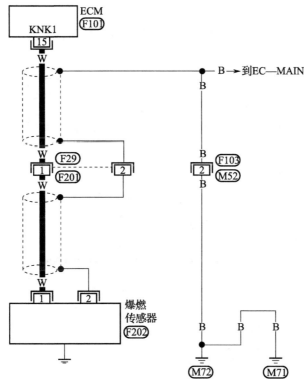

图 1-1-44　爆燃传感器电路图

（2）屏蔽线针脚的识别方法

为了屏蔽信号，屏蔽线由金属网及绝缘层构成，比一般的导线粗而且硬，因此目测即可识别对应的针脚。从图 1-1-44 可以看出，屏蔽线连接到车身搭铁，因此也可以用万用表测量与车身之间的电阻是否导通来识别对应的针脚。

四、汽车电子元器件信号类型及波形

汽车电控系统中存在五种基本类型的电子信号，这五种基本的汽车电子信号称为"五要素"。"五要素"是电控系统中各个传感器及执行器、ECU/ECM 和其他设备（如故障诊断仪器）之间相互通信的基本语言。

1. 直流信号

（1）直流信号的特点

直流信号（DC）是一种模拟信号，汽车上产生直流信号的电子元器件包括：蓄电池提供的电源、ECU/ECM 提供的参考电源（12V/5V/8V/9V 等）；产生模拟信号的传感器，如温度类的传感器（冷却液温度等）、电位计类的传感器（节气门位置传感器等）、热线（热膜）式空气流量计（产生频率信号的车型除外）、进气压力传感器（产生频率信号的车型除外）。

（2）直流信号的波形

图 1-1-45 是电位计式节气门位置传感器产生的直流信号波形，是 1 条连续的线条，信号根据对应传感器部件的位置变化而变化。

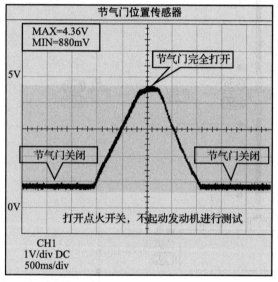

图 1-1-45　直流信号波形（电位计式节气门位置传感器）

2. 交流信号

（1）交流信号的特点

交流信号（AC）是一种模拟信号，汽车上产生交流信号的电子元器件包括：磁电（磁感应）类的传感器，如曲轴位置传感器、轮速传感器等；其他产生交流信号的传感器，如爆燃传感器等。

（2）交流信号的波形

图 1-1-46 是磁电式曲轴位置传感器产生的交流信号波形，信号形状根据传感器的信号齿圈齿数及整理电路的类型有区别，图中跳跃增大的波形是上止点位置。

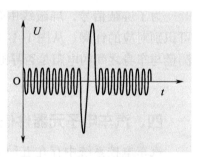

图 1-1-46　交流信号波形
（磁电式曲轴位置传感器）

3. 脉冲频率调制信号（PFM信号）

（1）脉冲频率调制信号的特点

脉冲频率调制信号是一种具有变频特性的数字信号，汽车上产生脉冲频率调制信号的电子元器件通常是传感器，如通用汽车的热线（热膜）式空气流量计、福特汽车的"石英振荡晶体"进气压力传感器、卡门涡旋式空气流量计，以及光电式、霍尔式转速传感器等。

（2）脉冲频率调制信号的波形

图1-1-47是霍尔式曲轴位置传感器产生的脉冲频率调制信号波形，波形是方形的，因此俗称"方波"。脉冲频率调制信号是固定的脉冲信号，在发动机运转中，波形的频率（图1-1-47中①的指示）发生改变，每个工作循环的占空比（% DUTY CYCLE）不会发生变化，但脉冲宽度（ms PULSE WIDTH）会随频率变化而变化。

图1-1-47　脉冲频率调制信号波形
（霍尔式曲轴位置传感器）

4. 脉宽调制信号（PWM信号）

（1）脉宽调制信号的特点

脉宽调制信号也是数字信号的一种，汽车上产生脉宽调制信号的电子元器件通常是ECU/ECM输出控制执行器的驱动信号，如喷油器、点火线圈、电磁阀，以及控制模块之间的简单指令信号等。

（2）脉宽调制信号的波形

图1-1-48是电子燃油喷射系统的喷油器控制信号波形，在喷油器工作过程中，脉冲宽度（即喷油器喷油时间）是会随着发动机工况变化而变化。

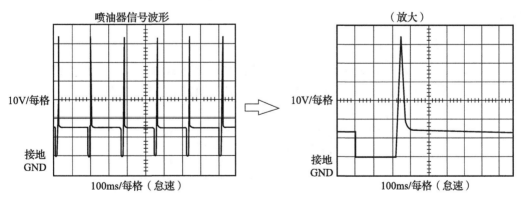

图1-1-48　喷油器控制信号波形

图1-1-49是通用汽车动力控制模块PCM与点火模块ICM之间的点火正时控制信号波形，图中由点火模块给PCM的点火参考信号是脉冲频率调制输入信号，频率（即转速信号）会变化，但占空比不会变化；由PCM给点火模块的点火正时信号是脉宽调制输出信号，脉冲宽度（即点火正时）会随着发动机工况变化而变化。

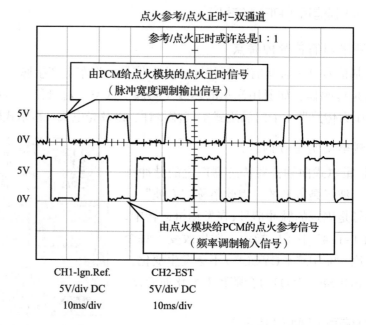

图 1-1-49　通用汽车的点火正时控制信号波形

5. 串行数据信号

（1）串行数据信号的特点

串行数据信号也称序列信号，汽车上产生串行数据信号的电子元器件包括：ECU/ECM 输出自诊断信号（即早期车型第一代诊断系统 OBD-I 故障指示灯的"闪光码"），以及与其他控制模块或诊断仪器通信的诊断 K 线、L 线和 CAN 系统的通信数据；其他采用 CAN 系统通信的传感器，如电子稳定系统 ESP 的偏转率 / 横向加速度传感器等也是输出串行信号。

（2）串行数据信号的波形

图 1-1-50 是 CAN 系统通信的波形，从波形中只能判断信号传输是否正常，传输信号的内容需要利用诊断仪器根据通信协议转换成可阅读的数据（即诊断仪器的数据流）。

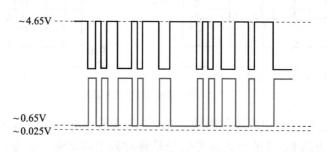

图 1-1-50　CAN 系统通信的波形

第二节　汽车电路常见故障与排除方法

一、汽车电路常见故障诊断与排除

电路是指电流的通路，它是由若干电气设备或元器件组成能实现特定功能的回路。无论电路是简单还是复杂，都由三个部分组成：电源、负载和中间环节。其中，电源是将其他形式的能转换成电能的设备，例如把化学能转换成电能的蓄电池，或是将机械能转换成电能的发电机；负载是将电能转换成其他形式能的设备，例如将电能转换成机械能的电动机；中间环节是连接和控制电源与负载的设备，例如导线、开关、熔断器等。

传统燃油汽车的电路采用低压制和单线制。乘用车通常采用 12V 的电气系统，商用车也有采用 24V 或 48V 的电气系统。传统燃油汽车采用单线制，利用车身作为负极搭铁，并形成闭合回路。

电动汽车高压系统的电压在 100V 以上，一般为 300~500V，也有 600~800V 甚至更高。电动汽车的高压供电必须采用双线制（正极和负极），且与车身及低压电气系统形成隔离。

汽车电路中一般有 3 类常见的故障，分别是断路、短路和接触不良（高电阻）。

1. 断路

（1）电路断路故障的表现形式

汽车电路都采用闭合回路。如果电路出现断点，电路不再闭合形成回路，则电路一定不会工作。

图 1-2-1 是一个简单的灯泡电路模型。如果在 A 点（电路负极侧）出现断路，当开关 D 闭合时，电路不会导通，灯泡不会点亮。

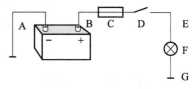

图 1-2-1　电路断路故障

同理，在蓄电池正极侧 B、熔断器 C、开关侧 D、任一处导线 E、负载灯泡 F、搭铁 G 发生了断路，整个电路没有电流流过，电路不能工作，即出现电路断路的故障。

（2）电路断路故障的排除方法

电路发生断路故障后，电路没有闭合形成回路。断的点可能发生在电路的任何地方，这一点要引起维修电工的重视。如果电路发生断路故障，作为维修电工该如何进行检测呢？一般有以下两种方法来检测电路断路点。

1）**电阻法**。利用万用表对线路进行导通性测试。通常导线线路的电阻较小，接近于0Ω，应选择万用表电阻档的最小档位。如果电阻检测结果为无穷大，这说明电路出现了断路故障。对线圈等有一定电阻值的元器件进行检测时，电阻档位可调大。例如，测量继电器线圈的通断，可调至200Ω档。

如图1-2-2所示，可采用数字万用表电阻档对线路或元器件进行电阻测量，如果出现电阻值∞，则表明线路或器件内部断路。

检测时需要注意以下事项：①不能带电测量线路电阻，应将线路中可能连接的电源断开；②被测电路应该独立，如果线路与其他线路并联，会导致错误的结论；③应采用电阻档进行测量，不应采用二极管蜂鸣档进行测量。

2）**电压法**。对于有些电路，如果不满足测量电阻条件时，可采用电压法进行测量。

如图1-2-1所示，如果使用万用表或试灯测量灯泡前的供电，如果在F点处没有电压，说明F点到电源正极一侧出现了断点，可以分段逐点测量电压，以判断断点的位置。

对于从事汽车电控系统及电子元件检修的汽车维修技术人员，必须熟练使用万用表进行线路故障诊断与排除。

（3）电路中常出现断路故障的部位及原因

一般而言，线路中最常出现断路的部位是熔断器部分（图1-2-3）。当电路中出现过载电流时，熔丝首先熔断，对电路起到保护作用。

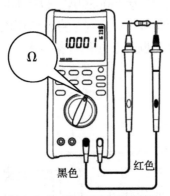

图1-2-2　利用万用表测量电阻

图1-2-3　熔断器盒

在控制器内部（图1-2-4），芯片的针脚脱焊也会引起断路故障，此时需要重新加焊。

另外，开关、插接件松脱或腐蚀断路、搭铁腐蚀断路、线路烧结或机械作用力拉断、线路磨损断路、线路老化或劣质导线、控制器断路、负载断路也是电路常出现断路的原因。图1-2-5是线路断路的故障。

2. 短路

短路是指电路或电路中的一部分被短接。如负载与电源两端被导线连接在一起，就称为短路。短路时电源提供的电流将比通路时提供的电流大得多，一般情况下不允许短路，如果短路，严重时会烧坏电源或电路中的元器件。

图 1-2-4　芯片针脚脱
焊引起断路

图 1-2-5　线路断路故障

（1）电路短路故障的表现形式

在汽车电路中，通常会发生两种短路现象，即对正极短路和对负极短路。

1）对正极短路：汽车电路中对正极短路是指某些线路与电源正极 12V 电压（或最大 +5V 的信号参考电压）产生了短接关系，这种短接是不应该发生的。

⚡ **注意：**正极既可以是电源正极，也可以是某个信号的正极电压的极值。

图 1-2-6 是一个温度传感器信号电路的模型。在图 1-2-6a 中，在 B 点发生了断路故障，此时监测点电压经上拉电阻 R_0 作用为 +5V。对于正常电路，监测点电压应小于 +5V，此时监测点的 +5V 电压就表明出现了对正极短路故障。这里的正极，是 +5V 传感器供电电压的极值。同理，在图 1-2-6b 中，如果在 A 点串入 +5V 电压，甚至 12V 电压，电路仍报对正极短路故障。

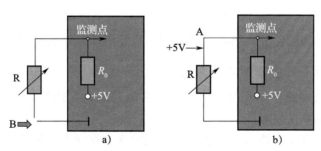

图 1-2-6　对正极短路示意图

但是需要注意的是，车辆的自诊断系统并不能区分是信号线路断路导致的对正极短路，还是串入高电压导致的对正极短路。

在图 1-2-7 中，CAN 总线上线信号电压介于 0~5V 之间。如果某条 CAN 线上的电压出现了 12V，则表明该条总线信号线对正极短路。同理，LIN、Flex Ray、CAN FD 总线也会出现对正极或对负极短路的情形。

2）对负极短路：如图 1-2-8 所示，如果 E 处的线路发生了磨损，导致电路与车身搭铁，即表明发生了对地短路现象。由于短路点在负载 F 点之前，当短路发生时有大电流流过电路，熔丝 C 首先熔断。如果对地短路点发生在 F 和 G 点（搭铁点）之间，并不会影响电路的功能。

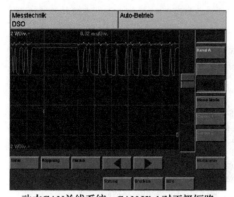

动力CAN总线系统，CAN High对正极短路

图 1-2-7　CAN-H 对正极短路

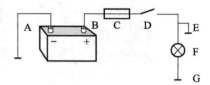

图 1-2-8　对负极短路示意图

（2）电路短路故障的排除方法

当电路出现对正极短路时，线路中一定出现高电压。对于 0~5V 系统，出现了 5V 或 12V 的连续稳定电压。此时可以使用万用表对线路进行测量，或者使用示波器测量信号波形。

当电路出现对负极短路时，可以使用万用表电阻档测量导线与车身搭铁之间的电阻。此时的电阻较小，接近于 0Ω，表明线路对负极短路。

（3）电路中常出现短路故障的部位及原因

对于信号线路，如 3 线制的信号传感器电路，一般是出现信号线断路导致的对正极短路，或者供电电压串入信号电压导致的对正极短路。故障点可能发生在插接器内部或导线上。

对负极短路一般发生在线路上，如绝缘层破损与车身搭铁导致对负极短路。

3. 接触不良

由于故障通常是间歇性的，因此电路接触不良是汽车电路最难诊断的故障。

（1）电路接触不良故障的表现形式

接触不良也称为电路中出现高电阻。在正常电路中，如插接器、搭铁点等处容易出现虚接，从而导致接触不良故障。

接触不良可能使电气系统出现无法工作、间歇性工作或者工作效能下降等现象。

（2）接触故障的排除方法

在排查线路接触不良故障时，如果使用万用表或试灯进行供电测量，往往万用表有 12V 电压读数，试灯也能点亮，但系统并不能正常工作。由于数字万用表电压档的测量精度高于电阻档，通常遇到这种情形应采用"电压降"测量的方法。例如，图 1-2-9 所示控制单元的 20 号针脚搭铁（接地），假设搭铁点接触不良，即在搭铁点处有等效电阻，该电阻高于正常搭铁良好时的电阻值。这个等效电阻无法用电阻档直接测量出来，因为等效电阻只有在电路导通时

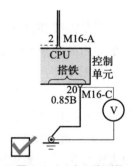

图 1-2-9　电压降测量

才表现出来。正确做法是使用万用表测量电压，即测量 20 号针脚与搭铁之间的电压降。如果等效电阻大，电流一定，则该电阻上的电压降就会变大。因此，测量电压降可以识别出电路中是否存在接触不良（高电阻）。

正确进行"电压降"测量方法如下：

1）测量时被测电路必须处于工作（开启）状态。

2）通过测量搭铁线电压，判断搭铁是否正常。

3）一般情况下，搭铁线电压小于 0.2V，电压越低越好。

（3）电路中接触不良常出现的部位及原因

接触不良常出现在插接器、搭铁点或芯片针脚与 PCB 电路板焊盘处。导线腐蚀、生锈或振动等原因都可能导致接触不良。

综上所述，维修电工在检查线路故障时，需要检查导线是否断路、对正极短路、对负极短路。可以用一句话进行概况：一次导通，两次测量。"一次导通"是指进行导通性测量，检查有无断路；"两次测量"是指对正极和对负极进行测量，检查导线的绝缘性。出现接触不良时，采用"电压降"测量方法进行排查。

二、汽车电路维修技巧

1. 元器件及电路焊接

焊接在电子产品维修或电路维修中是一项重要的技术，焊接质量的好坏直接影响电子系统或线路是否正常工作。因此，掌握熟练的焊接技能非常必要。焊接的种类很多，以下主要阐述应用最广泛的手工锡焊技术。

（1）焊接工具

1）电烙铁种类：电烙铁具有加热快且重量轻的特点，是最常见的手工焊接工具之一，广泛用于各种电子产品的生产与维修。常用的电烙铁有外热式电烙铁、内热式电烙铁、恒温电烙铁（焊台）和吸锡电烙铁。

①外热式电烙铁（图 1-2-10）：由烙铁头、烙铁心、外壳、木柄、电源引线、电源插头等部分组成。由于其烙铁头安装在烙铁心里面，故称为外热式电烙铁。烙铁心是电烙铁的关键部件，它是将电热丝平行地绕制在一根空心瓷管上构成的，中间的云母片用于绝缘，后面引出两根导线与 220V 交流电源连接。

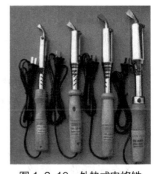
图 1-2-10　外热式电烙铁

烙铁头是用纯铜材料制成的，它的作用是储存热量和传导热量，它的温度必须比被焊件的温度高很多。烙铁的温度与烙铁头的体积、形状、长短等都有一定的关系。当烙铁头的体积比较大时，则保持时间就长些。另外，为适应不一样焊接物的要求，烙铁头的形状有所不一样，常见的有锥形、凿形、圆斜面形等。

外热式电烙铁的规格很多，常用的有 25W、45W、75W、100W 等，功率越大烙铁头的温度也就越高。

②内热式电烙铁（图 1-2-11）：由手柄、连接杆、弹簧夹、烙铁心、烙铁头组成。由于烙铁心安装在烙铁头里面，因而发热快，热利用率高，因此称为内热式电烙铁。

图 1-2-11　内热式电烙铁

内热式电烙铁的后端是空心的，用于套接在连接杆上，并且用弹簧夹固定，当需要更换烙铁头时，必须先将弹簧夹退出，同时用钳子夹住烙铁头的前端，慢慢地拔出，切记不能用力过猛，以免破坏连接杆。

内热式电烙铁的规格有 20W、30W、35W、50W 等。20W 的电烙铁温度可达 350℃左右。电烙铁的功率越大，烙铁头的温度越高。焊接集成电路、一般小型元器件选用 20W 内热式电烙铁即可。使用的电烙铁功率过大，则容易损坏元器件。通常二极管、晶体管等半导体元器件当温度超过 200℃就会烧毁。温度过高也会导致印制电路板上的铜箔线脱落。电烙铁的功率太小，不能使被焊接物充分加热而导致焊点不光滑、不牢固，易产生虚焊。

图 1-2-12　恒温电烙铁

③恒温电烙铁（图 1-2-12）：恒温电烙铁头内装有带磁铁式的温度控制器，控制通电时间而实现温控。即给电烙铁通电时，烙铁的温度上升，当达到预定的温度时，因强磁体传感器达到了居里点而磁性消失，从而使磁芯触点断开，这时便停止向电烙铁供电；当温度低于强磁体传感器的居里点时，强磁体便恢复磁性，并吸动磁芯开关中的永久磁铁，使控制开关的触点接通，继续向电烙铁供电。如此循环往复，便达到了控制温度的目的。

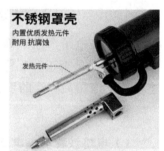

不锈钢罩壳
内置优质发热元件
耐用 抗腐蚀

发热元件

图 1-2-13　吸锡电烙铁

④吸锡电烙铁（图 1-2-13）：它是将活塞式吸锡器与电烙铁合为一体的拆焊工具。它具有运用方便、灵活、适用范围宽等特点。这种吸锡电烙铁的不足之处是每次只能对一个焊点进行拆焊。

2）电烙铁的选用：选用电烙铁时，可以从以下几个方面进行考虑：

①焊接集成电路、晶体管及受热易损元器件时，应选用 20W 内热式或 25W 的外热式电烙铁。

②焊接导线及同轴电缆时，应选用 45~75W 外热式电烙铁或 50W 内热式电烙铁。

③焊接较大的元器件时，如输出变压器的引线脚、大电解电容引线脚等，应选用 100W 以上的电烙铁。

3）电烙铁的使用方法：在使用电烙铁前，应对电烙铁进行检查。可以使用万用表检测电路有无断路、短路，以及烙铁是否漏电等。

①电烙铁的握法：如图 1-2-14 所示，有 3 种握法。反握法适用于大功率电烙铁，焊接

散热量较大的被焊件。正握法使用的电烙铁也比较大，且多为弯形烙铁头。握笔法适用于小功率的电烙铁，焊接散热量小的被焊件，如收音机、电视机、控制单元等的印制电路板的焊接维修。

　　a）反握法　　　　　b）正握法　　　　　c）握笔法

图 1-2-14　电烙铁的握法

　　②新烙铁在使用前的处理：新买的烙铁一般不能直接使用，必须先对烙铁头进行处理后才能正常使用。就是说在使用前先给烙铁头镀上一层焊锡，即先将烙铁头进行"上锡"后方能使用。具体的方法是：首先用锉把烙铁头按需要锉成一定的形状；然后接上电源，当烙铁头温度升至能熔锡时，将松香涂在烙铁头上，等松香冒烟后再涂上一层焊锡；如此进行两到三次，直至烙铁头表面薄薄地镀上了一层锡为止。

　　当烙铁使用一段时间后，烙铁头的刃面及周围就会产生一层氧化层，这样便产生"吃锡"困难的现象，此时可锉去氧化层重新镀上焊锡。

　　③电烙铁不应长时间通电而不使用。电烙铁长时间通电会使电烙铁心加速氧化而烧断，同时也将使电烙铁因长时间加热而氧化，甚至被烧"死"，不再"吃锡"。

　　④选用助焊剂以保护烙铁头不被腐蚀。氯化锌和酸性焊油对烙铁头的腐蚀性较大，使烙铁头的寿命缩短，因而不宜采用。最好选用松香助焊，以保护烙铁头不被腐蚀。

　　（2）焊料与助焊剂

　　1）**焊料**。焊料是指易熔金属及其合金，能使元器件引线与印制电路板的连接点连接在一起。焊料的选择对焊接质量有很大的影响，在锡（Sn）中加入一定比例的铅（Pb）和少量其他金属可制成熔点低、抗腐蚀性好、对元件和导线的附着力强、机械强度高、不易氧化、抗腐蚀性好、焊点光亮美观的焊料，故焊料常称作焊锡。

图 1-2-15　无铅环保型焊锡丝

　　焊锡按其组成的成分可分成锡铅焊料、银焊料、铜焊料等，熔点在450℃以上的称为硬焊料，450℃以下的称为软焊料。

　　市场上出售的焊锡由于生产厂家不同，配制比例有很大的差别，但熔点基本在140~280℃之间。焊锡中如果含有铅，则对人体有害，也可以选用无铅焊锡丝（图1-2-15）进行焊接。

　　2）**助焊剂**。助焊剂俗称"焊锡膏"（图1-2-16）。在锡铅焊接中助焊剂是一种不可缺少的材料，有助于清洁被焊面，防止焊面氧化，增加焊料的流动性，使焊点易于成型。常用助

图 1-2-16　含松香的焊锡膏

焊剂分为无机助焊剂、有机助焊剂和树脂助焊剂。焊料中最常用的助焊剂是松香，在较高的要求场合下使用新型助焊剂——氧化松香。

3）阻焊剂。阻焊剂（图1-2-17）是一种耐高温的涂料，可使焊接只在所需要焊接的焊点上进行，而将不需要焊接的部分保护起来，以防止焊接过程中的桥连，减少返修，节约焊料，使焊接时印制电路板受到的热冲击小，板面不易起泡和分层。阻焊剂的种类有热固化型阻焊剂、光敏阻焊剂及电子束辐射固化型等几种，目前常用的是光敏阻焊剂。

图1-2-17　阻焊剂

（3）手工焊接工艺

焊剂加热挥发出的物质对人体是有害的，如果操作时鼻子距离烙铁头太近很容易将有害气体吸入。一般烙铁离开鼻子的距离应至少不小于30cm，通常在40cm比较好。

焊锡丝一般有两种拿法。由于焊丝成分中，铅占有一定比例，众所周知铅是对人体有害的重金属，因此操作时应戴手套或操作后洗手，避免食入。使用电烙铁要配置烙铁架，一般放置在工作台右前方，电烙铁用后一定要稳妥放于烙铁架上，并注意导线等物不要碰烙铁头。

下面介绍的5步操作法（图1-2-18）有普遍意义。

1）**准备施焊**。准备好焊锡丝和烙铁，此时特别强调的是施焊烙铁头部要保持干净，即可以沾上焊锡（俗称吃锡）。

2）**加热焊件**。将烙铁接触焊接点，注意首先要保持烙铁加热焊件各部分，例如印制电路板上引线和焊盘都使之受热，其次要让烙铁头的扁平部分（较大部分）接触热容量较大的焊件，烙铁头的侧面或边缘部分接触热容量较小的焊件，以保持焊件均匀受热。

3）**熔化焊料**。当焊件加热到能熔化焊料的温度后将焊丝置于焊点，焊料开始熔化并润湿焊点。

4）**移开焊锡**。当熔化一定量的焊锡后将焊锡丝移开。

5）**移开烙铁**。当焊锡完全润湿焊点后移开烙铁，注意移开烙铁的方向应该是大致45°的方向。

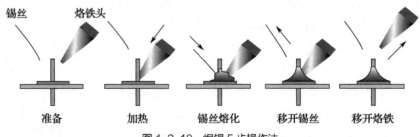

图1-2-18　焊锡5步操作法

（4）典型焊接方法

1）印制电路板的焊接。印制电路板在焊接之前要仔细检查，看其有无断路、短路、金属化不良，以及是否涂有助焊剂或阻焊剂等。

焊接前，将印制电路板上所有的元器件做好焊前准备工作（整形、镀锡）。焊接时，一般工序是先焊接较低的元器件，后焊接较高和要求比较高的元器件。次序是：电阻→电容→二极管→晶体管→其他元器件等。

晶体管装焊一般在其他元器件焊好后进行，要特别注意的是每个管子的焊接时间不要超过 5～10s，并使用钳子或镊子夹持管脚散热，防止烫坏管子。

涂过焊油或氯化锌的焊点要用乙醇擦洗干净，以免腐蚀。如果用松香作为助焊剂，需要将其清理干净。

焊接结束后，需检查有无漏焊、虚焊现象。检查时，可用镊子将每个元器件引脚跟轻轻提一下，看是否松动，若发现摇动应重新焊好。

2）集成电路的焊接。焊接集成电路时应注意以下事项：

①集成电路引线如果是镀金银处理的，不要用刀刮，只需要乙醇擦洗或用绘图橡皮擦干净就可以了。

②对 COMS 电路，如果事先已将各引线短路，焊前不要拿掉短路线。

③焊接时间在保证浸润的前提下尽可能短，每个焊点最好用 3s 时间焊好，最多不超过 4s，连续焊接时间不要超过 10s。

④使用的烙铁最好是 20W 内热式，接地线应保证接触良好。若用外热式，最好采用烙铁断电用余热焊接，必要时还要采取人体接地的措施。

⑤使用低熔点焊剂，一般不要高于 150℃。

⑥工作台上如果铺有橡胶、塑料等易于积累静电的材料，电路芯片及印制电路板等不宜放在台面上。

⑦集成电路若不使用专用 IC 插座进行焊接，而是直接焊到印制电路板上，安全焊接顺序为：接地端→输出端→电源端→输入端。

⑧焊接集成电路专用 IC 插座时，必须按集成块的引线排列图焊好每一个点。

2. 断线连接与线束缠绕

这里的断线是指车辆中的线路。由于车辆撞击、磨损、过电流熔断、插接器松动或锈蚀等因素，车辆中的线路可能出现断路。在发现断路后，需要对断线处进行处理。

导线维修时需要注意：不允许维修带屏蔽层的传感器导线，也不允许维修安全气囊系统的导线。

导线的维修一般可分为 3 个步骤：剥线、接线和绝缘包扎。

（1）剥线

在导线维修中，应使用图 1-2-19 中的剥线钳将导线的

图 1-2-19 剥线钳

绝缘层剥掉。剥线的基本要求是不拉伸断点临近处的绝缘层，不损坏导线铜芯。

（2）接线

接线质量的关键在于接线的方法，要保证在接线完成后，连接处不会被轻易拉开；接头处的导线接触要良好，无松动虚接现象。

推荐采用压接套管进行断线处的连接，如图1-2-20所示。

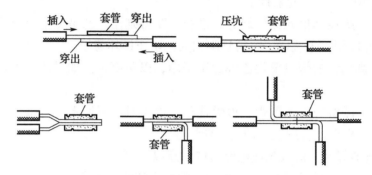

图1-2-20　用压接套管对断线进行连接

（3）绝缘包扎

最后，在断线处套上热塑管，使用热风枪加热，热塑管冷却后收缩形成绝缘保护层（图1-2-21）。

3. 电源线搭铁线安装

车辆电气系统能正常工作的基本条件是电源正常、搭铁正常。一个系统有供电、有搭铁才能形成回路。

（1）蓄电池的安装

蓄电池（图1-2-22）是车辆主要的供电部件。在安装蓄电池时，应先安装蓄电池的正极导线，再安装蓄电池的负极导线；拆卸时，先拆卸负极导线，再拆卸正极导线。

图1-2-21　使用热塑管形成绝缘保护层

图1-2-22　主电源线的安装

（2）车辆跨接起动接线

如图1-2-23所示，车辆进行跨接起动时，第①步用跨接导线连接待起动车辆上蓄电池的正极,另一端连接供电蓄电池的正极(第②步),第③步用跨接导线连接供电蓄电池的负极,第④步将跨接导线的另一端连接在待起动车辆的搭铁上。

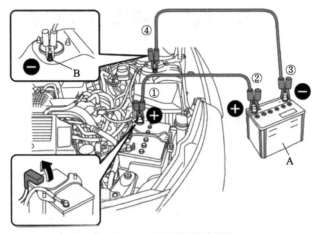

图 1-2-23　车辆跨接起动接线

①~④—操作步骤　A—辅助蓄电池　B—螺柱固定螺母

注：1. 电缆不能靠近任何运动的零部件。2. 电缆夹不能接触任何其他金属。

 汽车基础电路典型故障检测方法

 汽车电路故障的基本检修方法

第三节　汽车电路图识读方法

一、汽车电路图识读基本方法

汽车电路图是了解车辆电气网络架构、电气系统工作原理、电气部件位置和连接关系、针脚定义、故障检修必不可少的资料。

很多一线汽车维修电工反映识读电路图是件困难的事情，最主要的原因还是维修电工没有经过系统的训练并掌握科学的方法。传统师傅带徒弟的方式没法做到系统性传授知识和技能，特别是对一些新的车型（如新能源汽车、高端汽车），电气网络架构较传统车型复杂很多，此时就需要掌握科学系统的方法。

1. 电路图识读学习顺序

虽然具体电路维修和故障诊断的信息都是局部的，但是汽车整车电路都有密切的关联性，学习汽车电路图识读的正确顺序是先整体后局部，应先从整体网络架构入手，把握车辆整体的网络架构，然后再深入到局部的控制系统电路。

（1）整车电气网络架构

图 1-3-1 是宝马 X5（E70）车型的网络一览图。首先要区分该车网络架构是由主总线 K-CAN（车身 CAN）、PT-CAN（动力 CAN）、F-CAN（底盘 CAN）和 MOST（光纤）总线构成。此外，还需要知道在低速场合下应用的子总线 K-Bus、LIN-Bus、BSD 等总线。其他车型的分析也是这样，必须先对网络架构有个总体认知。

每一种车型的控制特点及部件名称不一定相同，因此还要通过车型资料，熟记图中的控制单元简称，例如宝马车型 DME 代表数字式发动机控制单元。另外，还需要学习各种总线的基本知识，如传输速率、电气特性、拓扑方式、检测方法等。有以上基础后，就可以具体去学习一个系统了。如 IKHA 模块，在宝马车型中是自动空调控制单元，该控制单元是 K-CAN 上的一个用户。

（2）输入输出关系图

熟知了车型的网络架构图，就可以从系统层面熟悉该车型各控制单元之间、各总线之间的关系，分清楚网络拓扑关系。下一层级的信息，是需要了解一个系统的输入输出关系（控制原理）图。图 1-3-2 是典型的发动机电控系统传感器、控制单元、执行器之间关系图（框图），该图说明了发动机电控系统的输入输出关系。各种传感器、电源属于信号的输入端，控制单元处理后，输出控制信号去控制各种执行器。控制单元 ECU 是该系统的主控模块，是系统的控制核心。

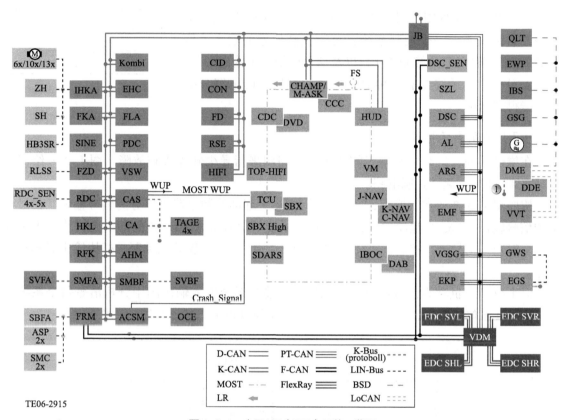

TE06-2915

图 1-3-1　宝马 X5（E70）网络一览图

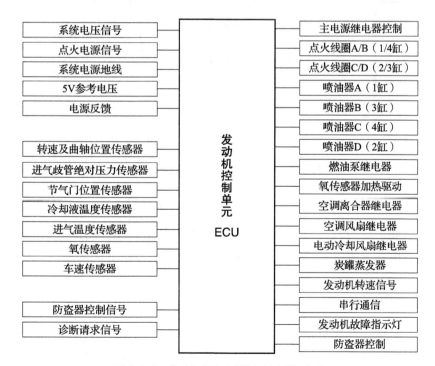

图 1-3-2　发动机电控系统输入输出关系框图

输入输出关系框图（图 1-3-3）表达的是电控系统最基本的控制链路关系。一个控制系统，总能找到信号的输入（信号端），信号的处理（控制端），以及信号的输出（输出端）。在电路分析中，始终要有这种分析思路，在后续的电路分析中都能得到运用。

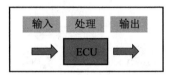

图 1-3-3　输入输出关系框图

（3）控制系统电路图

在维修层面，汽车维修电工需要车型电路图来指导维修和排查故障。图 1-3-4 给出了宝马 3 系（F35）起动控制电路。

按照图 1-3-3 的控制原理，宝马 3 系（F35）起动控制电路可以分为信号输入、信号控制和信号输出。S63 是起动按钮，作为起动系统的信号输入。FEM 前部供电模块作为主控单元，对输入信号进行控制。M6510 是起动机，受 FEM 主控单元控制，模块输出起动控制信号。

以上分析，也称为信号流分析。如果技师能从系统输入输出图中分析清楚每个系统的信号流，在维修实践中，能追踪信号流，表明技师真正掌握了该系统的工作逻辑。

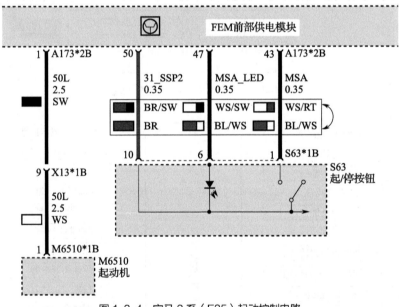

图 1-3-4　宝马 3 系（F35）起动控制电路

综上所述，我们学习汽车电路图识读方法的顺序是从整体到局部，从宏观到微观。具体维修时，能分析系统的信号流，理清楚线路的连接关系和控制逻辑。

2. 电路图识读方法

（1）识记电路符号和各种标记

下文以常见车型的发电机电路为例，介绍汽车维修电工需要识记各车型的电路符号和电路图规则，主要包括电路符号、元件标记、端子标记、导线标记和插接器标记。

1）**别克凯越发电机电路分析**。如图 1-3-5 所示，别克凯越的发电机上有 3 条导线，红色较粗导线 BAT 与蓄电池正极相连，是电源输出端；L 端与组合仪表相连，连接充电指示灯；F 是磁场端子，与带熔丝（F2 10A）的电源电路相连，由蓄电池向发电机供给励磁电流。

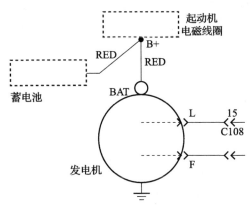

图 1-3-5　别克凯越发电机电路

电路中导线颜色用英文标记，如 RED 表示红色。BAT、B+、L 和 F 是端子标记，BAT 表示蓄电池，B+ 表示蓄电池正极，L 表示仪表指示灯，F 表示磁场。C108 是插接器代号，15 表示插接器中的第 15 号针脚。

2）**凯迪拉克 XLR 发电机电路分析**。图 1-3-6 是凯迪拉克 XLR 发电机电路。

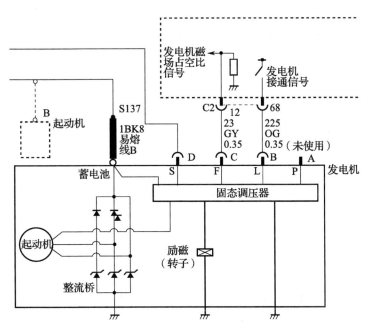

图 1-3-6　凯迪拉克 XLR 发电机电路

图中各种端子标记如下：

B——电压输出端；S——电压检测端子，连接电路熔丝（F215A）；F——磁场端子，与动力控制模块 PCM 相连；PCM 提供占空比信号来控制励磁电流以调节输出电压；L——连接 PCM，发电机接通信号；P——空脚，未使用。

图中"23GY0.35"及类似符号为线路信息，其中，23 表示线路编号；GY 表示导线颜色是灰色；0.35 是导线截面面积，单位是 mm^2。

3）**福特翼虎发电机电路分析**。图 1-3-7 是福特翼虎发电机电路。该发电机上只有 3 条导线，一条为电源输出端；一条为 LIN 总线，与动力系统控制模块 PCM 相连；最后一条线是发电机自身搭铁。

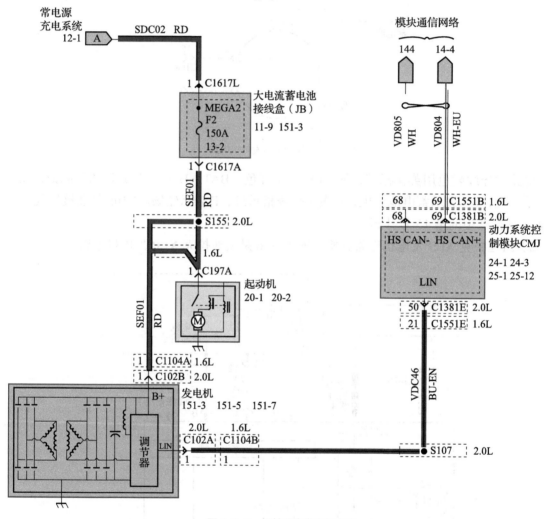

图 1-3-7　福特翼虎发电机电路

4）**奥迪 A4 1.8L 发电机电路分析**。图 1-3-8 是奥迪 A4 1.8L 发电机电路。图中 C 表示发电机，C1 为电压调节器。端子 61 检测发电机的发电电压，连接仪表模块。端子 DF 为仪表过来的励磁端子，打开 15 时（点火开关转到 2 档位置），61 端子电压低，仪表中放电警告灯亮；

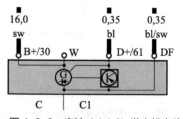

图 1-3-8　奥迪 A4 1.8L 发电机电路

发电时，61 端子电压上升，警告灯熄灭。如果 DF 线路断路，会导致发电机不发电。

在大众 / 奥迪系列车型中，导线标记为：数字表示导线截面面积，英文缩写表示导线颜色。图中 B+、D+、DF、30、61 等为端子标记。

5）**丰田凯美瑞发电机电路分析**。图 1-3-9 是丰田凯美瑞发电机电路图。

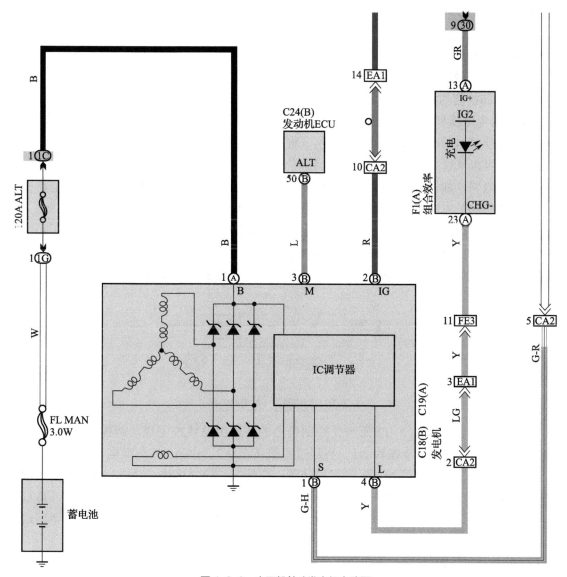

图 1-3-9　丰田凯美瑞发电机电路图

图中发电机上有 5 条导线（自身搭铁除外），分别是：B 代表电源输出端，直接与蓄电池正极相连，对蓄电池充电，同时为车载用电网络供电；M 与发动机控制单元相连，该控制单元对发电机进行电压调节；IG 端通过点火开关接通；L 端与仪表相连，连接放电警告灯，当 L 端电压低时，发光二极管接通，表明车辆在放电；发电后，发光二极管两端没有电压降，发光二极管熄灭，表明车辆在发电，几乎所有的车型原理都类似；S 端通过熔丝与蓄电池正极相连，检测蓄电池电压，作为电源电压的反馈端。

（2）分析电路基本模型

1）**电路分析要点**。对车辆进行线路系统维修时必须依赖车辆控制系统的电路图。在分析线路时，汽车维修电工要关注电路以下方面：

- 电路属于什么系统。
- 电路中有哪些元件。
- 部件的位置和连接关系。
- 电路的功能及作用。
- 工作原理及控制逻辑。
- 维修和检测的方法。

2）**基本电路模型分析**。汽车应用中常见的电路都可以简化为 3 种基本的电路模型：开关电路、继电器电路、总线电路，可以从这 3 种基本的电路模型来分析电路。

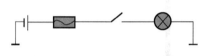

图 1-3-10 电路模型（开关电路）

①开关电路。如图 1-3-10，很多电路可以简化为开关控制的电路。在该类型电路中，需要关注电源端、电路保护装置、线束、控制开关（促动装置）、负载及搭铁端。

②继电器电路。如图 1-3-11 所示，电路中有两个回路，增加了继电器，实现了小电流控制大电流。开关回路控制线圈回路，由触点回路控制负载。同样，需要关注电源端、电路保护装置、线束、控制开关（信号源）和继电器（控制器）、负载和搭铁端。

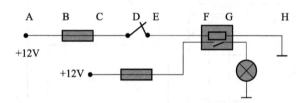

图 1-3-11 电路模型（继电器电路）

③总线电路。如图 1-3-12 所示，控制信号的传输由总线来完成。例如，开关 S1 控制灯泡 E2，S1 开关信号传至模块 A1，再经过总线传至 A2，由 A2 控制继电器 K1，使 E2 点亮。在该电路中，关注电源端、电路保护装置、信号源、控制模块、总线、负载、搭铁端。由于很多车型引入了总线，对于系统信号流的分析就变得很重要。在复杂电路中，特别是采用域控制器和分布式网络的车辆，不厘清信号流（控制逻辑），电路分析就变得很困难。

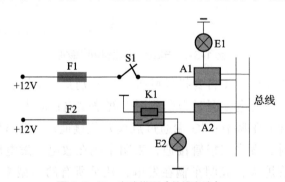

图 1-3-12 电路模型（总线电路）

3）认识电路图中常见电气部件及电路保护装置。汽车维修电工应能够认识电路图中常见的电气部件及电路保护装置。

常见的电气部件是蓄电池、发电机、电动机、电磁阀、灯泡和发光二极管、继电器、开关、扬声器、天线、液晶显示器、各种传感器、控制单元等。

常见的电路保护装置是熔断器、易熔线和断路器。

（3）3 步法识读电路图

汽车电路图可以采用"三步法"识读。图 1-3-13 是汽车的灯光控制基本电路，可以分为电源端（供电端和搭铁端）、信号端和输出端。以此电路图为例，识读方法如下：

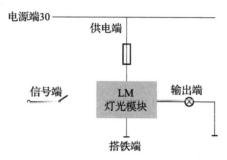

图 1-3-13　汽车灯光控制基本电路

第 1 步：需要分析系统的供电端和搭铁端，找到供电来源和搭铁点，这是分析所有电路的起点。供电端有 +12V 的常电源供电、+12V 的可切换的正极供电、控制单元供电（+5V/+8V/+9V 等电压）等供电方式。

第 2 步：分析信号的输入端，此处是一个开关信号作为信号输入端。信号来源有很多种，如开关信号、无线信号、传感器信号、总线信号等。

第 3 步：分析信号的输出端（输出控制执行器的信号或其他信号输出），此处是输出一个灯泡的供电电压，使灯泡点亮。输出端主要是控制执行器，有的是输出一个信号为其他系统所用。

二、典型车型电路图符号及识读方法

实际汽车电路维修工作中，丰田、通用、大众 / 奥迪这 3 个车系的电路图很典型，具有代表性，学会这 3 个车系电路图的识读方法，其他车型电路图识读就可以举一反三。

1. 丰田汽车电路图符号及识读方法

（1）丰田汽车电路图符号

丰田汽车电路图符号见表 1-3-1。

表 1-3-1 丰田汽车电路图符号

符号	含义
	蓄电池：存储化学能并将其转化为电能，给汽车各个电路提供直流电
	搭铁：指导线连接车身的点，给电路提供回路。如果没有搭铁，则电流不能流动
	电容器：小型临时电压保持装置
（1）单丝 （2）双丝	前照灯：电流使前照灯灯丝加热并发光。灯丝可以是单丝（1），也可以是双丝（2）
	点烟器：电阻加热元件
	断路器：是一根可以再次使用的熔丝，如果流经的电流过大，断路器将变热并断开。冷却之后有的可以自动重新设定（导通），有的需要手动重新设定
	喇叭：发出高频音频信号的电子设备
	点火线圈：将低压直流电转换为电火花塞的高压点火电流
	灯泡：流经灯丝的电流加热灯丝并使之发光
	二极管：仅允许电流单向流通的半导体
	二极管、稳压二极管：只在规定的电压时允许电流单向流通并阻止逆向流通。超过该电压，则由其分流余压。可以简单起到调压器的作用
	光电二极管：是根据光线强度（数量）控制电流的半导体
	发光二极管（LED）：基于电流，不同于一般的灯，可以发光但产生的热量极少
	分电器：将高压电流从点火线圈引到每个火花塞（早期车型）
	模拟式仪表：电流驱动电磁线圈，带动指针移动，从而提供与背景刻度相对照的数值显示
FUEL	数字式仪表：电流驱动 LED、LCD 或荧光显示屏中的一个或数个，将提供相关内容或数字显示
	熔丝（低、中等电流）：俗称"保险丝"，一片薄金属片，如果流经的电流过大，则会熔断，从而切断电流来保护电路免受损坏。一般会有电流数值表示额定的电流
	易熔线（大电流）：位于大电流电路中的粗导线，如果电负荷过大，则会熔断，从而保护电路。一般会用数字表示导线横截面积
M	直流电动机：将直流电的电能转换为机械能的装置，一般是旋转运动

（续）

符号	含义
	扬声器：可以利用电流产生声波的机电设备
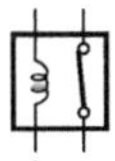 （1）正常关闭 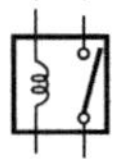（2）正常打开	继电器：流经线圈的小电流产生电磁场，会打开（2）或关闭（1）开关，达到小电流控制大电流的目的
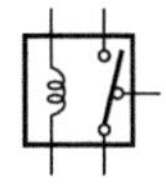	双投继电器：电流流经一组接点或其他组的继电器
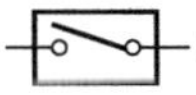 （1）正常打开 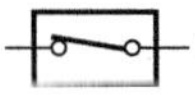（2）正常关闭	手动开关（单触点）：手动打开或关闭电路，从而停止（1）或流通（2）电流
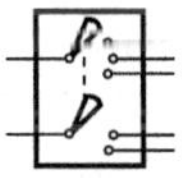	点火开关：有数个允许各个电路接通的可操作键开关
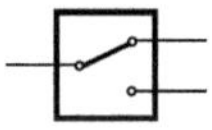	手动开关（多触点）：电流持续流经一组接点或其他组的开关
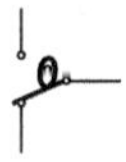	刮水器停止开关：关闭刮水器开关时，此开关自动让刮水器返回到停止位置
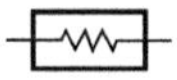	电阻器：具有固定电阻值的电子元件，安装在电路中，将电压降低到规定值
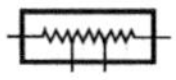	抽头电阻器：有两个或多个不同不可调电阻值的电阻器
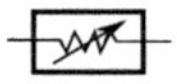	滑变电阻器：可调电阻值的可控电阻器，也称为电位计或变阻器
	热敏电阻传感器：可以根据温度变化改变其电阻值
	舌簧开关式转速传感器：使用电磁脉冲来打开和关闭产生起动其他部件信号的开关
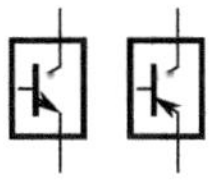	晶体管：典型的被用于电子式继电器的固体电路设备，利用基极、集电极、发射极的特性进行电压切断或导通电流
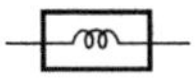	电磁阀：当电流流经电磁线圈时，会形成一个磁场来移动活塞等，控制液体或气体流动
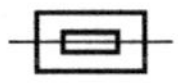	短接销：用于在接线盒中提供不可断开的连接
	配线：在电路图中，配线通常用直线表示。在汇合处没有黑色圆点的交叉配线没有结合，有黑色圆点或八边形标记的交叉配线结合

图 1-3-14 是丰田汽车电路图中导线颜色的代码示意图，代码与颜色对照表见表 1-3-2。

第一个字母表示基本配线颜色，第二个字母
表示条纹的颜色。
例： L—Y

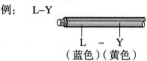

L － Y
（蓝色）（黄色）

图 1-3-14　丰田汽车电路图导线颜色代码

表 1-3-2　丰田汽车电路图导线颜色代码对照

代码	颜色	代码	颜色
B	黑色	W	白色
BR	褐色	L	蓝色
V	紫色	SB	天蓝色
R	红色	G	绿色
LG	浅绿色	P	粉色
Y	黄色	GR	灰色
O	橙色		

（2）丰田车型电路图图例

图 1-3-15 是丰田电路图范例。在图中表示的电气系统仅为范例，以下说明图中的标记的含义。

【A】：系统标题，此处表示"制动灯"电路；

【B】：表示继电器盒。未用阴影表示，仅标示继电器盒号码以和接线盒加以区分。

【C】：当车辆型号、发动机类型或规格不同时，用（ ）来表示不同的导线和插接器等。

【D】：表示相关联的系统。

【E】：表示用来连接两个线束的插头式和插座式插接器的代码。插接器代码由两个字母和一个数字组成。插接器代码的第一个字母表示插座式插接器线束上的字母代码；第二个字母表示插头式插接器线束上的字母代码；第三个数字是在存在相同线束组合时用来区别线束组合的序列号。插接器代码外侧的数字表示插头式和插座式插接器的针脚号码。图3-1-16 为插接器的插头与插座示意图。

【F】：代表一个零部件。该代码和零部件位置中使用的代码相同。

【G】：接线盒（圆圈中的号码为接线盒号码，插接器代码显示在其左侧）。接线盒以阴影表示，用于明确区分其他零部件。

【H】：表示导线颜色。示例：L-Y，第一个字母表示基本导线颜色；第二个字母表示条纹的颜色。

【I】：表示屏蔽电缆。

【J】：表示插接器的针脚号码。插座式插接器和插头式插接器的编号系统各不相同。

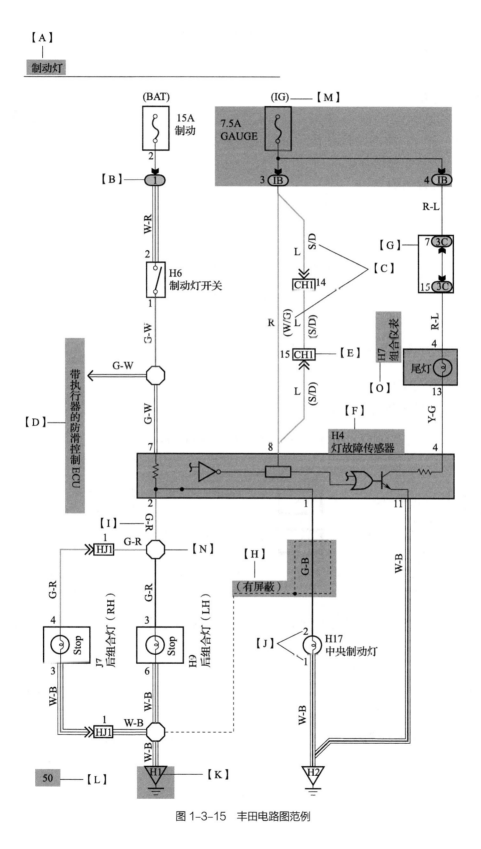

图 1-3-15　丰田电路图范例

【K】：表示接地点，以倒三角形符号标示。该代码由两位数组成：一个字母和一个数字。第一位代表线束的字母代码；第二位是当同一线束存在多个接地点时用来区别各接地点的序列号。

【L】：电路图页次。

【M】当向熔丝供电时，用来表示点火钥匙位置。丰田车型点火钥匙位置一般有LOCK-点火开关关闭；ACC-接通附件档位；ON-点火开关接通；START-点火开关起动档位置。

【N】：表示线路结合点。

【O】：元件名称。

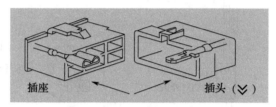

图 1-3-16　插头与插座示意图

2. 通用汽车电路图符号及识读方法

（1）通用汽车电路图符号

通用汽车电路图符号见表 1-3-3。

表 1-3-3　通用汽车电路图符号

符号	含义	符号	含义	符号	含义
B+	蓄电池电压	IGN 0	点火开关 - 关闭位置	IGN I	点火开关 - 附件位置
IGN II	点火开关 - 运行位置	IGN III	点火开关 - 起动位置		输入 / 输出下拉电阻器（-）
	输入 / 输出上拉电阻器 (+)		输入 / 输出高压侧驱动开关 (+)		输入 / 输出低压侧驱动开关 (+)
	供电 / 搭铁可切换开关		脉宽调制符号	B+	蓄电池电压
IGN	点火电压	5V	参考电压	5V AC	空调电压
	低电平-参考电压		搭铁		串行数据
	天线符号 - 输入		天线符号 - 输出		熔丝
PWR/TRN Relay	继电器供电的熔丝		断路器		易熔线

（续）

符号	含义	符号	含义	符号	含义
	搭铁		壳体搭铁	X100/12 Female Terminal Male Terminal	直列式线束插接器
X￨X	引线连接	X100/12	引线连接		临时或诊断插接器
	钝切线		不完整物理接头		完整物理接头 –2 线路
	完整物理接头 –3 或更多线路		导线交叉	9	绞合线
	屏蔽导线		电路参考	△ ◁ ▽ ▷	电路延迟箭头
	选装件断裂点		搭铁电路连接		插接器短路夹
	非完整部件		完整部件	12	直接固定在部件上的插接器
12	引线插接器		附件电源插座		点烟器
	常开位置 – 开关		常闭位置 – 开关		开关 –5 位置
	开关执行器 – 推出式		开关执行器 – 拉出式		开关执行器 – 滑动
	开关执行器 – 旋转	P	开关执行器 – 按压式	T	开关执行器 – 温度
	开关执行器 – 音量		4 脚继电器 – 常开		5 脚继电器 – 常闭
	单丝灯泡		双丝灯泡		发光二极管
	光电传感器		二极管		电容器
	电阻器		可变电阻器		可变电阻 – 负温度系数

（续）

符号	含义	符号	含义	符号	含义
	易断裂导线	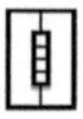	加热元件	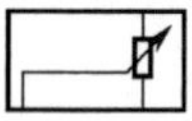	位置传感器
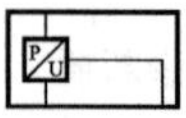	压力传感器		爆燃传感器		磁感应型传感器－2线式
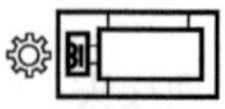	感应型传感器－3线式		霍尔效应传感器－2线式	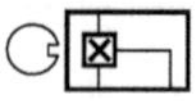	霍尔效应传感器－3线式
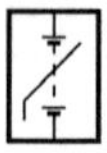	氧传感器－2线式	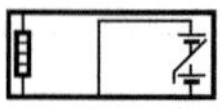	加热型氧传感器－4线式	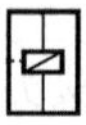	电磁阀－执行器
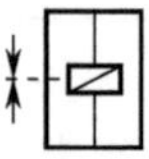	电磁阀－油路阀	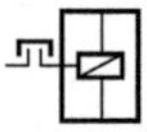	电磁离合器		电动机
	正温度系数电机		天线		扬声器
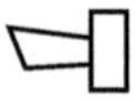	喇叭	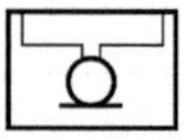	传声器	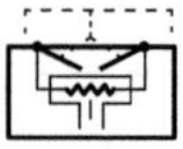	安全气囊
	安全气囊螺旋电缆	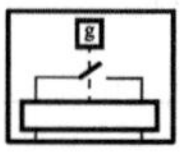	安全气囊碰撞传感器		

（2）通用车型电路图图例

图1-3-17是别克车型发动机电控系统电路图，以下配合图例进行说明。

【A】：电源接通说明。"随时接通"/"常电源"，表示该电路任何时间都有电，电压为蓄电池工作电压（类似于德系车型中标记为30的线路）。"运行时接通"，表示该电源在点火开关处于点火位置时接通（类似于德系车型中标记为15的线路）。"起动时接通"，表示该电源在点火开关处于起动档时接通（类似于德系车型中标记为50的线路）。

【B】：表示发动机熔丝盒中的16号熔丝，额定电流30A。

【C】：C106是插接器代号，这里连接其中的第8、第9针脚。

【D】：表示导线颜色。

【E】：表示插接器代号和对应针脚。

【F】：表示导线颜色，第一组是导线主色，第二组是条纹的颜色。

【G】：表示搭铁点。以字母G开头，数字表示搭铁点代码。

【H】：元件名称。

【I】：图中虚线框表示局部电路，实线框表示完整电路。

【J】：表示不同排量的发动机类型，搭铁点可能不同。

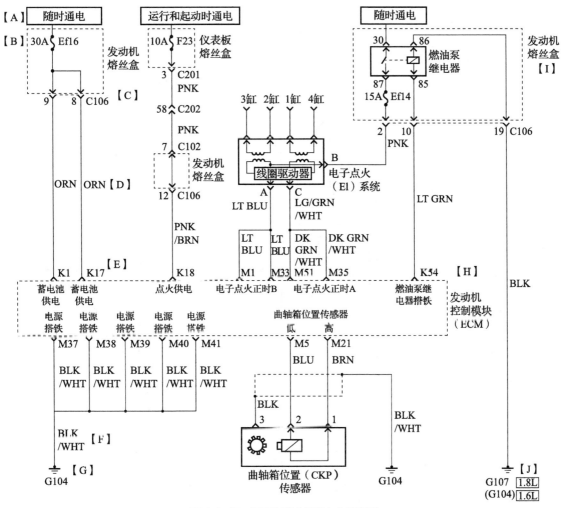

图 1-3-17　通用车型（别克）电路图例

3. 大众 / 奥迪汽车电路图符号及识读方法

（1）大众 / 奥迪汽车电路图符号

大众 / 奥迪汽车电路图符号见表 1-3-4。

表 1-3-4　大众 / 奥迪汽车电路图符号

符号	含义	符号	含义	符号	含义
	熔丝		蓄电池		继电器
	手动按钮开关		灯泡		发光二极管

（续）

符号	含义	符号	含义	符号	含义
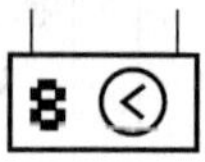	数字时钟		喇叭	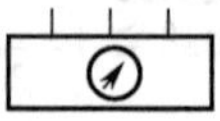	电子仪表
	控制单元		电动机	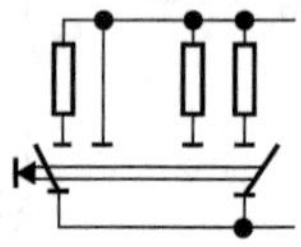	手动开关
	机械开关		加热线圈		二极管
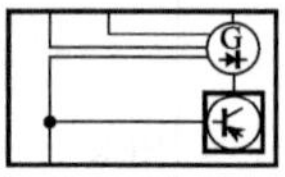	发电机	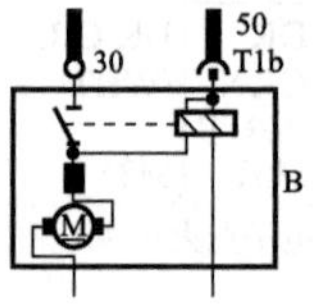	起动机	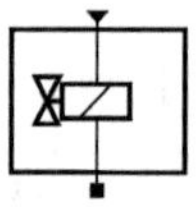	电磁阀
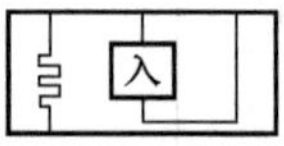	氧传感器	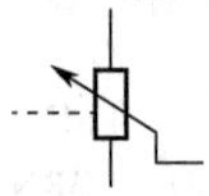	可变电阻器	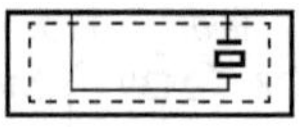	爆燃传感器
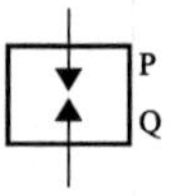	火花塞	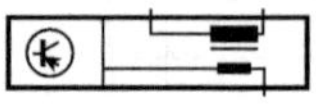	点火线圈	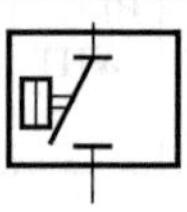	压力开关
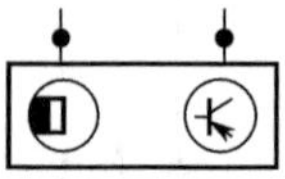	霍尔传感器		安全气囊螺旋电缆	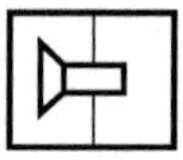	扬声器
	天线	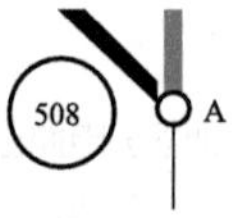	线路连接点	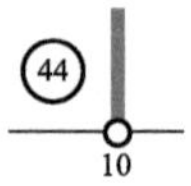	搭铁点

（2）大众／奥迪车型电路图图例

图 1-3-18、图 1-3-19 是大众／奥迪汽车电路图，以配合图例进行说明。

【A】：系统标题，表示电路所属的系统。

【B】：继电器，在继电器-熔丝支架上 3 号位。

【C】：端子标记。30 标记为常电源供电；15 标记为点火开关打开时供电；50 标记为在起动时供电；P 标记为驻车线；X 表示卸荷继电器的输出线（即大容量电源线）；31 表示搭铁线。

【D】：表示正极螺栓连接点（30），在继电器-熔丝支架上。

【E】：表示导线颜色和导线截面面积（mm^2）。第 1 颜色是主色；第 2 颜色是条纹颜色。

【F】：导线断点标记，此处导线和电路号码 160 处的导线是同一条导线。在电路号码 160 处显示电路号码 8。

【G】：熔丝，S 是熔丝标记，后面的数字是熔丝序号。

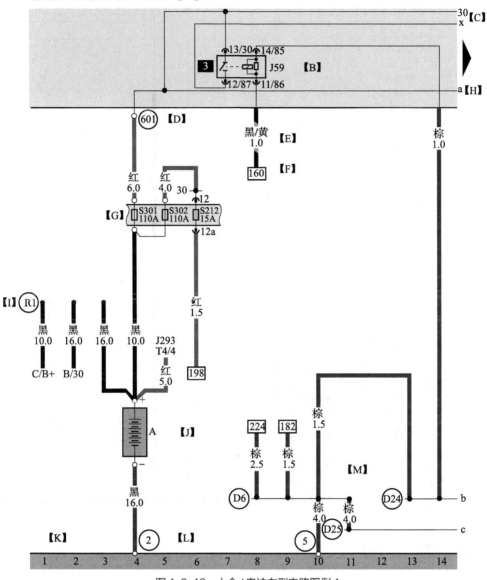

图 1-3-18 大众 / 奥迪车型电路图例 1

【H】：内部导线连接标记，与下一页同名的导线相连。注意：粗线是实际存在的导线，细线仅表示线路内部连接关系。箭头表示接下一页电路图。

【I】：表示正极连接线（30）。线束内的铰接点代号。

【J】：元件名，用大写字母表示。多数元件在大写字母后带数字标记。

【K】：电路号码，表示元件在电路图中的位置。一个完整电路图下方电路号码采用连续编码。

【L】：搭铁点标记。

【M】：搭铁连接线。

【N】：箭头表示接上一页电路图。

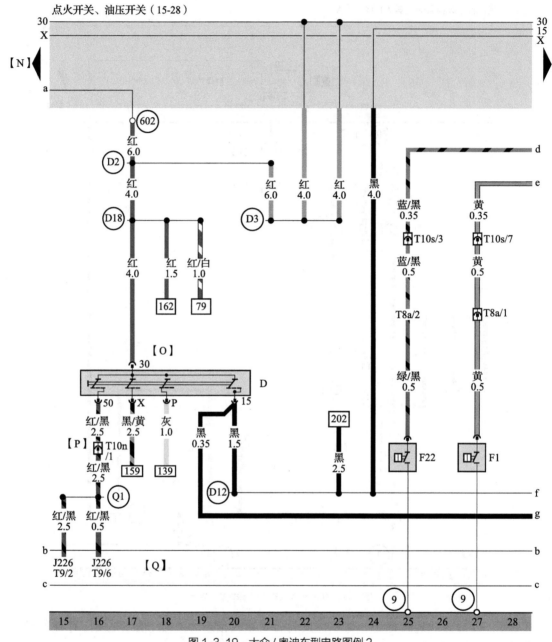

图 1-3-19　大众 / 奥迪车型电路图例 2

　　【O】：电路图中导线的名称。30 标记为常电源供电；15 标记为点火开关打开时供电；50 标记为在起动时供电；P 标记为驻车线；X 表示卸荷继电器的输出线（即大容量电源线）；31 表示搭铁线。

　　【P】：插接器代号，最右侧数字 1 表示该插接器中针脚序号是 1。

　　【Q】：导线与控制单元连接，此处是与控制单元 J226 相连，分别与插接器 T9 的第 2、6 针相连。T9 中的 9 表示该插接器共有 9 个针脚。

　　以下以 2015 年帕萨特天窗电路（图 1-3-20）为例，进行电路分析。

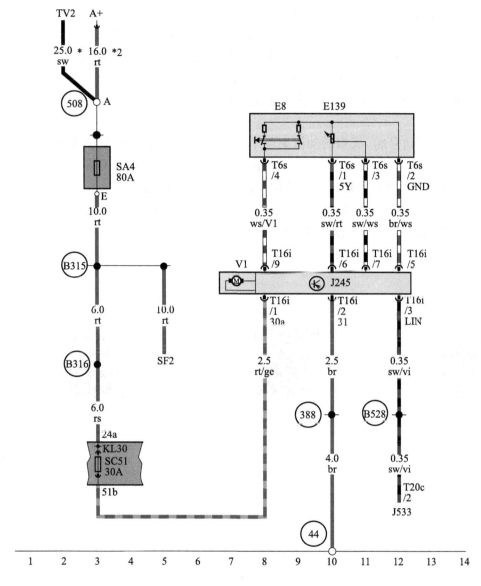

滑动天窗开关，滑动天窗调节器，滑动天窗控制单元，滑动天窗电机

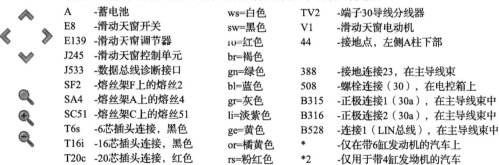

A	-蓄电池	ws=白色	TV2 -端子30导线分线器
E8	-滑动天窗开关	sw=黑色	V1 -滑动天窗电动机
E139	-滑动天窗调节器	ro=红色	44 -接地点，左侧A柱下部
J245	-滑动天窗控制单元	br=褐色	
J533	-数据总线诊断接口	gn=绿色	388 -接地连接23，在主导线束
SF2	-熔丝架F上的熔丝2	bl=蓝色	508 -螺栓连接（30），在电控箱上
SA4	-熔丝架A上的熔丝4	gr=灰色	B315 -正极连接1（30a），在主导线束中
SC51	-熔丝架C上的熔丝51	li=淡紫色	B316 -正极连接2（30a），在主导线束中
T6s	-6芯插头连接，黑色	ge=黄色	B528 -连接1（LIN总线），在主导线束中
T16i	-16芯插头连接，黑色	or=橘黄色	* -仅在带6缸发动机的汽车上
T20c	-20芯插头连接，红色	rs=粉红色	*2 -仅用于带4缸发动机的汽车

图 1-3-20　大众帕萨特天窗电路图

以下按照电路分析 3 步法来进行分析。

第 1 步，分析电源端。供电端来自 30 端子，通过 SA4 熔断器的 80A 熔丝供电。下方通过 SC51 熔丝给 V1 滑动天窗电动机供电，导线颜色红黄色。图中标记 KL30（KL 是接线端的简称），表示是 30 端供电，即常电源供电。V1 的插接器是 T16i，有 16 个针脚，供电针脚为 T16i/1，即第 1 个针脚。接下来分析搭铁端。搭铁线为 BR 棕色线，接地点 44 在左侧 A 柱下部。

第 2 步，分析信号端。天窗的动作来自开关信号，也与外围的控制模块通过 LIN 线连接。开关侧一共 4 条线（4 个针脚），标记为 GND（针脚 2）的棕白线是搭铁线，针脚 1 是 5V 电源线，针脚 3 是位置信号输出线，针脚 4 是开关信号输出线。

第 3 步，分析输出端。本例中 J245 滑动天窗控制单元输出控制电动机 V1。另外，通过 LIN 总线与 J533 数据总线诊断接口模块相连。

汽车维修手册电路图识读方法

汽车电路图的识读方法

学看汽车电路图

第二章
汽车维修电工工具设备
认识与使用

本章介绍汽车维修电工工具设备认识与使用，包括：汽车维修电工工具及防护装备类型与使用方法；汽车维修电工检测设备类型与使用方法。通过以上内容的学习，你能掌握汽车维修电工常用工具、防护装备、检测设备的类型、特点和使用方法等相关知识，并能够在实际工作中应用。

第一节 汽车维修电工工具及防护装备类型与使用方法

一、传统汽车维修电工工具

汽车维修电工的工作对象主要是汽车电子电器设备，他们使用的手工操作工具与汽车机械维修工有所区别，下文介绍汽车维修电工常用的工具。

1. 电工刀

（1）用途及特点

电工刀（图2-1-1）在安装与维修电器设备过程中用来切削导线绝缘层、木质、塑胶及软金属等材料，是电工常用的一种专用切削工具。

（2）使用方法及技巧

1）新的电工刀刃口不够锋利，应先开启刀口后再用。

2）电工刀刀柄一般无绝缘层保护，不能接触或切削带电导线或设备，以免触电。

3）使用电工刀时，刃口应朝外部切削，不能面向人体切削。

4）如图2-1-2所示，使用电工刀剥削导线绝缘层时，可把刀略微翘起一些，使刀面与导线成较小的锐角（约45°），以避免割伤线芯。切忌把刀刃垂直对着导线切割绝缘层，因为这样容易割伤线芯。

5）电工刀在使用以后应将刀身折叠入刀柄，注意避免伤到手及其他部位。

图 2-1-1 电工刀

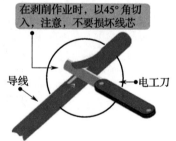

图 2-1-2 剥削绝缘层技巧

2. 剥线钳

（1）用途及特点

剥线钳（图2-1-3）是用来剥除小直径导线绝缘层的电工专用工具。剥线钳的钳口有多个不同孔径（0.5~3mm）的刃口，与不同直径的线芯相配合，刃口过大难以剥离绝缘层，刃口过小会切断线芯。剥线钳的手柄带有绝缘层，耐电压一般为500V。

（2）使用方法及技巧

1）如图2-1-4所示，使用时应先根据导线线芯的直径大小，将导线放入比导线直径稍大的刃口中。

2）确定出要剥去绝缘层的导线长度。

3）握住剥线钳手柄，将导线夹住，缓缓用力使导线绝缘层剥落。

4）松开剥线钳手柄，取出导线，这时电缆金属外表面露出，其余绝缘层完好无损。

5）使用剥线钳进行带电操作之前，必须检查绝缘手柄的绝缘性能是否良好，以防绝缘损坏，发生触电事故。

 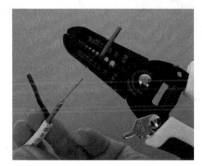

图2-1-3　剥线钳　　　　　　　　图2-1-4　剥线钳的操作

3. 电工钳

（1）用途及特点

钢丝钳（俗称"老虎钳"）在工业、维修、日常生活中都很常用，主要用途是剪切导线和钢丝等较硬的金属导线。钢丝钳有铁柄和绝缘柄两种，绝缘柄的为电工用钢丝钳，即电工钳（图2-1-5），绝缘柄耐电压为500V或更高，可在有电的场合使用。

如图2-1-6所示，电工钳由钳头和钳柄两部分组成，钳头由钳口、齿口、刀口和铡口四部分组成。如钳口用来弯绞或钳夹导线线头，齿口用来紧固或拧松螺母，刀口用来剪切导线或剥削软导线绝缘层，铡口用来切断导线的线芯、钢丝或铁丝等较硬的金属线丝。

 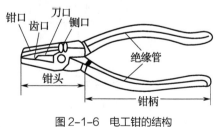

图2-1-5　电工钳　　　　　　　图2-1-6　电工钳的结构

（2）使用方法及技巧

电工钳（钢丝钳）使用如图2-1-7和图2-1-8所示。

1）在使用电工钳的过程中切勿将绝缘手柄碰伤、损伤或烧伤，并且要注意防潮。

2）为防止生锈，钳轴要经常涂抹润滑脂。

3）带电操作时，手与电工钳的金属部分保持 2cm 以上的距离。

4）应根据不同用途选用不同规格的电工钳。

5）电工钳不能当锤子使用。

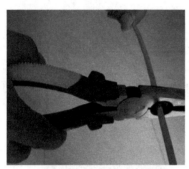

图 2-1-7　电工钳的操作

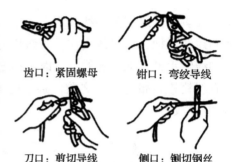

齿口：紧固螺母　　　钳口：弯绞导线

刀口：剪切导线　　　侧口：铡切钢丝

图 2-1-8　电工钳的几种用途

4. 起动跨接电缆

（1）用途及特点

如果因蓄电池亏电而导致发动机不能起动，需要使用汽车蓄电池专用的跨接电缆（图 2-1-9），利用其他车辆或有电的蓄电池来协助起动。起动跨接电缆线较粗，有足够的承载能力，且带绝缘外皮，每一根线两端配有红或黑色线夹，便于夹持接线端子。

（2）使用方法及技巧

1）由于起动机工作时的电流很大，一定要使用汽车蓄电池专用电缆并联跨接操作，注意端头连接必须牢固。

2）如图 2-1-10 所示，故障车辆与救援车辆蓄电池的间距不能大于跨接电缆长度。将红色跨接电缆的两端连接到两辆车蓄电池的正极①和②上；黑色跨接电缆一端连接到救援车辆蓄电池的负极③上，另一端连接到故障车辆蓄电池负极或车身可靠搭铁④位置上。

图 2-1-9　起动专用跨接电缆

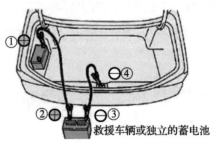

救援车辆或独立的蓄电池

图 2-1-10　跨接电缆接线方法

3）起动救援车辆的发动机，使其正常运转几分钟后，再起动故障车辆的发动机。

4）如果一次起动不成功，过 3~5min 再起动，在这段时间里，救援车辆的发动机不要熄火，要保持正常运转。

5）当故障车辆起动后，拆卸跨接电缆时要注意，先拆黑色电缆（蓄电池负极电缆），然后再拆红色电缆（蓄电池正极电缆）。

5. 诊断跨接线

（1）用途及特点

汽车维修电工在进行故障诊断时需要用到跨接线（图2-1-11）。跨接线俗称"跳线""短接线"，是一段长短不一的导线，两端分别接有不同形式的插接针脚。

汽车维修电工使用的跨接线可以用来连接供电电源或搭铁、替代被怀疑有故障导线，也可以在不需要某元器件的功能时，用跨接线将其短路，以检查其工作情况。跨接线还可以不改动原来的电气系统，把一个新的元器件接入系统，与原来的元器件并联运行，共同完成任务。图2-1-12是早期丰田汽车故障自诊断专用跨接线（SST，可以用普通导线代替），短接车辆故障诊断座特定的端子，然后由仪表故障警告灯闪烁故障码，供故障诊断时参考。

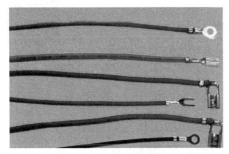

图2-1-11 跨接线

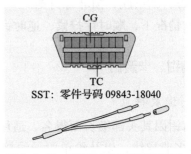

SST：零件号码 09843-18040

图2-1-12 用于故障自诊断的跨接线

（2）使用方法及技巧

1）用于连接电源、搭铁的跨接线，只能作为故障诊断用，不能用于排除故障，否则可能造成线路负荷过载造成元件损坏甚至起火事故。

2）作为连接电源使用的跨接线，应安装熔丝（图2-1-13），在线路过载时保护电路。

3）利用跨接线做元器件动作测试时（图2-1-14），时间不宜过长（2~3s为宜），避免损坏元器件。

4）跨接线必须确认连接牢靠，避免产生错误的结果，误导故障诊断。

5）采用多条跨接线连接时，应避免线路发生短路、搭铁等状况。

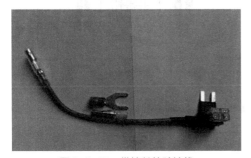

图2-1-13 带熔丝的跨接线

图2-1-14 利用跨接线做元器件动作测试

6. 旋具

（1）用途及特点

旋具是利用旋转压力紧固或拆卸带有槽口的螺钉的工具。根据它的头部形状，旋具可分为"一字形""十字形"两种，也有可更换刀口的组合旋具。旋具的手柄材料有很多种，电工常采用带绝缘性能手柄旋具。图 2-1-15 是带绝缘柄的"一字形""十字形"旋具，图 2-1-16 是可更换刀口的组合旋具。

图 2-1-15　带绝缘柄的旋具

（2）使用方法及技巧

1）确认旋具手柄的绝缘性能正常，表面无油污。

2）旋具刀口端应平齐，并与螺钉槽的宽度一致。

3）使用时应使刀口与螺钉槽完全吻合，手握手柄并向下用力，防止刀口与螺钉槽滑脱，损坏螺钉槽。

4）正常情况下，顺时针拧紧，逆时针旋松。

图 2-1-16　可更换刀口的组合旋具

7. 尖嘴钳、卡簧钳

（1）用途及特点

1）尖嘴钳因其头部细长而得名，适用于在狭小的工作空间操作，主要用来剪切线径较细的单股与多股导线，以及给单股导线接头弯圈、剥绝缘层等。汽车维修电工多选用带绝缘柄的尖嘴钳。

2）卡簧钳，外形上也属于尖嘴钳一类，是一种用来安装内簧环和外簧环的专用工具，钳头可采用内直、外直、内弯、外弯等形式。卡簧钳分为外卡簧钳和内卡簧钳两大类，分别用来安装、拆卸轴外用卡簧环和孔内用卡簧环。

图 2-1-17 是各种类型的尖嘴钳、卡簧钳。

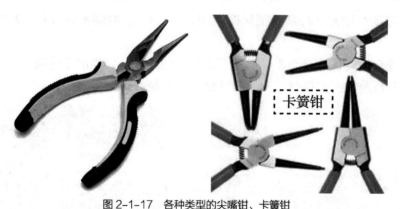

卡簧钳

图 2-1-17　各种类型的尖嘴钳、卡簧钳

（2）使用方法及技巧

1）尖嘴钳可以在狭小的空间工作。

2）使用时握住尖嘴钳的两个手柄，开始夹持或剪切工作。

3）尖嘴钳的刃口可以剪切细小零件，但使用时不能用力太大，否则钳口的头部会变形或断裂（图2-1-18）。

4）使用时注意刃口不要对向自己，以免受到伤害。

5）使用卡簧钳拆卸或安装卡簧环时，应注意选择对应的钳嘴类型（图2-1-18）。

用尖嘴钳钳口钳住导线并进行调整

图2-1-18　尖嘴钳、卡簧钳使用方法

8. 斜口钳

（1）用途及特点

斜口钳，又称断线钳，主要用于切断导线，例如电子元器件多余的导线，还常用来代替一般剪刀剪切绝缘套管、尼龙扎线卡等。斜口钳的刀口也可用来剥软电线的绝缘层。电工常用的是带绝缘柄的斜口钳（图2-1-19）。

（2）使用方法及技巧

1）如图2-1-20所示，使用斜口钳时将钳口朝内侧，便于控制需要钳切部位，用小指伸在两钳柄中间来抵住钳柄，张开钳头，这样分开钳柄灵活。

2）如图2-1-21所示，斜口钳剪切能力有限，不可以用来剪切钢丝绳和过粗的铜导线和铁丝，否则容易导致刃口崩牙和损坏。

3）如图2-1-22所示，剪切镀锌铁丝时，应用刀刃绕表面来回割几下，然后轻轻一扳，铁丝即可断。

图2-1-19　斜口钳　　　　　图2-1-20　斜口钳的操作方法

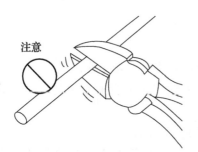

图 2-1-21 不能剪切过粗的导线 图 2-1-22 剪切镀锌铁丝

9. 汽车维修电工其他常用拆装工具

汽车维修电工在工作中还会用到其他拆装工具，例如扳手，包括呆扳手、梅花扳手、套筒扳手、管子扳手、内六角扳手、星形扳手等特殊形状的工具。这些工具的类型及使用方法，与汽车机械维修工所用工具基本一致，区别是汽车维修电工的工作一般不涉及发动机、变速器等大总成的拆装工作，因此使用工具的规格比较小，一般的组合工具已经够用（图 2-1-23）。

图 2-1-23 汽车维修组合工具

二、新能源汽车绝缘拆装工具

除了传统汽车维修电工使用的工具外，新能源（电动）汽车因为存在高压电路，拆装高压部件时需要专用的绝缘拆装工具。

1. 绝缘与绝缘材料

（1）绝缘

绝缘是指用不导电的物质（绝缘材料）将带电体隔离或包裹起来，以对触电起保护作用的一种安全措施。良好的绝缘性能是保证设备和线路运行的必要条件，也是防止触电事故、漏电、短路的重要措施。

（2）绝缘材料

绝缘材料指的是电工绝缘材料。按国家标准对绝缘材料的定义是："用来使器件在电气上绝缘的材料"，也就是能够阻碍电流通过的材料。绝缘材料的电阻率很高，导体周围的绝缘材料将电流与外部隔离开来，以保证电气设备的安全运行。

绝缘材料除了上述作用外，还起着其他作用：散热冷却、机械支撑和固定、储能、灭弧、防潮、防霉以及保护导体等。

2. 绝缘拆装工具

（1）用途及特点

绝缘拆装工具是采用绝缘材料进行加工并适用于电气系统拆装等操作的使用工具。使用绝缘拆装工具可以有效防止意外触电事故的发生，新能源（电动）汽车涉及高压的部件拆装必须使用绝缘拆装工具。绝缘拆装工具必须装有耐电压1000V以上（应超过动力电池额定电压）的绝缘柄。

绝缘拆装工具包括常用的套筒扳手、呆扳手、梅花扳手、旋具、钳形工具、电工刀等。如图2-1-24所示是带绝缘柄的拆装工具。

（2）使用方法及技巧

绝缘拆装工具的使用方法与普通拆装工具相同，但是需要注意以下事项：

1）绝缘拆装工具应有专门的工具室存放，室内应通风良好，清洁、干燥。

2）如果发现绝缘拆装工具损伤或受潮，应及时进行检修和干燥处理，检验合格后方可使用。

3）绝缘拆装工具必须按规定定期进行绝缘性能的检验，不符合要求的，禁止使用。

图2-1-24　各种带绝缘柄的拆装工具

三、新能源汽车高压安全防护装备

虽然新能源（电动）汽车都设计了完善的防止意外触电功能，但是针对交通事故车辆、故障车辆，以及始终存在高压电的动力电池，维修人员必须做好防止被高压电伤害的安全防护措施。

新能源（电动）汽车维修常用的高压安全防护装备，包括高压安全警告标识及隔离带，以及绝缘手套、护目镜、绝缘安全鞋、绝缘安全帽，以及非化纤工作服等个人安全防护装备。

1. 高压安全警告标识及隔离带

在高压维修工位或车辆、高压部件附近必须放置明显的警告标识，防止无关人员进入工位或触摸高压部件，发生触电事故。图 2-1-25 是新能源汽车维修专用工位的安全警告标识及隔离带。

图 2-1-25　安全警告标识及隔离带

2. 个人安全防护装备

（1）电工绝缘手套

橡胶材质的电工绝缘手套具备两种性能：一是在进行高电压部件或线路操作时，能够承受 1000V 以上的工作电压；二是具备抗酸碱性，当工作中接触来自动力电池泄漏的氢氧化物等腐蚀性化学物质时，能防止这些物质对人体造成伤害。图 2-1-26 是各种类型的电工绝缘手套。

电工绝缘手套需要定期检验，确保耐高电压合格并在有效期内，而且在每次使用前必须进行泄漏检查。检查的方法是向手套内注入一定的空气，判断绝缘手套是否有漏气。图 2-1-27 是绝缘手套检查方法。

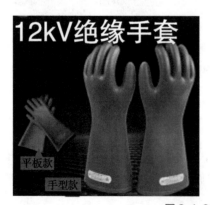

图 2-1-26　电工绝缘手套

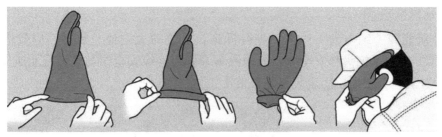

图 2-1-27　绝缘手套检查方法

（2）护目镜

护目镜（图 2-1-28）可以防止在高压系统维修过程中产生的电火花以及动力电池泄漏的电解液对眼睛的伤害。新能源汽车维修用护目镜与医用的一致，除了正面防护眼睛外，应该具有侧面防护功能。护目镜在使用前应检查其是否破损。

图 2-1-28　护目镜

（3）绝缘安全鞋

绝缘安全鞋（靴）也称电绝缘鞋（图 2-1-29），作用是使人体与地面绝缘，防止电流通过人体与大地之间构成通路，对人体造成电击伤害，把触电时的危险降低到最小程度，因为触电时电流会经人体流入地面，所以高压电气作业时不仅要戴绝缘手套，还要穿绝缘安全鞋。

图 2-1-29　绝缘安全鞋（靴）

绝缘安全鞋除了应具备透气性能好、防静电、耐磨、防滑等功能外，电性能要求是绝缘安全鞋产品的核心和关键技术指标。国家标准 GB12011—2009《足部防护　电绝缘鞋》规定了电绝缘鞋的分类、式样、技术要求、测试方法、检验规则、标志、包装、贮存和运输。按国家标准规定，安全鞋的泄漏电流需小于 0.3mA/kV，即使试验电压达到 30kV，泄漏电流值也不会大于 10mA。

（4）绝缘安全帽

在举升新能源（纯电动）汽车，进行拆卸、安装动力电池总成时，应戴绝缘安全帽（图2-1-30），以保护头部安全。新能源汽车维修用绝缘安全帽与电力行业所用的一致，使用前应检查其是否破损，固定装置是否正常。

图2-1-30　电工绝缘安全帽

（5）非化纤工作服

维修高电压系统时，必须穿非化纤类（纯棉等非化工合成材质）的工作服。化纤类的工作服会产生静电，并且当发生火灾事故时，化纤会在高温环境下粘连人体皮肤，导致严重的二次伤害。图2-1-31为纯棉电工工作服。

图2-1-31　纯棉电工工作服

 汽车维修电工常用设备使用方法

 汽车空调检修设备使用方法

 新能源汽车维修安全防护装备使用方法

第二节　汽车维修电工检测设备类型与使用方法

除了拆装工具及防护装备外，汽车维修电工还需要用到各种类型的检测设备。为了保证新能源（电动）汽车高压维修安全，汽车维修电工使用的检测设备应符合 CAT Ⅲ 的要求。

根据国际电子电工委员会（IEC）发布的 IEC1010-1 的协议（规约），把电工工作的区域分为 4 个等级，分别称作 CAT Ⅰ、CAT Ⅱ、CAT Ⅲ 和 CAT Ⅳ。CAT 等级是向下单向兼容的，例如，一块 CAT Ⅲ 600V 的万用表在 CAT Ⅰ、CAT Ⅱ 和 CAT Ⅲ 下使用是完全安全的，但是在 CAT Ⅳ 的环境下使用就不保证安全了。

一、试灯

汽车检测专用试灯俗称"试电笔"或"测电笔"，是通过指示灯的点亮和熄灭指示来检测电路故障的仪器，使用简单、方便且直观，所以在电路检修中应用广泛。常用的汽车检测试灯包括无源试灯和有源试灯两种类型。

1. 无源试灯

（1）用途及特点

汽车维修电工使用的无源试灯也称"12V"试灯，主要是用来检测汽车电源（12V）电路是否能为汽车电气部件提供电源。

汽车维修电工用的试灯（图 2-2-1）由带灯泡的试灯主体（手柄）、导线、测试端头（探头、探针）及搭铁（接地）夹组成。试灯的灯泡通常有发光二极管（LED）和普通灯泡两种类型，在检测与汽车电子控制单元（ECU）相连接的电路时不能使用普通灯泡制作的试灯，只能使用由发光二极管制作的试灯，否则会损伤汽车电气元器件。

图 2-2-1　汽车维修 12V 试灯

（2）使用方法及技巧

1）必须明确电路的电源电压高低后才能使用试灯，就是说不能用 12V 试灯检测高压电路。

2）不可随意用试灯检测汽车电子控制单元控制系统电路，除非维修手册中有特殊说明，方可利用 LED 试灯进行检测。

3）利用试灯检测电路是否带电时，试灯的一端连接蓄电池负极或者搭铁，另一端与被测部位连接，若试灯点亮，说明电路有供电，否则说明电路没供电。

4）利用试灯检测一段线路是否存在断路时，若用试灯检测线路中某一点有电，但在线路的下一点没电，则说明该段线路存在断路。

5）利用试灯（必须采用 LED 试灯）检测信号电路中是否有信号存在，例如点火信号、霍尔式传感器等信号电路时，试灯应有规律地闪烁，否则说明电路或者相关部件故障。

图 2-2-2 是试灯检测电路方法示意图，将试灯的搭铁夹搭铁（接地），并用探针接触一个带电针脚（端子），试灯就会点亮，若试灯不亮，则说明连接处没有电压。试灯的亮度取决于电压的高低。

在检查大功率供电线路时，有时用 12V 试灯测试时是通电的（试灯点亮），但是并不能驱动负载。此时可以将试灯换成 H7（灯泡类型）灯泡来测试电路的供电能力。

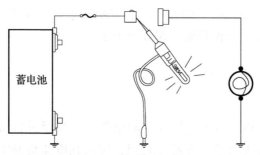

图 2-2-2　12V 试灯检测电路方法示意图

2. 有源试灯

（1）用途及特点

有源试灯（图 2-2-3）与无源试灯结构基本相同，只是在手柄内加装电源，通常是两节 1.5V 干电池。有些有源试灯带有数字显示电源电压的功能（图 2-2-4）。

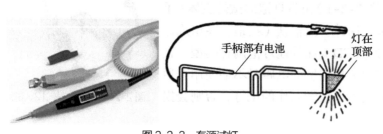

图 2-2-3　有源试灯

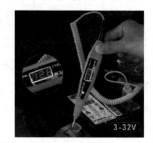

图 2-2-4　带数字显示的有源试灯

（2）使用方法及技巧

1）**断路检查：**首先断开与电气部件相连接的电源电路，将试灯一端搭铁，另一端接电路各接点（从电路首端开始）。如果试灯不亮，则断路出现在被测点与搭铁之间。

2）**短路检查：**首先断开电气部件电路的电源线和搭铁线，测试灯一端搭铁，一端与余下电气部件电路相连接，如果试灯亮，表示有短路故障（搭铁）存在，然后逐步将电路中连接器拆下、开关断开、拆除电气部件等，直到试灯熄灭为止，则短路出现在最后开路部件与上一个开路部件之间。

二、万用表

万用表是电工电子技术检测最常用的仪表，分为指针式（图 2-2-5）和数字式（图 2-2-6）两种类型。

指针式万用表的优点是读取数值与指针摆动角度密切相关，具有直观、形象的读数指示；缺点是其内部一般没有放大器，所以内阻较小，且多采用分立元件构成分流分压电路。所以频率特性是不均匀的（相对数字式来说），不太适用于检测汽车的电子控制系统。数字式万用表与指针式万用表相比，且有检测准确度高、检测速度快、输入阻抗大、过载能力强和功能多等优点，所以在汽车电子控制系统检测方面得到广泛的应用。

除了读取数值有差别外，指针式万用表和数字式万用表使用方法基本相同。由于指针式万用表目前使用很少，下文只介绍普通数字万用表和汽车维修专用万用表的特点和使用方法。

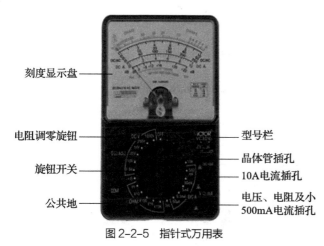

刻度显示盘

电阻调零旋钮　　　　　型号栏
旋钮开关　　　　　　　晶体管插孔
　　　　　　　　　　　10A电流插孔
公共地　　　　　　　　电压、电阻及小
　　　　　　　　　　　500mA电流插孔

图 2-2-5　指针式万用表

图 2-2-6　数字式万用表

1. 普通数字万用表

电力部门及一般电器维修人员使用的万用表以检测电压、电流和电阻等参数为主要目的，通常使用功能比较少的普通数字万用表。图 2-2-7 是普通数字万用表的结构示意图。

使用万用表时，在连接带电导线之前应先连接万用表的公共（COM）测试导线；当拆下测试导线时，要先断开带电的测试导线，再断开公共测试导线。下文介绍普通数字万用表常用数值的检测方法。

（1）检测交流和直流电压

图 2-2-8 是交流和直流电压的检测方法。检测时必须先选择交流（AC）或直流（DC）电压类型，并选择合适的量程。

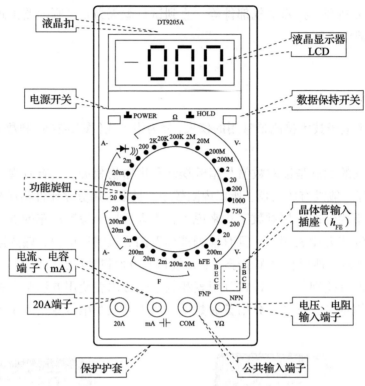

图 2-2-7　普通数字式万用表的结构示意图

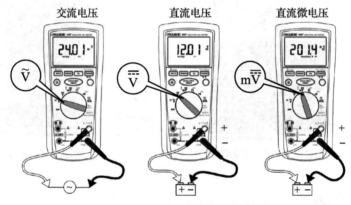

图 2-2-8　交流和直流电压检测方法

（2）检测电阻

图 2-2-9 是电阻的检测方法。检测时必须先选择合适的量程，并将被测的元器件与电路断开，否则检测到的是整个电路的电阻值。

（3）检测电容

图 2-2-10 是电容的检测方法。检测时必须先切换到电容的检测档位，并选择合适的量程。在检测电容的电容值前还需要将电容放电；检测电解电容时要注意表笔的极性，红表笔接电容（＋）侧，黑表笔接（－）侧。

（4）线路连通性检测

图 2-2-11 是线路连通性的检测方法。线路连通性检测是利用蜂鸣器的声音来表示电路导通，当检测到线路短路（电阻值 25Ω 以下）时，蜂鸣器会发出蜂鸣声。为了避免仪表或被测试部件损坏，检测连通性以前，必须先切断电路电源并把所有高压电容器放电。

注意：常见的数字万用表使用蜂鸣档检测导线连通性时，当线路电阻值高于约 70Ω 时，蜂鸣器不会发出蜂鸣声。故此方法不适用于线圈类线路的检查，当线路的阻值未知时，仍采用测量电阻的方式判断连通性，否则会导致结果误判。

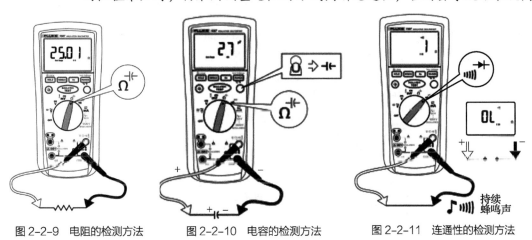

图 2-2-9　电阻的检测方法　　　图 2-2-10　电容的检测方法　　　图 2-2-11　连通性的检测方法

（5）二极管检测

图 2-2-12 是二极管的检测方法。检测之前应分清二极管的正向和反向，并切换到二极管的检测档位。

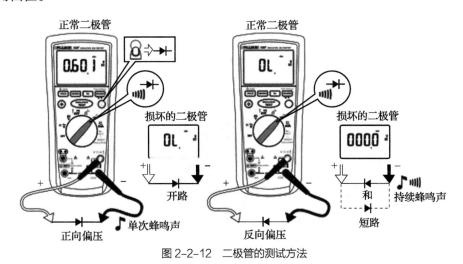

图 2-2-12　二极管的测试方法

（6）检测交流或直流电流

警告：为了避免人身伤害或损坏仪表，务必遵守以下规定：

　　　　1）当开路电势至接地点之间的电压超过 1000V 时，切勿尝试在电路上检测电流。

2）检测电流之前，先检查仪表的熔丝。

3）检测时应使用正确的端子、开关位置和量程。

4）当导线插在电流端子的时候，切勿把探头与任何电路并联。

5）当测量电压高于200V时，不得在测量状态下直接旋转功能旋钮，应断开测试表笔后再选择量程。

6）在测量新能源汽车高压电路时，严禁触碰表笔金属部分，并采用"单手操作"的原则进行测量。

7）万用表使用完毕后，应关闭电源，并将测量量程旋转至交流电最大档位。

图2-2-13是交流或直流电流的检测方法。检测之前必须关闭（OFF）被测电路的电源，断开电路，将仪表以串联的方式接入，再启动（ON）电源。

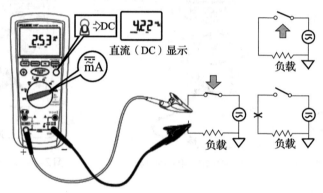

图2-2-13　直流或交流电流检测方法

2. 汽车维修专用万用表

汽车维修专用万用表（图2-2-14）是在普通数字万用表的基础上增加了一些汽车维修专用检测功能，适用于汽车电气系统的检测。

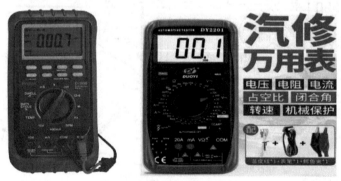

图2-2-14　汽车专用万用表

（1）汽车维修专用万用表功能介绍

汽车维修专用万用表一般具有以下全部或部分功能：

1）常规交流和直流电压、电流检测。

2）电阻、电容、二极管、线路连通性检测。

3）汽车各电子控制系统涉及的温度、发动机转速、频率、脉冲宽度、占空比、闭合角、氧传感器等参数的检测。

4）具有检测到的数据保持（锁定）功能。

5）具有检测到的数据最大值、最小值的识别功能。

汽车维修专用万用表的交直流电压、电流，以及电阻、电容、二极管、线路连通性检测与普通数字万用表检测方法一致。图 2-2-15 是汽车专用万用表功能示意图，档位选择开关（旋钮）包括：TEMP 表示温度检测，RPM/DUTY/FREQ/DWELL 表示转速、占空比、频率和脉宽闭合角检测，RPM INDUCTIVE 表示感应式转速检测，Hz 表示频率检测（量程200Hz、2kHz、20kHz、200kHz），其他的（V、A 等）表示各量程交直流电压、电流、电阻、线路连通性、二极管等普通万用表检测功能。图 2-2-16 是万用表功能区的功能转换按键，用于多个功能检测档位的功能转换。各档位选择必须与万用表的表笔插孔对应。

（2）汽车维修专用万用表使用方法

下面介绍使用汽车维修专用万用表进行汽车相关参数检测的方法。

1）温度检测。如图 2-2-17 所示，有的万用表配置温度检测探头，可用于空调出风口温度、通风口、通气管温度等温度检测。

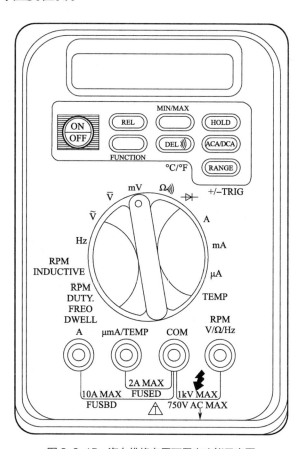

图 2-2-15　汽车维修专用万用表功能示意图

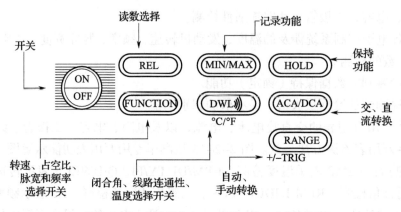

图 2-2-16　汽车维修专用万用表功能区功能转换

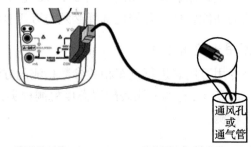

图 2-2-17　温度检测

2）**发动机转速检测**。如图 2-2-18 所示，可采用转速检测探头（转速夹）或表笔采集信号检测发动机转速。

①万用表开机，将选择开关转至 RPM（DUTY FREQ DWELL）档。

②按下功能键 RANGE，选择发动机的行程数。

③按下 DWL 键，然后按下 RANGE 键，选择发动机的缸数。

④再次按下 DWL 键，返回到 RPM 功能。

⑤将检测探头或表笔与万用表、点火线圈的连接。

⑥起动发动机，发动机转速将显示在万用表的显示屏上。

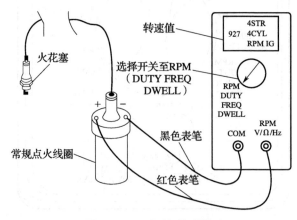

图 2-2-18　发动机转速检测

3）占空比检测。如图 2-2-19 所示，可采用万用表进行喷油器、电磁阀等电子元件的占空比信号检测。

①万用表开机，将选择开关转至 RPM（DUTY FREQ DWELL）档。

②按下功能键 FUNCTION，直至显示屏出现占空比符号 % 为止。

③将黑色表笔良好接地，红色表笔接喷油器电插接器的信号线。

④起动发动机，从显示屏上读出占空比的数值。

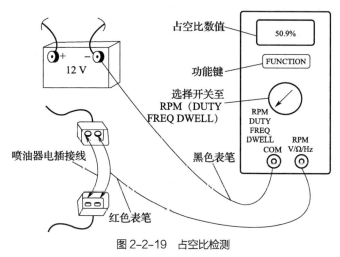

图 2-2-19　占空比检测

4）喷油器喷油脉冲宽度检测。如图 2-2-20 所示，可采用万用表进行电磁喷油器的脉冲宽度信号检测。

①万用表开机，将选择开关转至 RPM（DUTY FREQ DWELL）档。

②按下 FUNCTOIN 键，至显示器出现 ms。

③按下 +/−TRIG（正 / 负触发）键，至显示器出现"−"。

④将黑色表笔良好接地，红色表笔接喷油器电插接器的信号线。

⑤起动发动机，从显示屏上读取喷油脉冲宽度的数值。

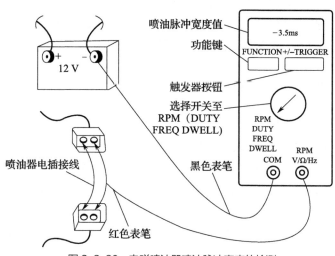

图 2-2-20　电磁喷油器喷油脉冲宽度的检测

5）**氧传感器输出电压信号检测**。如图 2-2-21 所示，可采用万用表进行氧传感器的输出电压号检测。

①万用表开机，将选择开关转至 DC 档。

②将黑色表笔良好接地，红色表笔接氧传感器输出信号线。

③按下仪表上功能键 MIN/MAX，选择记录功能。

④起动发动机并至暖机（冷却风扇转）。

⑤按下功能键 MIN/MAX，显示器显示氧传感器的最高输出电压。再次按下功能键 MIN/MAX，万用表显示屏显示氧传感器的最低输出电压。

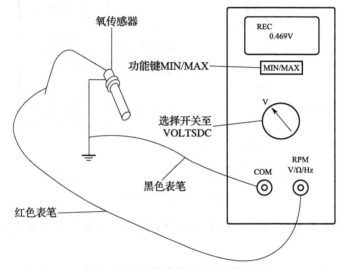

图 2-2-21　氧传感器输出电压检测

三、钳形电流表

在新能源（电动）汽车检测与维修中，需要测量高压导线中的电流。由于电驱动系统的导线（如逆变器与驱动电机之间）存在较大的交变电流，必须使用钳形电流表（也称数字电流钳）进行间接测量。图 2-2-22 是常见品牌的钳形电流表。

1. 钳形电流表的功能与测量操作步骤

（1）钳形电流表的功能

如图 2-2-23 所示，钳形电流表的工作部分由一只电流表和穿心式电流互感器组成。穿心式电流互感器铁心制成活动开口，且成钳形，故名钳形电流表，是一种不需断开电路就可测量电路中电流的携带式仪表。钳形电流表的测量原理是建立在电流互感器工作原理的基础上的，当放松扳手铁心闭合后，根据互感器的原理而在其二次绕组上产生感应电流，从而指示出被测电流的数值。当握紧钳形电流表扳手时，电流互感器的铁心可以张开，被测电流的导线进入钳口内部作为电流互感器的一次绕组。

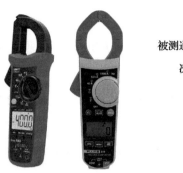 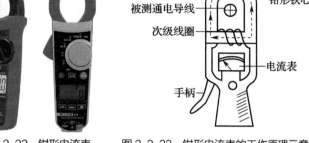

图 2-2-22　钳形电流表　　　图 2-2-23　钳形电流表的工作原理示意图

（2）钳形电流表的测量操作步骤

如图 2-2-24 所示，在测量电流时，可以按以下步骤进行。

1）估算电流大小，选择正确档位与电流类型（交流或直流）。例如，如果需要测量三相驱动电机的某一相电流，选择 40A 交流电流档（图中 A 指示位置）。

2）关闭被测量部件，打开电流钳，将被测量导线放入电流钳口之中。

注意：测量时应该保持电流钳的钳口闭合，导线垂直于钳口中心，否则将测量出不正确的电流。有些型号的电流钳在使用前还需要进行调零操作。

3）运行被测量部件。

4）如需测量一个变化的电流，应在上步的基础上按下 "INRUSH"（涌流，即测量瞬间电流）键后再启动电流钳。

5）读取电流表显示的电流值。

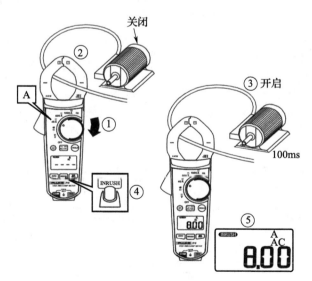

图 2-2-24　电流测量步骤示意图

①~⑤　测量步骤

2. 新能源汽车高压交流电流的测量方法

以下以采用 FLUKE 317 钳形电流表测量荣威 e50 纯电动汽车驱动电机的 W 线束、V 线束、U 线束为例，介绍高压交流电流的测量方法。

⚠️ **警告**：测量前请佩戴绝缘手套！高压电流测量为动态测量！如果使用整车，请举升车辆离地 10cm，并做好安全检查！

1）如图 2-2-25 所示，打开钳形电流表，功能旋钮旋至 600A 量程档位，此时电流表默认为直流电流测试模式。

✉️ **提示**：电流的量程档位根据所测试的部件技术参数选择，荣威 e50 驱动电机相电流峰值为 200A。

2）如图 2-2-26 所示，按下电流表交直流模式切换按钮（AC/DC）切换至交流档。

3）如图 2-2-27 所示，将电流钳悬置驱动电机 W 线束。

4）如图 2-2-28 所示，起动车辆，踩下加速踏板，读取驱动电机 W 线束电流数值。

5）如图 2-2-29 所示，按下电流表测量数值最小／最大锁定按钮（MIN/MAX），启用电流表的最大交流电流锁定模式（显示屏显示 MAX 和 AC）。

6）如图 2-2-30 所示，再次读取并记录驱动电机 W 线束通过最大电流数值。

7）采用同样的方法测量驱动电机 V 线束、U 线束的电流数值，并记录。

8）关闭车辆电源，取下并关闭钳形电流表。

图 2-2-25　量程档位选择

图 2-2-26　切换至交流档

图 2-2-27　将电流钳悬置驱动电机 W 线束

图 2-2-28　读取驱动电机 W 线束电流数值

图 2-2-29　启用最大交流电流锁定模式

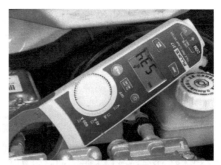

图 2-2-30　读取电机 W 线束最大电流值

四、绝缘测试仪

1. 绝缘测试仪的功能与类型

在新能源（电动）汽车检测与维修中，对高压电气系统的绝缘性能检测时，需要测量高压电缆（导线）及高压部件对车身绝缘电阻是否位于规定值范围内。绝缘测试仪统称"绝缘电阻表"，并不是特指某一种仪器，而是指一类仪器，利用数字万用表、兆欧表、绝缘测试多用表等仪器都可以完成绝缘电阻测试，只是测试的量程和精度有所区别。对于绝缘性能要求很高的新能源汽车，通常采用兆欧表（指针式）和绝缘测试多用表（数字式）进行绝缘电阻测试。

（1）兆欧表

兆欧表的种类有很多，但其作用和工作原理大致相同。最常用的是手摇兆欧表，俗称"摇表"。它是用来测量大电阻和绝缘电阻的检测仪表，计量单位是兆欧（MΩ），故称兆欧表。图 2-2-31 所示是常见的手摇兆欧表，有三个接线柱，分别是"接地"（E）、"线路"（L）和"保护环"（或"屏蔽"）（G）。

1）E 端接线柱： 接地端，接被测设备的接地部分或外壳。

2）L 端接线柱： 接线端，接被测设备的导体部分。

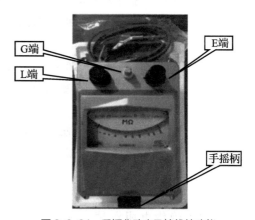

图 2-2-31　手摇兆欧表及接线柱功能

3）G 端接线柱： 保护环，主要用于高压电缆（导线）绝缘电阻的测量。

常见的手摇兆欧表的玻璃显示屏保护盖背面会贴有使用说明书（图 2-2-32），使用时可以方便地参照说明书操作。

（2）绝缘测试多用表

以 Fluke（福禄克）公司的产品为例，Fluke 1503、Fluke 1508 和 Fluke 1587 等型号的

仪器都可以进行高压系统的绝缘测试，这些仪器虽然具有不同的名称，但都可以被称为绝缘测试仪或绝缘电阻表。图 2-2-33 所示是 Fluke 1508 数字式绝缘测试仪。

图 2-2-32　兆欧表使用说明书

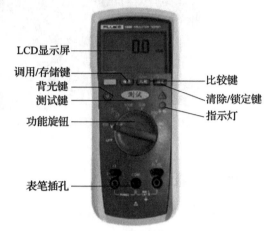

图 2-2-33　Fluke 1508 数字式绝缘测试仪

LCD显示屏
调用/存储键
背光键
测试键
功能旋钮
比较键
清除/锁定键
指示灯
表笔插孔

2. 新能源汽车绝缘电阻的测试方法

（1）绝缘电阻测试注意事项

⚠ **警告**：为了避免触电或人身伤害，请严格遵守以下注意事项！

1）为了避免触电或人身伤害，请首先仔细阅读并严格按仪表使用手册操作！

2）在将测试导线与电路或设备连接时，在连接带电导线之前先连接公共（COM）测试导线；当拆下测试导线时，要先断开带电的测试导线，再断开公共测试导线。

3）绝缘测试只能在不通电的电路上进行。

4）测试之前先检查测试仪的内部电源和熔丝。

5）在进行绝缘电阻测试时，请勿用手去触摸表笔的金属部分，避免发生触电危险。

图 2-2-34　绝缘测试方法

（2）绝缘电阻测试方法

绝缘电阻测试方法如图 2-2-34 所示。

以下以应用广泛的 Fluke 1508 数字式绝缘测试仪为例，介绍绝缘电阻的测试步骤。

1）如图 2-2-35 所示，将黑表笔插入"COM"端子。

✉ **提示**：如果使用 Fluke 1587 绝缘多用表，插入"–"端子。

2）如图 2-2-36 所示，将绝缘测试表笔插入"绝缘"（测试输入）端子。

✉ 提示：如果使用 Fluke 1587 绝缘多用表，插入"+"端子。

图 2-2-35 黑表笔插入"COM"端子

图 2-2-36 绝缘测试表表笔插入"绝缘"测试端子

3）选择测试对象，如高压部件端子、高压导线及其他需要测试绝缘的物体。以下以 25kV 绝缘手套为例测试，如图 2-2-37 所示。

图 2-2-37 选择测试对象（绝缘手套）

4）根据所测试高压系统绝缘性能的要求，将绝缘测试仪功能旋钮档位旋至合适的测试电压档位。电压档位的选择通常要比动力电池额定电压高，例如动力电池额定电压为 380V，则应选择 500 V 电压档位，绝缘测试仪会输出 500V 左右的直流测试电压。

当电压档位选择以后时，测试仪将启动内部电池负载检查，绝缘测试仪的显示如图 2-2-38 所示。如果内部电池未通过测试（即测试仪电源过低），显示屏下部将出现"电池"符号，在更换电池前不能进行绝缘测试。

✉ 提示：如果使用 Fluke 1587 绝缘多用表，将旋钮转至"INSULATION"（绝缘）位置，按"RANGE"（量程）选择电压量程。

5）如图 2-2-39 所示，将测试表笔（探头）与待测的部件或电路连接。绝缘测试仪会自动检测部件或电路是否通电。

图 2-2-38 选择测试档位　　图 2-2-39 将两表笔与待测的绝缘部件连接

6）如图 2-2-40 所示，按下绝缘测试仪上的绝缘测试（INSULATION TEST）或测试表笔上的按键，此时显示屏将显示一个有效的绝缘电阻读数。

✉ 提示：如果电路电源超过 30V（交流或直流），测试仪显示屏显示超过 30V 以上警告同时，显示高压符号，测试被禁止，必须立即关闭电源。

7）如图 2-2-41 所示，等待测试仪读数稳定后，读取测试仪显示的绝缘电阻值。

绝缘电阻值与电压之比应大于 500Ω/V，即假设选择测试电压为 500V，绝缘电阻值应大于：

$$500V \times 500\Omega/V = 250000\ \Omega = 0.25M\Omega$$

✉ 提示：图中显示屏显示 550MΩ 为实际测试绝缘电阻数值，526VDC 表示测试仪测试时输出的测试电压为 526V 的直流电压（与所选择的测试电压档位基本一致）。

图 2-2-40　按下测试按键

图 2-2-41　读取测试仪有效的绝缘电阻值

8）测试完成后，关闭绝缘测试仪，并拆下测试表笔（探头）。

汽车维修电工检测设备认识与使用方法

汽车电气系统常用检修工具简介及使用

新能源汽车维修电工检测设备使用方法

汽车电子元件检测设备检测操作方法示范

第三章
汽车电控系统检测与
数据分析方法

本章介绍利用万用表、故障诊断仪、示波器等检测设备进行汽车电控系统检测与数据分析的知识和技能，包括：汽车电控系统万用表检测与数据分析方法；汽车电控系统示波器检测与波形分析方法；汽车电控系统诊断仪检测与数据流分析方法；汽车电子控制单元故障诊断与排除方法。通过以上内容的学习，你能掌握利用各种汽车检测设备进行电控系统检测及数据分析的方法，并能够在实际维修工作中应用。

第一节　汽车电控系统万用表检测与数据分析方法

在汽车电控系统维修中，除了线路导通检测外，需要采用万用表检测传感器、执行器、电子控制单元等电子元器件的电阻、电压、电流、频率、占空比等技术数据，并进行数据分析，判断电子元器件的性能。以下以典型车型的传感器、执行器为例，介绍汽车电子元器件的万用表检测与数据分析方法。

一、传感器的万用表检测与数据分析方法

1. 温度传感器

汽车上应用的温度传感器包括测量冷却液温度、进气温度、排气温度、空调蒸发器温度的传感器等，其内部是一个热敏电阻，该电阻具有负温度系数的特性，温度高时电阻值小，温度降低时电阻值增大。电阻值在不同的车型上其特性略有差异，一般温度为 20℃时，电阻值约为 2000~3000Ω；温度为 100℃时，电阻值约为 200~300Ω。

检测温度传感器时，可以采用万用表检测传感器的电阻，或者检测控制单元/模块（ECU/ECM）提供给传感器的参考电压和传感器的输出信号电压。各种车型、不同用途的温度传感器，工作原理和检测方法基本相同，下面以丰田汽车冷却液温度传感器为例介绍万用表检测与数据分析方法。

（1）冷却液温度传感器针脚和电路图

图 3-1-1 是丰田汽车冷却液温度传感器（丰田汽车称 THW）插接器和电路图，其中针脚 1（ETHW）为冷却液温度传感器接地，针脚 2（THW）为冷却液温度传感器信号端子。

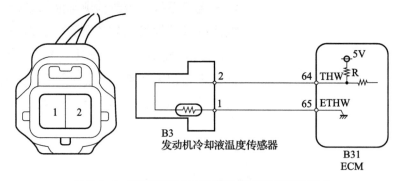

图 3-1-1　丰田汽车冷却液温度传感器插接器和电路图

（2）万用表电阻检测

检测温度传感器时，根据实际条件可以采用万用表就车或拆下传感器检测传感器电阻值随温度变化的数据。

图 3-1-2　就车检测冷却液温度传感器电阻

1）**就车检测**：如图 3-1-2 所示，断开传感器的插接器，采用万用表的电阻档，检测冷却液温度传感器在当前温度下的电阻值。

2）**拆下检测**：如图 3-1-3 所示，如果需要准确检测，拆下温度传感器，放入热水中，检测传感器在不同温度下的电阻。温度传感器正常值见表 3-1-1。

表 3-1-1　冷却液温度传感器不同温度下的电阻正常值

针脚	条件 /℃	电阻值
1-2	20	2.32~2.59kΩ
1-2	80	310~326Ω

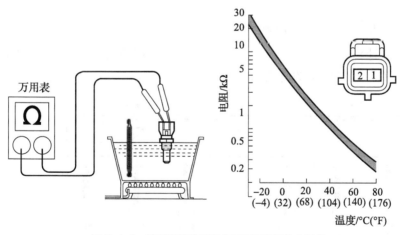

图 3-1-3　检测温度传感器在不同温度下的电阻值

（3）万用表电压检测

1）**参考电压检测**：如图 3-1-4 所示，断开冷却液温度传感器插接器，在点火开关 ON 时，用万用表检测插接器控制单元一侧的信号线（2 号针脚），应测得 5V 左右的参考电压，表示控制单元供电正常。

2）**信号电压检测**：如图 3-1-5 所示，连接冷却液温度传感器插接器，在点火开关 ON 时，用万用表检测插接器背部的信号线（1 号针脚），应该测得传感器输出的信号电压，信号电压根据当前的冷却液温度不同而变化，温度低，电压高；温度高，电压低。

图 3-1-4 冷却液温度传感器参考电压检测

图 3-1-5 冷却液温度传感器信号电压检测

2. 位置传感器

汽车上应用的位置传感器包括传统接触型（电位计式）和非接触型（霍尔式）的节气门位置、加速踏板位置、废气再循环阀（EGR）位置等位置传感器，电阻值随传感器转轴的位置变化而变化。

检测位置传感器时，可以采用万用表检测传感器的电阻，以及控制单元提供给传感器的参考电压和传感器的输出信号电压。各种车型、用途的位置传感器，工作原理和检测方法基本相同，以下以一汽大众 / 奥迪汽车电子节气门的节气门位置传感器为例，介绍万用表检测与数据分析方法。

（1）节气门位置传感器针脚和电路图

一汽大众 / 奥迪汽车的节气门位置传感器（即"电控节气门操纵机构的节气门驱动装置角度传感器" G187/G188）的电路图如图 3-1-6 所示。

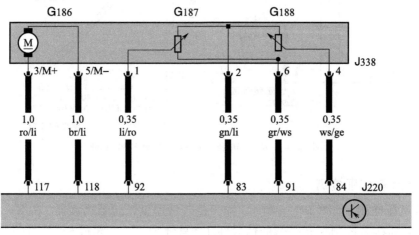

图 3-1-6 一汽大众 / 奥迪汽车节气门位置传感器电路图

图中代号说明如下：

J220 为发动机控制单元；J338 为电子节气门总成；G186 为电子节气门驱动装置（节气门电动机）；G187 为电子节气门驱动装置角度传感器 1（节气门位置传感器 1）；G188 为电子节气门驱动装置角度传感器 2（节气门位置传感器 2）。

电子节气门总成 J338 的针脚 1 为 G187 节气门角度信号 1，针脚 2 为共同搭铁（接地）线，针脚 3（M+）为 G186 节气门电动机控制线 1，针脚 4 为 G188 节气门角度信号 2，针脚 5（M−）为 G186 节气门电动机控制线 2，针脚 6 为控制单元 J220 提供的 5V 参考电源。

（2）万用表电压检测

对于电子节气门车型的节气门位置传感器，通常不需要检查其电阻，而是直接采用万用表检测节气门位置传感器的供电电源、线路导通及输出信号电压情况。

1）**供电电源检测**：如图 3-1-7 所示，断开节气门体插接器，点火开关 ON，万用表调至直流电压档，检测 5V 参考电源（针脚 6）和接地（针脚 2）之间的电压，应在 4.5~5.5V 之间。

2）**线路导通检测**：如图 3-1-8 所示，如果怀疑线路不良，可以检测传感器线束控制单元一侧与搭铁之间的电压，有电压显示，说明线路导通。也可以用万用表电阻档，检测节气门位置传感器各针脚到控制单元相应针脚的线路，应该导通。

图 3-1-7　5V 供电电源检测　　　　　　　　图 3-1-8　线路导通检测

3）**信号电压检测**：如图 3-1-9、图 3-1-10 所示，连接节气门体插接器，点火开关 ON，万用表调至直流电压档，分别检测节气门角度信号 1（针脚 1）、节气门角度信号 2（针脚 4）和 2 号针脚（接地）的电压，并踩下加速踏板，观察数据变化，应在正常范围内（表 3-1-2）。

表 3-1-2　节气门位置传感器电压正常值

项　目	节气门全关	节气门全开
节气门角度信号 1	0.5~1.1V（开度 10%~22%）	3.3~4.9V（开度 40%~98%）
节气门角度信号 2	2.1~3.1V	4.6~5.0V

图 3-1-9　传感器角度信号电压 1 检测　　　　图 3-1-10　传感器角度信号电压 2 检测

3. 转速传感器

汽车上应用的转速传感器包括曲轴位置（发动机转速）、凸轮轴位置（凸轮轴转速）、车速、车轮转速传感器等，用于反馈旋转部件的速度，类型有光电式（已经很少采用）、磁电式（也称电磁式）、霍尔式、磁阻式等。

检测转速传感器时，可以采用万用表检测传感器的电阻，以及控制单元提供给传感器的参考电压和传感器的输出信号电压。下面以磁电式曲轴位置传感器、霍尔式凸轮轴位置传感器为例介绍万用表检测与数据分析方法。

（1）转速传感器针脚和电路图

1）磁电式曲轴位置传感器： 磁电式曲轴位置传感器插接器的针脚通常有两个（图3-1-11，丰田汽车磁电式曲轴位置传感器称"NE 传感器"），也有车型是 3 个针脚（图3-1-12，大众汽车磁电式曲轴位置传感器称"G28 发动机转速传感器"），比两个针脚的插接器增加 1 个屏蔽线（避免信号干扰，两个针脚的插接器屏蔽线不占用针脚）针脚。

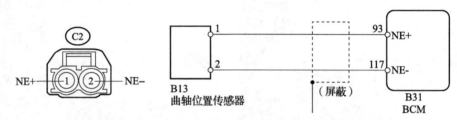

图 3-1-11　丰田汽车曲轴位置传感器插接器和电路图

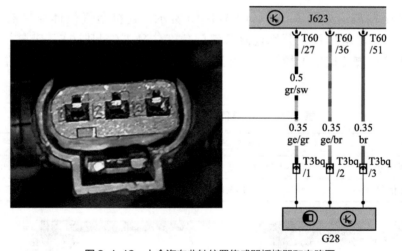

图 3-1-12　大众汽车曲轴位置传感器插接器和电路图

J623— 发动机控制单元　G28— 发动机转速（曲轴位置）传感器　T60— 控制单元 60 针脚插接器
T3bq—G28 传感器 3 针脚插接器

2）霍尔式凸轮轴位置传感器： 如图 3-1-13 所示，大众汽车的凸轮轴位置传感器（即霍尔传感器 G40）插接器针脚和电路图其中针脚 1 为传感器电源；针脚 2 为传感器信号；针脚 3 为传感器接地。

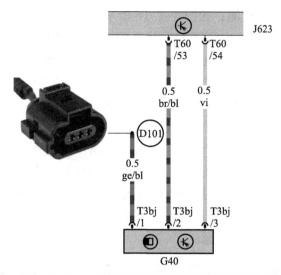

图 3-1-13　大众汽车凸轮轴位置传感器插接器和电路图

J623— 发动机控制单元　G40— 霍尔（凸轮轴位置）传感器　T60— 控制单元 60 针脚插接器
T3bj—G40 传感器 3 针脚插接器　D101— 发动机舱线束连接位置编号

（2）万用表电阻检测

一般情况下，仅需要对磁电式曲轴位置传感器的电磁线圈检测电阻，霍尔式等类型的传感器内部采用集成电路，只需要检测外部线路导通即可。

如图 3-1-14 所示，断开曲轴位置传感器的插接器，利用万用表检测传感器电磁线圈的电阻值，在 20℃ 环境温度下，电阻值为 1~2kΩ 之间（与测试时温度有关）。

（3）万用表交流信号电压检测

磁电式转速传感器输出的是交流信号。如图 3-1-15 所示，连接曲轴位置传感器的插接器，采用万用表交流电压档检测针脚 1 和 2 之间的信号。发动机运转时，交流信号电压随转速升高而升高。如果检测不到信号，采用万用表检测传感器各针脚到控制单元的线束是否导通（低于 1Ω）；线束与车身接地之间应不导通。

图 3-1-14　电磁线圈电阻检测

图 3-1-15　交流信号电压检测

（4）万用表电压检测

霍尔式转速传感器需要由控制单元提供电源及参考电压，输出脉冲信号也可以进行电压检测。

1）供电电源、参考电压检测：如图 3-1-16 所示，断开凸轮轴位置传感器的插接器，点火开关 ON，利用万用表直流电压档检测传感器的各针脚电压值（控制单元一侧），1号针脚为控制单元提供的 5V 供电电源（根据车型不同，可能为 5V、8V、9V、12V）；2号针脚为凸轮轴位置传感器信号，发动机未运转时应为 12V 电压（根据控制单元一侧的参考电压确定，可能为 5V、12V）；3号针脚为凸轮轴位置传感器接地线，应为 0V 左右电压。

2）信号电压检测：如图 3-1-17 所示，连接凸轮轴位置传感器的插接器，采用万用表直流电压档检测针脚 2（信号）和 3（接地）之间的信号电压。发动机运转时，信号电压随转速会变化（低频方波信号，测电压只能测到直流电压 2.5V 左右变化）。

如果检测不到信号，采用万用表检测传感器各针脚到控制单元的线束是否导通（低于1Ω）；线束与车身接地之间应不导通。

图 3-1-16　供电电源检测　　　　图 3-1-17　直流信号电压检测

4. 空气流量传感器

检测空气流量传感器（空气流量计）时，可以采用万用表检测传感器的电源电压、输出信号和接地。

（1）空气流量传感器针脚和电路图

以丰田汽车发动机采用的热线式空气流量传感器为例，传感器插接器有 5 个针脚（包含进气温度），图 3-1-18 是空气流量传感器的针脚及作用，图 3-1-19 是空气流量传感器电路图。

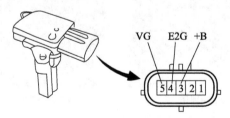

图 3-1-18　丰田汽车空气流量传感器针脚

针脚 1— 进气温度信号 THA　针脚 2— 搭铁（接地）E2　针脚 3— 加热电源 +B
针脚 4— 到 ECU 的接地 E2G　针脚 5— 空气流量传感器的信号 VG

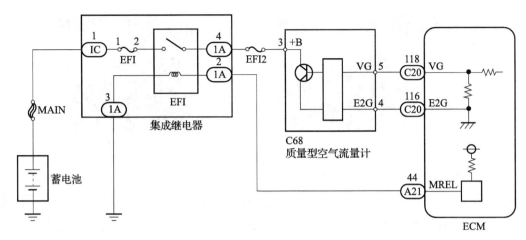

图3-1-19 丰田汽车空气流量传感器电路图

（2）万用表电压检测

采用万用表可以检测空气流量传感器各针脚（接线）的电压数据。

1）电源电压检测： 如图3-1-20所示，断开插接器，点火开关ON，万用表置于电压档（20V），针脚3（电源+B）和车身接地之间应该检测到蓄电池电压（11~14V）。若电压不正常，根据电路图检查继电器、熔丝及线路。

2）接地电压、电阻检测： 如图3-1-21所示，断开插接器，点火开关ON，万用表置于电压档，针脚4（到ECU的接地E2G）和车身接地之间电压应该为0V左右。也可以将万用表置于电阻档，针脚4和车身接地之间应该导通（低于1Ω）。如不导通，检查线路是否断路。

3）信号电压检测： 如图3-1-22所示，发动机急速运转（或在针脚3和4之间施加蓄电池电压），万用表置于电压档，针脚5（空气流量传感器的信号VG）和车身接地之间应该检测到1.0~1.6V左右的电压信号（根据发动机当前进气量不同，信号也不同）。

如果对发动机加速（图3-1-23）和减速（图3-1-24），针脚5和车身接地之间的电压信号应同步增加或降低（根据转速，理论范围0.2~4.9V之间）。

5. 进气歧管绝对压力传感器

检测进气歧管绝对压力传感器时，可以采用万用表检测传感器的参考电压、输出信号和接地。

图3-1-20 空气流量传感器电源针脚检测

图3-1-21 空气流量传感器接地针脚检测

图3-1-22 空气流量传感器信号针脚检测
（急速）

图 3-1-23　加速时空气流量传感器信号

图 3-1-24　减速时空气流量传感器信号

（1）进气歧管绝对压力传感器针脚和电路图

以一汽大众汽车进气歧管绝对压力传感器为例，发动机进气歧管绝对压力传感器 G71 与进气温度传感器 G42 集成在一起，电路图如图 3-1-25 所示。

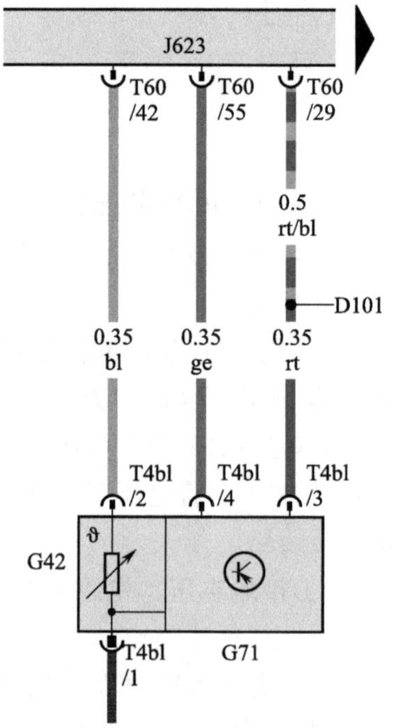

图中代号说明如下：

J623 为发动机控制单元，G71 为进气歧管绝对压力传感器，G42 为进气温度传感器，T4b1 为 4 针脚插接器（传感器），T60 为 60 针脚插接器（控制单元），D101 为发动机舱中线束连接位置代号。

其中针脚 1（T4b1/1）为传感器共同接地，针脚 2（T4bl/2）为进气温度传感器 G42 的输出信号，针脚 3（T4bl/3）为发动机控制单元 J623 提供的 5V 参考电压，针脚 4（T4bl/4）为进气歧管绝对传感器 G71 的输出信号。

（2）万用表电压检测

1）参考电压检测：如图 3-1-26 所示，断开进气歧管绝对压力传感器的插接器，点火开关 ON，用万用表直流电压档检测针脚 3（参考电压），电压约 5V。

图 3-1-25　进气歧管绝对压力传感器电路图

2）信号电压检测：如图 3-1-27、图 3-1-28 所示，连接进气歧管绝对压力传感器的插接器，发动机运转，用万用表直流电压档检测传感器针脚 4 的信号电压（信号电压和当前发动机转速相关）。

标准值：急速时，针脚 4 信号电压约 1.0~1.5V；节气门全开时略低于 5V；全减速时低于 1.0V。

图 3-1-26　参考电压检测

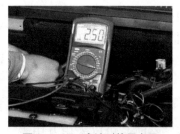

图 3-1-27　急速时信号电压

图 3-1-28　加速时信号电压
（2000r/min）

6. 氧传感器

氧传感器分为氧化锆型和氧化钛型两种类型，两种类型氧传感器的检测方法基本相同。检测氧传感器时，可以采用万用表检测传感器的加热电源、加热电阻，以及传感器输出信号和接地。

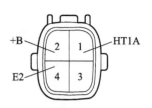

图 3-1-29　丰田汽车发动机前氧
传感器针脚图

针脚 1— 加热器控制 HT1A
针脚 2— 加热电源 +B
针脚 3— 氧传感器信号 OX1A
针脚 4— 搭铁（接地）E2

（1）氧传感器针脚和电路图

以丰田汽车为例，一般情况下，丰田汽车的前（上游）氧传感器为氧化钛型，后（下游）氧传感器为氧化锆型。图 3-1-29 是前氧传感器插接器的针脚，图 3-1-30 是氧传感器电路图。

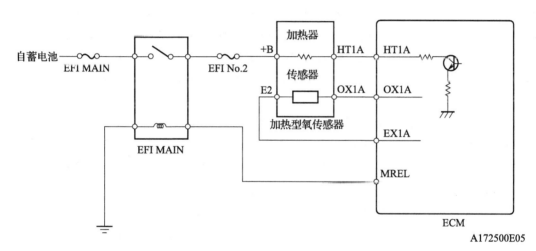

图 3-1-30　丰田发动机前氧传感器电路图

（2）万用表检测

1）加热器电阻检测：如图 3-1-31 所示，断开氧传感器的插接器，采用万用表电阻档检测传感器的加热电阻，正常值应为 5~10Ω（20℃时）。

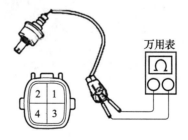

图 3-1-31　氧传感器加热器电阻检测

2）加热器电源检测：如图 3-1-32 所示，断开氧传感器的插接器，点火开关转到 ON，检测氧传感器加热电源针脚的电压，正常值应为 11~14V（蓄电池电压）。

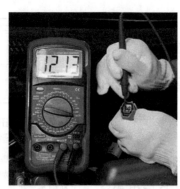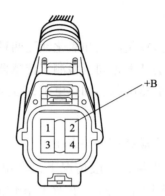

图 3-1-32　氧传感器加热器电源检测

3）信号电压检测：如图 3-1-33、图 3-1-34 所示，利用万用表直流电压档，检测氧传感器信号电压时（氧传感器的信号线为针脚 3，即 OX1A 针脚接线，因空间狭小，检测必须事先引出连接线）。检测方法如下：在检测过程中使发动机以 2500r/min 左右的转速保持运转，检查氧传感器的信号电压能否在 0~1V 之间来回摆动，记下 10s 内电压表指针摆动次数。在正常情况下，随着反馈控制的进行，氧传感器的信号电压将在 0.45V 上下不断变化，10s 内反馈电压的变化次数应不少于 8 次。若反馈电压在 10s 内的摆动次数等于或多于 8 次，说明氧传感器及反馈控制系统工作正常；若在 10s 内的摆动次数少于 8 次，则说明氧传感器及反馈控制系统工作不正常（可能是氧传感器表面有积炭而使灵敏度降低），此时使发动机以 2500r/min 的转速运转 2min（以清除传感器表面的积炭）。若信号电压变化依旧缓慢，则为氧传感器或控制单元反馈控制电路有故障。

氧传感器信号不正常的原因可能是氧传感器本身故障，也可能是混合气确实过浓或过稀。可通过先急加速，再急减速，人为地使混合气变稀或使混合气加浓，来判断故障的原因。

图 3-1-33　氧传感器信号电压检测接线　　　图 3-1-34　氧传感器信号电压

7. 爆燃传感器

检测爆燃传感器时，可以采用万用表检测传感器的电阻、参考电压、输出信号和接地。

（1）爆燃传感器针脚和电路图

图 3-1-35 是大众汽车爆燃传感器（G61）的插接器针脚图和电路图，其中爆燃传感器

（G61）针脚 1 是爆燃传感器信号，针脚 2 是爆燃传感器接地，控制单元（J623）的 T60/8（控制单元 60 针脚插接器的 8 号针脚）是爆燃传感器屏蔽线的针脚。

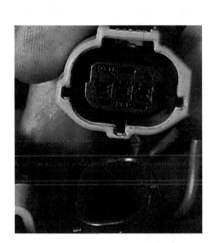
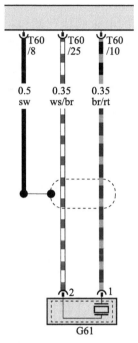

图 3-1-35　大众汽车爆燃传感器插接器针脚图和电路图

（2）万用表检测

1）**电阻检测**：如图 3-1-36 所示，断开传感器插接器，利用万用表电阻档，检测爆燃传感器的电阻值。正常值为 120~280kΩ（20℃时）。

2）**参考电压检测**：如图 3-1-37 所示，断开传感器插接器，将点火开关转到 ON，利用万用表直流电压档，检测 ECU 提供给爆燃传感器的参考电压。针脚 1（信号）和针脚 2（接地）之间的电压，正常值为 4.5~5.5V。

图 3-1-36　爆燃传感器电阻检测　　　　图 3-1-37　爆燃传感器电压检测

3）**信号电压检测**：爆燃传感器在发动机正常工作时，产生的爆燃信号很微弱，通常采用示波器检测波形。

二、执行器的万用表检测与数据分析方法

1. 电磁阀

汽车上应用的电磁阀执行器包括喷油器、活性炭罐电磁阀、可变气门控制电磁阀等，它们的内部是电磁线圈，起执行元件的作用。

检测电磁阀执行器时，除了直接动作测试外，可以采用万用表检测电磁线圈的电阻、供电电源，以及控制单元提供的脉冲或占空比控制信号电压。各种车型、各种用途的电磁阀执行器，工作原理和检测方法基本相同，以下以喷油器为例介绍电磁阀的万用表检测与数据分析方法。

（1）喷油器针脚和电路图

图 3-1-38 是喷油器的控制电路，每个喷油器有电源和控制两个针脚，各缸喷油器共同电源由蓄电池经过点火开关提供，喷油器控制端连接到电子控制单元通过内部电路控制接地，导通后喷油器工作。

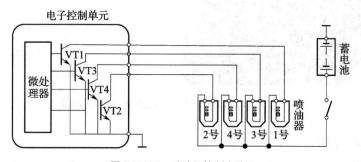

图 3-1-38　喷油器控制电路

（2）万用表检测

1）**电阻检测**：如图 3-1-39 所示，断开喷油器插接器，采用万用表测量喷油器电阻。正常值 11.6～12.4 Ω（根据车型有区别，请参照维修手册），如不符合规定值则更换。

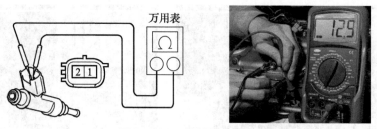

图 3-1-39　喷油器电阻检测

2）**供电电压检测**：如图 3-1-40 所示，断开喷油器插接器，点火开关 ON，用万用表直流电压档，红色表笔连接 1 号针脚，黑色表笔连接接地，应显示蓄电池电压。若电压不正常，根据电路图检查继电器、熔丝及线路。

3）**控制信号检测**：如图 3-1-41 所示，在喷油器连接状态下，使用 LED 试灯连接喷油

器1号和2号针脚，短时起动发动机，LED试灯应会闪亮。若LED试灯不闪亮，应检查线路、ECU及曲轴位置传感器。

✉ **提示：** 电磁阀执行器的控制信号也可以采用汽车专用万用表检测脉冲宽度或占空比。

图3-1-40　喷油器供电电压检测

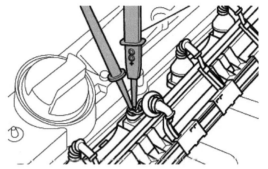
图3-1-41　喷油器控制信号检测

2. 点火线圈

点火线圈是汽车电控系统中典型的执行器，通过初级绕组和次级绕组将蓄电池12V的低压电转变成15~20kV的高压电，并由火花塞产生电火花。目前常见的点火线圈有双点火线圈和独立点火线圈两种类型。

以丰田汽车的独立点火线圈为例，点火模块与点火线圈集成为一体，不带外接的点火高压线（为内置高压线）。独立点火线圈内部包含点火模块和功率晶体管，检测时无须测量线圈具体电阻值（无短路、开路则是正常）。

（1）点火线圈针脚和电路图

图3-1-42是丰田汽车点火线圈的插接器针脚，1号针脚+B为蓄电池电源，2号针脚IGF为点火确认信号（点火线圈到发动机ECU反馈点火完成的信号，无此信号ECU认为点火没完成而切断喷油信号），3号针脚IGT为ECU控制点火信号，4号针脚GND为接地线。

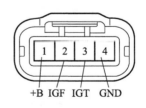
图3-1-42　丰田汽车点火线圈针脚图

图3-1-43是丰田汽车点火线圈控制系统电路图（局部），其中各缸点火线圈1号针脚（+B）、2号（IGF）针脚、4号针脚（GND）是共用的接线，3号（IGT）是独立的接线（根据点火线圈编号分为IGT1、IGT2等）。

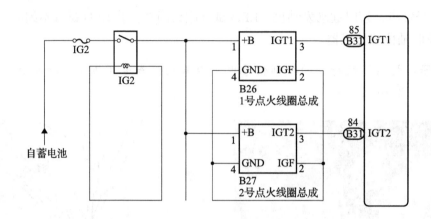

图 3-1-43　丰田汽车点火线圈控制系统电路图（局部）

（2）万用表检测

1）供电电源的检测：如图 3-1-44 所示，用万用表检测点火线圈 1 号针脚的电压，在点火开关 ON 或发动机运转时，电压应为蓄电池电源（11~14V）。4 号针脚为接地线，电压为 0V 左右。

2）点火控制信号和点火确认信号电压的检测：点火控制信号 IGT 和点火确认信号 IGF 是幅值为 5V 的脉冲信号，万用表只能检测到电压的变化。如图 3-1-45 所示，用万用表测量 2 号针脚（IGF）和 3 号针脚（IGT）的电压，在发动机运转时，能测到信号电压变化。

图 3-1-44　点火线圈供电电压检测

图 3-1-45　IGT 和 IGF 信号电压

3. 电机

汽车上采用的电动机执行器包括步进电动机（用于怠速控制或 EGR 阀控制）、电动燃油泵、二次空气循环泵等，一般是采用直流电动机，起驱动执行器动作的作用。

检测电动机时，除了直接动作测试外，可以采用万用表检测电动机绕组的电阻、供电电源，以及控制单元提供的控制信号电压。各种车型、各种用途的电动机执行器，工作原理和检测方法基本相同，以下以电动燃油泵为例介绍电动机的万用表检测与数据分析方法。

（1）电动燃油泵控制电路图

图 3-1-46 是丰田汽车电动燃油泵控制电路图，电动燃油泵由发动机电子控制单元控制开路继电器（燃油泵继电器）动作，提供蓄电池电压作为工作电源。

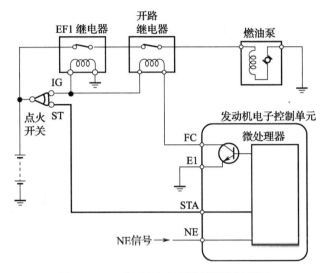

图 3-1-46　丰田汽车电动燃油泵控制电路图

（2）电动燃油泵的工作情况检查

1）点火开关转到 ON 或起动位置，并确认能听到燃油箱中燃油泵运转的声音。

2）如果听不到燃油泵运转声音，则检查控制电路的熔丝、继电器、电动燃油泵、电子控制单元、导线及插接器。具体方法如下：

①从电动燃油泵总成上断开插接器，使用万用表在发动机起动过程中测量电动燃油泵供电电压，应为蓄电池电压。

②如果供电电压正常，则可能为电动燃油泵故障，需要对电动燃油泵进行测试确认故障。

③如果供电电压不正常，应对电动燃油泵控制电路进行检测。

（3）电动燃油泵检测

用万用表检测电动燃油泵上两个接线针脚间（图 3-1-47 的针脚 4 与针脚 5，其他针脚为燃油表传感器等的针脚）的电阻，其电阻值应为 $0.2\sim3\,\Omega$（根据车型有区别，请参照维修手册）。如果不符，则更换电动燃油泵。

图 3-1-47　电动燃油泵电阻测试

（4）电动燃油泵控制电路检测

1）将点火开关转至起动位置（或接通瞬间），测量电动燃油泵供电端电压，若电压不正常则检查油泵继电器（开路继电器）及继电器控制电路。

2）打开点火开关，使用导线短接开路继电器供电端与电源输出端，电动燃油泵如果工作，检查开路继电器和继电器控制端电压及信号，如果开路继电器控制信号故障，应检查发动机 ECU 或发动机转速传感器，若电动燃油泵仍然不工作则检查 EFI 继电器及控制电路。

汽车电子元件万用表检测方法与数据

第二节 汽车电控系统示波器检测与波形分析方法

在汽车电控系统维修中，对于动态（不断变化）的信号，例如曲轴位置传感器输出的信号，需要采用示波器检测波形，并进行波形分析，才能准确判断其性能。

一、传感器输出信号波形分析

汽车传感器在工作时，会产生模拟型或数字型的信号波形，以下介绍各种传感器的输出信号波形分析方法。

1. 空气流量传感器信号波形分析

（1）模拟信号波形

大部分车型热线式空气流量传感器输出的信号是模拟型信号。检测时，起动发动机并使其怠速运转，然后反复加速减速，将波形定位在示波器屏幕上，应有类似图 3-2-1 的波形出现。从正常的波形图中可以看出，发动机怠速时输出的信号电压 1.0~1.5V 左右（1.0V/格），加速到最高转速时接近 4.5~5.0V（不超过 ECU 提供的参考电压）左右。波形在发动机转速稳定时应平稳，即没有突升、突降，并且没有中断的现象，否则传感器信号不良。

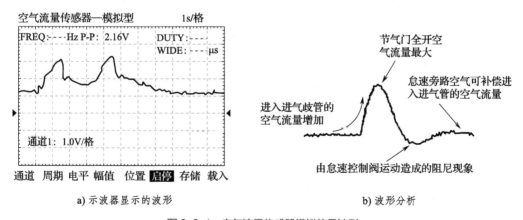

a) 示波器显示的波形   b) 波形分析

图 3-2-1 空气流量传感器模拟信号波形

（2）数字信号波形

三菱汽车采用的超声波空气流量传感器，以及通用别克汽车采用的热线（或热膜）式空气流量传感器输出的信号是数字型信号。图 3-2-2 所示是通用别克君威采用的热线式空气流量传感器，由于在空气流量传感器内部装置了一个 A/D（模数）转换器，所以其输出信号是数字信号，急速时频率约 2000Hz，加速到最大约 8000~10000Hz。正常时，无论发动机转速如何变化，波形幅值应基本稳定，但频率（即波形的疏密程度）随转速变化而变化，转速加大，波形变密。

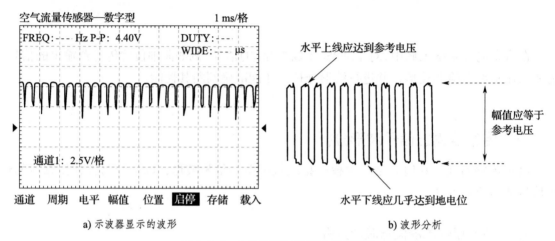

a) 示波器显示的波形   b) 波形分析

图 3-2-2　空气流量传感器数字信号波形

2. 进气压力传感器信号波形分析

（1）模拟信号波形

大部分车型进气歧管绝对压力传感器输出的信号是模拟型信号。检测时，一般操作方法如下：

1）起动发动机并使其急速运转，急速稳定后，传感器输出信号电压在 1.5V 左右，波形保持相对稳定。

2）将发动机转速从急速加速到节气门全开，并持续 2s，加速到最高转速时信号电压接近 4.5~5.0V（不超过 ECU 提供的参考电压）。

3）急减速回到急速工况，持续 2s，急减速时信号电压应比急速时低。

4）再次急加速至节气门全开，然后再回到急速。当急速稳定后，传感器输出信号电压应恢复到 1.5V 左右，波形保持相对稳定。

通过以上操作，将波形定位在示波器屏幕上，应有类似图 3-2-3 的波形出现。

通常四缸发动机的波形上会有杂波，因为在两个进气行程间真空波动比较大，但这些杂波信号发至发动机控制单元后，信号处理电路会清除杂波干扰。

（2）数字信号波形

早期的福特汽车，采用一种石英振荡晶体制造的进气歧管绝对压力传感器，输出的是数字信号，检测时应该检测频率信号或用示波器检测波形（图 3-2-4）。

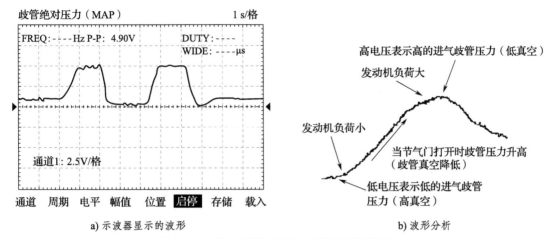

a) 示波器显示的波形   b) 波形分析

图 3-2-3 进气歧管绝对压力传感器模拟信号波形

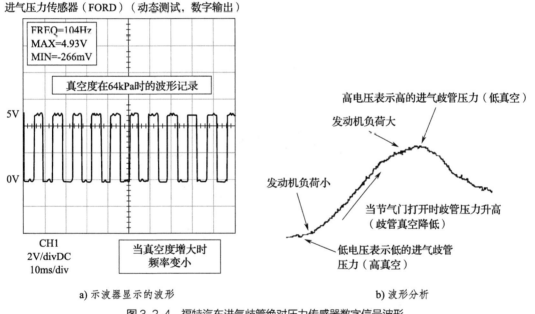

a) 示波器显示的波形   b) 波形分析

图 3-2-4 福特汽车进气歧管绝对压力传感器数字信号波形

3. 节气门位置传感器信号波形分析

接触式（电位计）节气门位置传感器输出模拟信号，如果怀疑传感器内部触点出现故障，可以采用示波器检测波形进行准确的故障诊断。

连接示波器，接通点火开关，观察节气门开度变化时的信号电压，显示正常波形如图 3-2-5 所示。如果示波器显示波形与图不符，则说明该节气门位置传感器信号有错误。图 3-2-6 是有故障的节气门位置传感器波形，信号波形上有突变，表示该节气门位置传感器内部滑片电阻有接触不良，或线束有故障，或插接器接触不良。

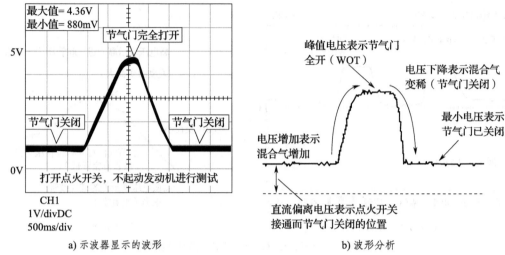

a) 示波器显示的波形   b) 波形分析

图 3-2-5　节气门位置传感器信号波形

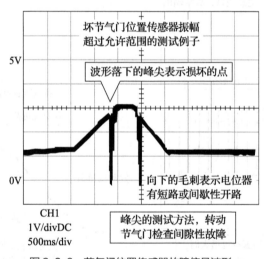

图 3-2-6　节气门位置传感器故障信号波形

4. 磁电式曲轴、凸轮轴位置传感器信号波形分析

（1）磁电式曲轴、凸轮轴位置传感器波形的特点

磁电式（也称"电磁式"）曲轴、凸轮轴位置传感器输出交流模拟信号，信号电压随转速升高而升高，信号波形的形状与感应齿板有关，如果采用万用表检测，只能判断"有或没有"信号，不能准确判断信号是否准确，因此应采用示波器检测。

以磁电式传感器曲轴位置传感器（图 3-2-7）为例，安装在曲轴上的传感器齿板有一定数量的齿，通常为 58 个齿（均匀分布的 60 个齿，去掉 2 个作为上止点的标识）。

图 3-2-7　曲轴位置传感器及感应齿板

传感器齿板旋转，每个齿通过感应线圈时，产生脉冲信号。发动机每转动一转，感应线圈就产生信号（信号数量根据齿的数量确定）。根据这些信号，ECU计算曲轴位置以及发动机的转速，确定燃油喷射时间和点火正时。

（2）正常波形与故障波形对比

图3-2-8是磁电式曲轴位置传感器的正常波形，图3-2-9是故障波形。正常的波形在0V上下的幅值应基本一致，且随发动机转速增加而增大，幅值、频率和形状在同样转速下是一致的、可重复的、有规律的；故障波形则在同样转速下会发生变化，杂乱无章，甚至有时波形信号消失。

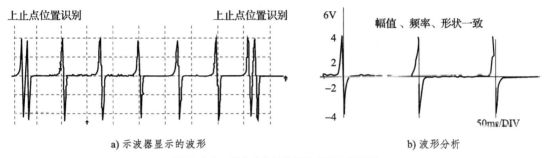

a) 示波器显示的波形　　　　　　　　　　　b) 波形分析

图3-2-8　磁电式曲轴位置传感器正常波形

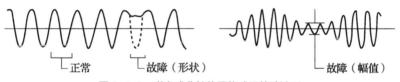

图3-2-9　磁电式曲轴位置传感器故障波形

（3）曲轴位置波形与凸轮轴位置波形对比

用双踪（通道）的示波器，可在显示屏上同时显示被检测的曲轴位置传感器和凸轮轴位置传感器两个波形，从而可检查凸轮轴与曲轴之间的正时关系，用于诊断怀疑是正时机构装配错误等故障。图3-2-10所示是曲轴位置波形与凸轮轴位置波形的对比图。

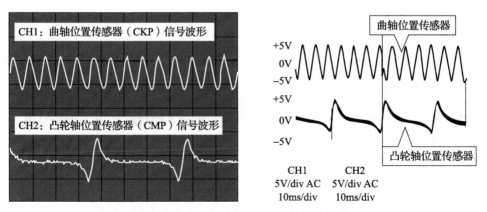

图3-2-10　磁电式曲轴位置波形与凸轮轴位置波形的对比图

5. 霍尔式曲轴、凸轮轴位置传感器信号波形分析

（1）霍尔式传感器波形的特点

霍尔式传感器输出数字脉冲（方波）信号，高电位为 5V 或 12V（根据控制单元提供的参考电压确定），低电位为 0.3V 左右。图 3-2-11 是霍尔式曲轴位置传感器的正常信号波形。正常的波形是幅值和形状规则的方波，幅值和形状不会随发动机转速变化而变化，频率随发动机转速变化而变化；不良的波形则在同样转速下会发生变化，杂乱无章，甚至有时波形信号消失。

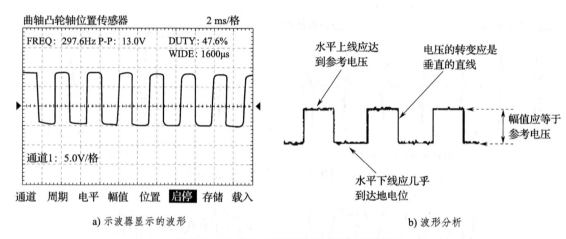

a) 示波器显示的波形　　　　　　　b) 波形分析

图 3-2-11　霍尔式曲轴位置传感器信号波形图

（2）曲轴位置、凸轮轴位置传感器齿板与波形对比

图 3-2-12 是三菱汽车 4G64 发动机的曲轴位置传感器、凸轮轴位置传感器结构与波形图，体现了曲轴位置传感器、凸轮轴位置传感器齿板与波形形状的对应关系，以及曲轴、凸轮轴与各气缸上止点（TDC）相对位置关系，用于诊断怀疑是曲轴位置、凸轮轴位置是否同步（正时机构装配错误）等故障。

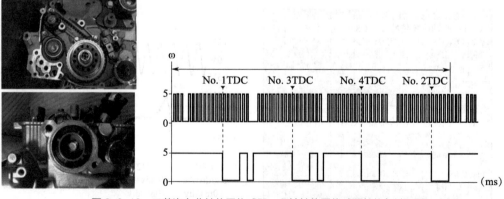

图 3-2-12　三菱汽车曲轴位置传感器、凸轮轴位置传感器结构与波形图

6. 氧传感器信号波形分析

（1）氧传感器波形的特点

图 3-2-13 所示为氧传感器实测的正常波形（模拟信号），当氧传感器（氧化锆型为例）工作正常时，信号电压在高电平（0.9~1.1V）与低电平（0~0.1V）之间变动，频率约为每 10s 变化 8 次或更高。氧传感器输出的信号电压偏高表示检测到混合气偏浓，如果实际的混合气正常或偏稀，则氧传感器损坏；氧传感器输出的信号电压偏低表示检测到混合气偏稀，如果实际的混合气正常或偏浓，则氧传感器损坏；如果氧传感器输出的信号电压频率变化缓慢，则氧传感器表面积炭或损坏；图 3-2-14 所示为波形变化分析图，其中 OK 为正常波形，NG 为异常波形。

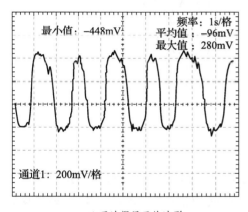
a）示波器显示的波形

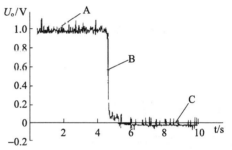
A—最高信号电压（1.1V）　B—信号的响应时间（40ms）
C　最低信号电压（0V）
b）波形分析

图 3-2-13　氧传感器实测正常波形

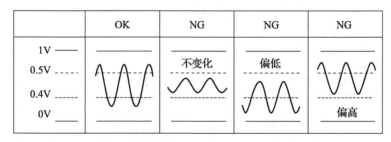

图 3-2-14　波形分析图

（2）氧传感器对三元催化器的监控波形

发动机控制单元 ECU 通过检测前、后氧传感器的电压变化以确定催化剂性能是否良好。催化剂性能良好的情况下，前氧传感器电压随着废气浓度变化而不断波动，而后传感器电压相对稳定。催化净化器前、后氧传感器电压信号变化可以利用故障诊断仪的数据及示波器（双通道）波形监控。图 3-2-15 是催化器前（传感器 1）、后氧传感器（传感器 2）监控的正常波形，图 3-2-16 是催化剂性能正常与不良的对比波形示意图。

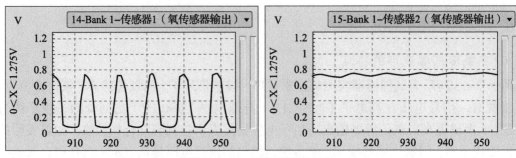

图 3-2-15　氧传感器波形变化

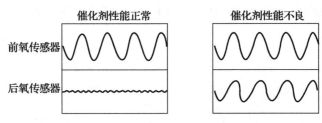

图 3-2-16　氧传感器监控三元催化器催化剂的性能

7. 爆燃传感器信号波形分析

（1）爆燃传感器波形的特点

爆燃传感器在发动机所有工况下都产生交流电压信号（图 3-2-17，模拟波形），在发动机运行过程中，ECU 接收信号大小和频率，计算爆燃传感器的平均信号电压。如果爆燃传感器信号正常，爆燃信号在平均计算电压上下变化。当发动机产生敲缸、振动、爆燃时，爆燃传感器输出波形的峰值电压和频率会增加，爆燃传感器通常设计成量程 5~15kHz，当 ECU 接收到这些频率时，将延迟点火时刻，以阻止继续爆燃。

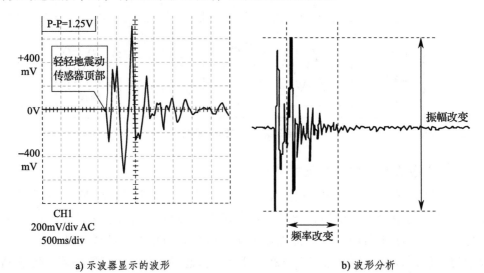

a) 示波器显示的波形　　　　　b) 波形分析

图 3-2-17　爆燃传感器的波形

（2）爆燃传感器波形的检测

由于发动机发生爆燃时会损坏发动机，因此不能采用多次急加速的方法检测爆燃传感器，通常检测爆燃传感器的方法是：点火开关 ON，不起动发动机，用金属物轻轻敲击爆燃传感器附近的缸体，在敲击发动机缸体后，示波器上应有突变波形，敲击越大，幅值也越大。如果波形显示只是一条直线，说明爆燃传感器没有信号输出，应检查线路和爆燃传感器本身。

图 3-2-18 是发动机正常工作时的爆燃传感器波形，图 3-2-19 是轻击缸体时爆燃传感器的波形。

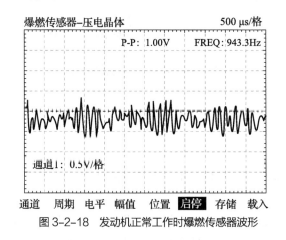

图 3-2-18　发动机正常工作时爆燃传感器波形

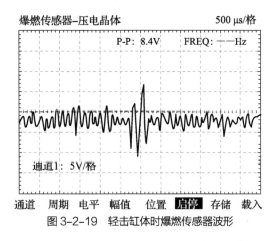

图 3-2-19　轻击缸体时爆燃传感器波形

二、执行器控制信号波形分析

控制单元在控制执行器动作时，会产生控制信号波形（通常是数字型），下面以喷油器、点火线圈为例，介绍控制信号波形的分析方法。

1. 喷油器控制信号波形分析

（1）喷油器控制信号波形的特点

图 3-2-20 是喷油器的控制信号波形各阶段的情况。发动机控制单元 ECU 内部电路的晶体管导通时，蓄电池电压（约 13V）直接加到喷油器上，喷油器的电磁线圈在驱动电流的作用下，喷油器开始喷油，电压下降到接近 0V；喷油器控制信号在断开瞬间的感应电压（电动势）会达到峰值 50~60V，然后下降到蓄电池电压，本次喷油结束。

（2）喷油器控制信号波形的检测

使用示波器检测喷油波形时，测试探针采样信号来自控制单元的控制端。为获得适当大小的显示波形，示波器上纵坐标（电压）一般选择 25V/格，横坐标（时间）一般选择 2ms/格。喷油器的脉冲宽度取决于控制单元所接收的喷油量相关传感器输入信号，怠速时发动机工作温度正常下的喷油脉冲宽度大概为同时系统 2.5ms，加速后会加大。图 3-2-21 是喷油器控制波形的参数。

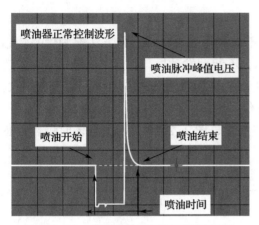

图 3-2-20　喷油器控制信号波形各阶段情况

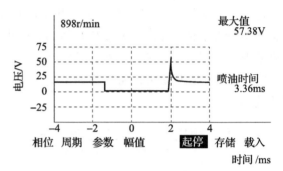

图 3-2-21　喷油器控制波形的参数

2. 点火控制信号波形分析

（1）初级点火波形和次级点火波形

早期的点火系统中，点火线圈具有外接的高压线，可以用示波器检测初级点火波形和次级点火波形。

1）初级点火波形：示波器的测试探针从点火线圈负极（控制端）获取采样信号，读取初级点火单缸波形（图 3-2-22）。点火控制信号的波形与喷油器控制信号波形很类似，可以从点火线圈充电的时间、峰值电压等数据分析点火系统故障。例如，点火峰值电压偏高，说明火花塞间隙太大或混合气浓。实际维修中，通常会同时读取发动机各缸的并列波形（图 3-2-23），进行波形对比，从而判断发生故障的气缸。

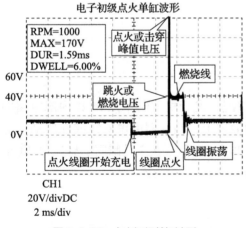

图 3-2-22　点火初级单缸波形

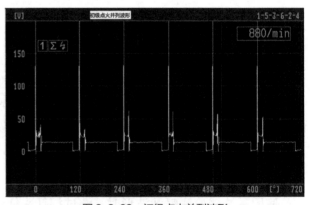

图 3-2-23　初级点火并列波形

2）次级点火波形：点火次级电压 10kV 甚至更高，因此需要采用专用的示波器的测试探针才能获取采样信号，图 3-2-24 是次级点火波形信号的采样方法。图 3-2-25 是次级点火单缸波形，图 3-2-26 是次级点火并列波形，次级波形的形状与初级波形基本相似，但电压根据初级线圈与次级线圈匝数比的比例升高。

从点火次级并列波形可以看出，发动机 6 个气缸的峰值电压并不均匀，说明各缸工作并不平衡，会出现发动机抖动的故障。

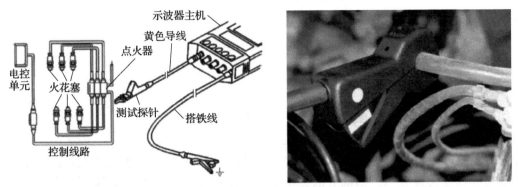

图 3-2-24　次级点火波形信号的采样方法

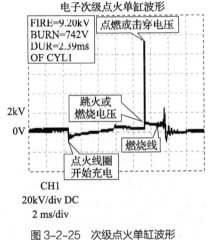

图 3-2-25　次级点火单缸波形

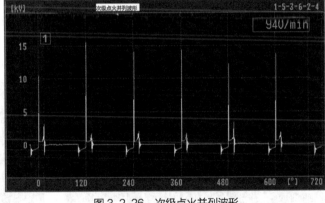

图 3-2-26　次级点火并列波形

（2）点火控制信号和确认信号波形

对于当前绝大部分车型采用控制单元控制的独立点火线圈，初级点火控制波形即点火控制信号（脉冲方波），由于采用内置高压线，次级波形采样困难，因此一般不再检测次级波形。图 3-2-27 是丰田汽车 IGT（即点火控制信号）波形和 IGF（即点火确认信号，丰田汽车特有的，其他车型基本不采用）波形。

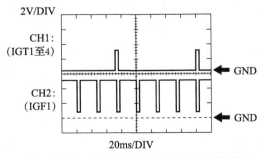

图 3-2-27　丰田汽车点火 IGT 和 IGF 正常波形

三、车载网络系统输出信号波形分析

车载网络系统输出的是串行数据信号，以下介绍典型车载网络系统波形的特点及其分析方法。

1. CAN 总线波形

（1）CAN 总线波形的特点

如图 3-2-28 所示，为了防止外界电磁波干扰和向外辐射，CAN 总线采用两条线缠绕在一起的双绞线作为信号传输介质。双绞线可以屏蔽干扰，当信号有干扰时，总线上的信号同向变大或变小，但两者的差值不变，这样总线仍能不受外界干扰而确保信息正常传输。两条线上的电位是相反的，如果一条线的电压是 5V，另一条线就是 0V，两条线的电压总和等于常值。因此，CAN 总线得到保护

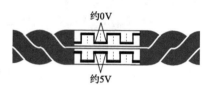

图 3-2-28　CAN 数据传输线

而免受外界电磁场干扰，同时 CAN 总线向外辐射也保持中性，即无辐射。图 3-2-29 和图 3-2-30 所示是低速 CAN（车身控制传输）和高速 CAN（动力控制系统传输）的实测正常波形。

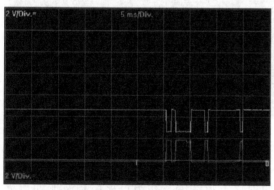

图 3-2-29　低速 CAN 波形

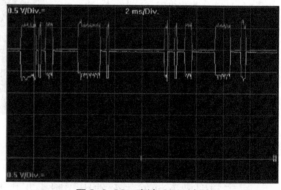

图 3-2-30　高速 CAN 波形

（2）CAN 总线波形的检测

检测 CAN 总线波形时，示波器测试探针从车辆诊断座 6 号端子获取 CAN-H（高电位）的波形，从 14 号端子获取 CAN-L（低电位）的波形。各种车型 CAN 总线波形基本相同，以下以奔驰汽车为例，介绍各种情况的 CAN 总线波形。

1）**奔驰汽车 CAN-H 正常波形（图 3-2-31 的 CAN-H）：** 当没有通信时，CAN-H 线上存在 0.025 V 电压；当激活通信时，电压上升到 0.65 V；数据通信时的波形是上升沿图。

2）**奔驰汽车 CAN-L 正常波形（图 3-2-31 的 CAN-L）：** 当没有通信时，CAN-L 线上存在 11V 电压；当激活通信，电压下降到 4.65 V；数据通信时的波形是下降沿图。

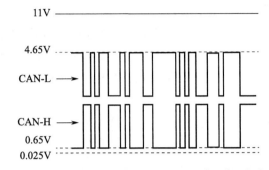

图 3-2-31　奔驰汽车 CAN-H、CAN-L 同步正常工作波形

2. LIN 总线波形

LIN 总线属于低速总线，一般速率为 4.8kbit/s、9.6 kbit/s 或 19.2 kbit/s。LIN 总线的电气性能对网络结构有很大影响。在 LIN 网络中，建议不要超过 16 个从节点，否则网络的阻抗降低，在最坏工作情况下会发生通信故障。每增加一个节点可使网络阻抗降低 3%。

LIN 总线采用偏压驱动，主从节点之间采用电压的高低变化表示数据信息的含义（逻辑数据 0 和 1）。图 3-2-32 所示为 LIN 总线电压波形，波形电压范围 0~12V，使用万用表实测平均值电压时，电压不超过 10.5V。

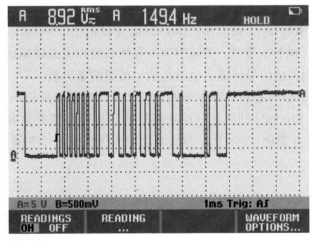

图 3-2-32　LIN 总线实测信号

3. FlexRay 总线波形

FlexRay 总线与其他数据总线系统（CAN 总线、LIN 总线等）不同，它的基本工作方式可以用索道作为比喻：索道的站点就像总线用户，即信息发送和接收器（控制单元）。索道的吊车就像数据帧，而乘客就是信息。

总线用户通过 FlexRay 总线发送信息的时间点精准地确定；发出信息到达接收器的时间也可以精确地识别。这就与索道既定不变的"时刻表"相同。

即使总线用户不发送任何信息，也为它预留一定的带宽，就像索道上，无论是否有乘客，索道都在运行。所以 FlexRay 总线不需要像在 CAN 总线上那样设定信息的优先级。

FlexRay 总线的信号波形如图 3-2-33 所示，FlexRay 总线的两条导线，分别是"Busplus"和"Busminus"。两条导线上的电平在最低值 1.5 V 和最高值 3.5 V 之间变换。

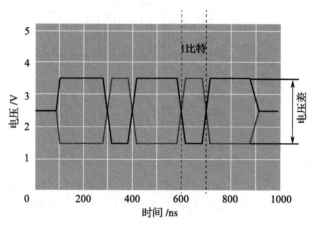

图 3-2-33　FlexRay 总线信号波形

FlexRay 有三种信号状态：

1）"空闲"：两导线的电平都为 2.5 V。

2）"Data 0"：Busplus 上低电平，Busminus 上高电平。

3）"Data 1"：Busplus 上高电平，Busminus 上低电平。

一个比特 100 ns（纳秒）带宽。传输时间与导线长度以及总线驱动器的传输用时有关。FlexRay 总线仍然采用差分信号传输，也就是说，需要两条导线。

接收器通过两个信号的差别确定本来的比特状态。典型的数值是 1.8~2.0V 的压差。发送器附近必须至少有 1200mV 的压差；接收器处的直接最小压差为 800mV。如果在 640 ~ 2660μs 之内总线上没有变化，FlexRay 总线自动进入休眠模式（空闲）。

常见车型电控系统标准波形

第三节　汽车电控系统诊断仪检测与数据流分析方法

在汽车电控系统维修中，对于电子控制单元接收传感器、控制执行器的数据参数，需要采用故障诊断仪检测数据流，并进行数据流分析，诊断传感器、执行器、控制单元的性能及故障原因。

✉ 提示：不同汽车生产厂家、诊断仪器显示的数据流项目、名称都有区别，但指示的内容及分析方法基本一致。

✉ 提示：本节列举的数据流项目、数值/状态举例、参考范围除特别指明外，适用大部分车型，但由于车辆运行工况及所处环境差别，仅供技术分析使用，请以维修手册及实际检测数据为准。

✉ 提示：本节列举的数据流图片资源都为检测仪器实际显示的界面或打印资料。

一、汽车电控系统数据流的作用、类型与分析方法

1. 汽车电控系统数据流的作用

汽车电控系统数据流是指汽车电子控制单元（ECU）与传感器、执行器交流的数据参数，且随时间和工况而变化。数据流可以通过汽车诊断接口（诊断座），由专用故障诊断仪读取，并通过显示屏显示和打印机打印。控制单元中所储存的数据流真实反映了各传感器和执行器的数据参数，帮助维修技术人员分析汽车的工作状况，从而诊断汽车的故障。图3-3-1是诊断仪器读取的数据流。

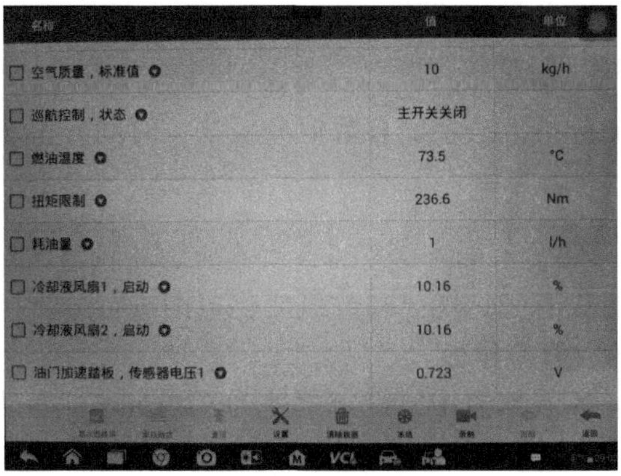

图3-3-1　诊断仪器读取的数据流（大众迈腾）

2. 汽车电控系统数据流的类型

汽车电控系统数据流有多种分类方式。

（1）根据数据流在诊断仪器上显示方式分类

根据控制单元数据流的数据参数在诊断仪器上显示方式不同，可分为数值参数和状态参数两种类型。

1）如图 3-3-2 所示，数据参数是有一定单位、一定变化范围的参数，通常反映出电控装置工作中各部件的工作电压、压力、温度、时间、速度等。

2）如图 3-3-3 所示，状态参数是那些只有两种工作状态的参数，如开或关、闭合或断开、高或低、是或否等，通常表示电控装置中的开关和电磁阀等元件的工作状态。

图 3-3-2　数据流的数值参数（大众迈腾）

图 3-3-3　数据流的状态参数（大众迈腾）

（2）根据控制单元输入和输出方式分类

根据 ECU 的控制原理，数据参数又分为输入参数和输出参数两种类型。

1）输入参数是指传感器或开关信号输入给 ECU 的参数。输入参数可以是数值参数，也可以是状态参数。

2）输出参数是 ECU 送出给执行器的输出指令。输出参数大多是状态参数，也有少部分是数值参数。

3. 汽车电控系统数据流的分析方法

汽车电控系统数据流分析方法主要有数值分析法、时间分析法、因果分析法、比较分析法和关联分析法五种。

（1）数值分析法

数值分析是对数据的数值变化规律和数值变化范围进行分析，如转速、车速以及控制单元读取的数值与实际的数值差异等。

例如，对于图 3-3-4 的数据流中，设定怠速为 920r/min，发动机转速为 896r/min，说明发动机虽然实际转速偏高（一般 700~750r/min），但这不是进气系统漏气或节气门开度大造成的，而是控制单元接收到某些相关的信号（如冷却液温度传感器显示温度低），需要提升到 920r/min 的转速。从节气门位置传感器（TP）显示的电压 0.49V 和 9% 的开度，也证实了节气门位置正确。

（2）时间分析法

在分析某些数据参数时，不仅要考虑传感器的数值，而且要判断其响应的速率以获得最佳效果。

例如，对于图 3-3-5 的数据流中，数据参数就属于时间相关的参数。车速传感器故障的时间有助于分析故障是何时发生的。

数据流项目	数值/状态
发动机转速	896转/分
设定怠速	920转/分
IP传感器	0.49伏
IP传感器	9%

图 3-3-4　适用数值分析的数据流（别克赛欧）

数据流项目	数值/状态
发动机运转时间	261s
车速传感器（Vss）故障时间（累计的）	10min
车速传感器（Vss）故障时间（自最后一次故障起）	10min

图 3-3-5　适用时间分析的数据流（德尔福系统）

（3）因果分析法

因果分析法是对相互联系的数据进行分析。在各个系统的控制中，许多参数是有因果关系的。如 ECU 得到一个输入信号，一定要根据此输入信号给出下一个输出指令，在认为某个过程有问题时可以将这些参数连贯起来观察，以判断故障出现的部位。

数据流项目	数值/状态
动力转向开关	OFF
空调开关	OFF
变速器档位开关	P、N
发动机负载	16,9%
喷油持续时间	2.6mS
点火正时	BTDC6.5
ISC执行器占空比	37.0%

图３３６　适用因果分析的数据流
（现代汽车）

例如，对于图 3-3-6 的数据流中，当会改变发动机负载相关任何一个系统开关动作（系统工作），即动力转向开关或空调开关由 OFF 变换为 ON，变速杆档位由 P、N 变换为 D、R 时，说明控制开关的信号已经发送到控制单元。此时控制单元应该做出反应，即提升喷油持续时间、增大怠速控制阀 ISC 执行器（占空比）、增大点火正时（提前角），同时发动机负载数值也应提升。

（4）比较分析法

比较分析法是对相同车型及系统在相同条件下的相同数据组进行分析。

例如，对于图 3-3-7 的数据流中，是同一辆车（三菱 MPV）出现节气门位置传感器偶发性故障前后的数据流对比，很容易看出，节气门位置传感器正常状态下信号电压是 527mV（0.527V），故障状态下信号电压是 58mV（0.058V）。故障原因应该是节气门位置传感器信号电路断路，或者是传感器内部电阻膜片接触不良（实际的故障原因）。

在实际维修工作中，如果没有足够的详细技术资料和详尽的标准数据，无法很正确地断定某个元器件好坏。此时可与同类车型或同类系统的数据加以比较。当然，在条件允许的情况下，也可以使用部件替换法进行判断。

（5）关联分析法

ECU 对故障的判断是根据几个相关传感器的信号进行比较，如果发现它们之间的关系不合理时，有时会设定一个或几个故障码，或指出某个信号不合理。此时不要轻易断定是该传感器不良，需要根据相互关系传感器的数据流做进一步的检测，以得到正确结论。

数据流项目	数值/状态		数据流项目	数值/状态
空气流量传感器	43.75Hz		空气流量传感器	43.75Hz
空气温度传感器	37℃		空气温度传感器	37℃
节气门位置传感器	527mV		节气门位置传感器	58mV
蓄电池电压	13.860V		蓄电池电压	13.933V
冷却液温度传感器	79℃		冷却液温度传感器	79℃
曲轴转角传感器	843r/min		曲轴转角传感器	843r/min

a) 故障出现前   b) 故障出现后

图 3-3-7　适用比较分析的数据流（三菱 MPV）

例如，对于图 3-3-8 的数据流中，车辆故障是发动机混合气太浓（排气口冒黑烟），喷油器喷油时间 5.6ms，比正常的 2~3ms 高近 1 倍，这就是混合气太浓的原因。喷油器是执行器，根据控制单元的指令工作，因此必须检查控制单元接收到与喷油量相关的传感器。数据流中，进气歧管绝对压力传感器压力及电压信号正常，但加热

数据流项目	数值/状态
进气歧管绝对压力传感器	39千帕
进气歧管绝对压力传感器	1.17伏
喷油器1指令	5.60毫秒
HO2S 1	235毫伏
浓/稀状况	稀

图 3-3-8　适用关联分析的数据流（别克赛欧）

型氧传感器（HO2S 1）电压信号 235mV（偏低），说明混合气稀，混合气浓 / 稀状况的数据流也显示稀，这与车辆实际混合气浓的现象相反，因此可以得出结论：氧传感器故障，给控制单元提供混合气稀的错误信号，控制单元增大喷油时间，造成混合气太浓，排气口冒黑烟的故障。

二、发动机电控系统数据流分析

1. 发动机转速数据流

图 3-3-9 是发动机转速数据流实测数值（部分），发动机转速主要的数据流见表 3-3-1。

数据流项目	数值/状态
发动机转速	782转/分
设定怠速	800转/分
ECT传感器	96摄氏度
IAT传感器	32摄氏度
环境空气温度	23摄氏度
冷车起动	否

图 3-3-9　发动机转速数据流实测数值（别克君越）

表 3-3-1　发动机转速主要的数据流

数据流项目	数值 / 状态举例	参考范围
发动机转速 /（r/min）	782	发动机当前实际的转速
设定怠速 /（r/min）	800	控制单元设定值
冷车起动	是（ON）	是（ON）/ 否（OFF）

（1）发动机转速

发动机的转速信号来自曲轴位置传感器，发动机能够正常运转说明曲轴位置传感器工作正常。发动机转速值应与当前设定怠速（发动机工况）接近，通常误差低于 20 r/min。

（2）设定怠速

设定怠速也称为"目标怠速""理想怠速""需求怠速"或"期望怠速"，是控制单

元根据冷却液温度传感器（ECT）、进气温度传感器（IAT）等信号确定当前发动机工况下最佳的转速参考值，实际的发动机转速（通过节气门或怠速控制阀开度、喷油量调节）应尽量接近设定怠速的转速值。

（3）冷车起动（发动机暖机状态）

冷车起动也称"发动机暖机状态"，是控制单元根据冷却液温度传感器信号确定发动机是否处于暖机状态（电子冷却风扇第一次运转之前），如果是，怠速转速应处于冷车快怠速状态，即增大节气门或怠速控制阀开度、增加喷油量，以提升怠速转速，使发动机、三元催化器尽快到达工作温度。

数据流项目	数值/状态
喷油脉宽	3.19毫秒
HO2S 1	738毫伏
HO2S 2	759毫伏
短期燃油调整	2%
长期燃油调整	1%

2. 供油量控制数据流

图 3-3-10 是发动机供油量控制数据流实测数值（部分），发动机供油量控制主要的数据流见表 3-3-2。

图 3-3-10　发动机供油量控制数据流实测数值（别克君越）

表 3-3-2　发动机喷油时间及修正主要的数据流

数据流项目	数值 / 状态举例	参考范围
喷油时间	3.19ms	怠速时 1.5~3.0ms，根据氧传感器（HO2S）反馈的混合气浓度信号修正
短期燃油调整（修正）	2%	−20% 到 +20%（早期），−10% 到 +10%（目前），根据排放法规要求变化
长期燃油调整（修正）	1%	

（1）喷油时间

喷油时间也称为"喷油脉宽"，是控制单元控制喷油器工作的指标，也是发动机电控系统最主要的指标。喷油时间由控制单元根据喷油量相关的传感器信号确定，主要信号有曲轴位置传感器、空气流量传感器或进气压力传感器，修正信号有节气门位置传感器、温度传感器等，并利用氧传感器检测混合气浓度，实现混合气闭环控制。喷油时间长，供油量大，混合气变浓；反之喷油时间短，供油量小，混合气变稀。

（2）燃油修正

燃油修正相关的数据流包括短期（也称为"短效"）燃油修正和长期（也称为"长效"）燃油修正，是发动机电控系统数据流中的一个重要参数，用于实时监测发动机的工作情况。

1）燃油修正（混合气不良）相关的故障码：P0170——燃油修正错误；P0171——混合气过稀；P0172——混合气过浓；以及其他氧传感器或空燃比传感器（指氧化钛型的氧传感器）相关的故障码。

2）故障码设定条件：电控发动机工作时，控制单元根据氧传感器的信号对混合气进行修正（调整），以降低排放及提高燃油经济性。但是如果混合气太浓或太稀，超出控制单元的修正范围，控制单元将记忆故障码并点亮故障警告灯。

3）短期燃油修正与长期燃油修正的过程分析：如果混合气的配比偏离理论空燃比时，例如因某种因素导致混合气突然变稀（假设燃油泵瞬间发卡而供油压力变低），发动机控制单元先启动短期燃油修正，增加喷油器的喷油时间进行修正。如果这个导致混合气稀的因素消失，控制单元不再修正，恢复之前的喷油时间，这个修正过程是短暂的，称为"短期燃油修正"。

如果这个导致混合气变稀的因素一直存在（假设燃油泵磨损而供油压力长期变低），控制单元启动长期燃油修正，以修正后的喷油时间持续控制喷油，这个修正过程是长期的，称为"长期燃油修正"。

如果控制单元电源中断，长期燃油修正的数据可能丢失，控制单元必须重新进行燃油修正，在这过程中发动机可能工作不正常，这也就是通常所说的控制单元"自学习"。

4）燃油修正的数据分析：燃油修正的数据为"+"，表示控制单元增加喷油时间；反之，燃油修正的数据为"-"，表示控制单元减少喷油时间。

燃油修正值的幅度根据车型和排放法规要求不同也不同，修正值的幅度越低，排放要求越严格。对于大部分车型，短期燃油修正值为 -10 % ~10 %。长期燃油修正值大部分车型为 -20 % ~20 %。例如：20 %表示混合气太稀，增加 20 %的喷油时间；-20 %表示混合气太浓，减少 20 %的喷油时间。在 -20 %和 20% 范围内的燃油修正，控制单元认为是正常的修正，一旦超出这个范围，控制单元就会记忆故障码，并点亮故障灯。

5）故障码设定原因分析：混合气不良或燃油修正相关的故障码，基本上和燃油系统及进气系统相关。如果控制单元设定这些故障码，应检查燃油和进气系统。另外，如果氧传感器故障，给控制单元错误的信号，也可能导致控制单元错误判断，从而设定混合气不良相关的故障码。

3. 空气流量数据流

图 3-3-11 是发动机空气流量数据流实测数值（部分），发动机空气流量主要的数据流见表 3-3-3。

数据流项目	数值/状态	数据流项目	数值/状态
MAF传感器	4.24克/秒	空气流量传感器	43.75Hz
计算气流量	4.63克/秒	空气温度传感器	37℃
发动机负载	37%		
质量为单位的数据（别克君越）		频率为单位的数据（三菱 MPV）	

图 3-3-11 空气流量数据流实测数值

表 3-3-3 发动机空气流量主要的数据流

数据流项目	数值 / 状态举例	参考范围
空气流量传感器（质量）	4.24g/s	怠速 1.5~5g/s，加速增大
空气流量传感器（质量）	15kg/h	怠速 10~20kg/h，加速增大
空气流量传感器（电压）	0.84V	怠速 0.8~1.6V，加速增大
空气流量传感器（频率）	43.75Hz	怠速 30~50Hz，加速增大
计算的进气流量	4.63g/s	与空气流量数值略有差异

（1）空气流量传感器

不同车型对空气流量传感器（空气流量计）的信号计量单位有区别，有 kg/h（奔驰汽车）、g/s（通用汽车）、Hz（三菱汽车等用的涡旋式空气流量传感器）、V（大部分车型），在同一种车型的数据流中可能同时采用不同的计量单位。空气流量传感器输出信号的正常范围也与发动机气缸数量及进气管道设计有关，实际维修中应以厂家维修手册提供的数据为准。

（2）计算的进气流量

控制单元结合空气流量传感器（主要信号）与其他进气相关的传感器（节气门位置、进气压力等修正信号）计算出发动机进气流量值，这是实际供油量的依据。数据流中计算的气流量数值应接近空气流量传感器信号，但又不会完全一致。

4. 进气歧管压力数据流

图 3-3-12 是发动机进气歧管压力数据流实测数值（部分），发动机进气歧管压力主要的数据流见表 3-3-4。

数据流项目	数值/状态	数据流项目	数值/状态
DTC（故障码）	无故障码	大气压力	101.46kPa
发动机转速	762rpm	发动机运转时间	261s
歧管压力传感器电压	1503.81mV	车速传感器（Vss）故	0min
歧管压力传感器压力	38.75kPa	障时间（累计的）	

图 3-3-12　进气歧管绝对压力传感器数据流实测数值（德尔福系统）

表 3-3-4　发动机进气歧管压力主要的数据流

数据流项目	数值 / 状态举例	参考范围
进气歧管绝对压力传感器 /kPa	38.75	急速时约 30~40kPa；根据转速变化
进气歧管绝对压力传感器 /mV	1503.81	急速时约 1000~1500mV（1.0~1.5V），根据转速变化
大气压力值 /mbar ⊖	1035	当前地区的大气压力确定
大气压力值 /kPa	98	

（1）进气歧管绝对压力传感器

在数据流中，进气歧管绝对压力传感器的信号有压力（kPa）和电压（mV 或 V）两种计量方式，如果进气系统漏气，真空度降低，传感器输出信号会增大。

进气歧管绝对传感器输出信号的正常范围也与发动机气缸数量及进气管道设计有关，实际维修中应以厂家维修手册提供的数据为准。

（2）大气压力值

采用进气歧管绝对压力传感器的发动机，控制单元能够根据车辆所处的海拔变化情况，修正供油量。在点火开关 ON，发动机不运转时由进气歧管绝对压力传感器获取数据，即大气压力值。

⊖　1bar=100kPa。

5. 进气控制数据流

发动机进气控制相关的传感器有节气门位置传感器、加速踏板位置传感器，执行器有怠速控制阀（传统车型）、电子节气门电动机、进气控制电磁阀等。图 3-3-13 是传统节气门位置传感器数据流实测数值（部分），图 3-3-14 是电子节气门位置、加速踏板位置传感器数据流实测数值（部分）。发动机进气控制主要的数据流见表 3-3-5。

数据流项目	数值/状态
节气门位置传感器信号	605.43mV
节气门位置传感器信号	10%
车速	0kph
怠速空气控制（按步）	31steps

图 3-3-13　传统节气门位置传感器数据流实测数值（德尔福系统）

数据流名称	值	单位
油门踏板位置	0	百分比
油门踏板位置1	0.76	百分比
油门踏板位置2	0.37	百分比
油门踏板传感器1电压原始值	0.77	伏
油门踏板传感器2电压原始值	0.38	伏
节气门开度1	6.66	百分比
节气门开度2	2.74	百分比
节气门开度	2.74	百分比
节气门位置传感器1信号电压	0.60	伏
节气门位置传感器2信号电压	4.37	伏

图 3-3-14　电子节气门位置、加速踏板位置传感器数据流实测数值（上汽荣威）

表 3-3-5　进气控制主要的数据流

数据流项目	数值/状态举例	参考范围
节气门位置传感器信号（电压单位，mV 或 V）	605.43mV	传统节气门，怠速时约 500mV（0.5V），全开接近 4500mV（5.0V）
节气门位置传感器信号（角度单位）	1.8°	部分车型采用，怠速时约 1°~2°，全开接近 90°
节气门位置传感器信号（百分比单位）	10%	传统节气门、电子节气门都采用，怠速时约 0~10%，全开时 90%~100%
节气门位置传感器 1（电压单位）	0.60V	电子节气门，怠速时 0.5~1.0V；加速时 3.0~5.0V
节气门位置传感器 2（电压单位）	4.37V	电子节气门，怠速时约 4.0~5.0V，全开 2.1~3.1V
加速踏板位置（APP）传感器（百分比单位）	0%	电子节气门，0~100%
加速踏板位置传感器 1 电压	0.77V	电子节气门，0.5~4.5V，两个传感器信号最低及最高信号电压有区别
加速踏板位置传感器 2 电压	0.37V	
节气门电动机开度	18.4%	与节气门位置传感器应一致
怠速控制阀（ISC）占空比	37%	0~100%

（续）

数据流项目	数值 / 状态举例	参考范围
急速步进电动机步数	31 步（Steps）	0 步 ~255 步
动力增强状态（全负载接点开关接通）	未启动（OFF）	启动（ON）/ 未启动（OFF）
减速断油状态（急速接点开关接通）	启动（ON）	启动（ON）/ 未启动（OFF）
发动机负载	37%	0~100%
可变进气凸轮轴电磁阀状态	动作（ON）	动作（ON）/ 未动作（OFF）
可变进气管道长度阀门状态	未动作（OFF）	动作（ON）/ 未动作（OFF）

（1）动力增强状态

当节气门全开（早期车型节气门全负载接点开关接通）时，控制单元启动动力增强模式，增加喷油量，有的车型会停止空调系统工作，以增强发动机动力。

（2）减速断油状态

当节气门全关（早期车型节气门急速接点开关接通）时，控制单元启动减速断油模式，减速喷油量，避免混合气过浓造成发动机工作不良，以及未完全燃烧的 HC 污染环境。

（3）发动机负载

当前工况发动机功率占总功率的比例，用于判断发动机负载变化，以及负载是否过大。

（4）节气门位置传感器（传统节气门单信号线）

适用传统的节气门位置（TP）传感器（单信号），采用不同计量单位（角度、百分比、伏、毫伏）表示节气门开度，加速时呈线性变化（增大）。

（5）节气门位置传感器（电子节气门双信号线）

适用电子节气门（双信号），两条信号电压加速时呈线性变化，根据车型不同，可能同时增大、同时减少；或 1 条信号增大，另 1 条信号减少。

（6）加速踏板位置传感器

适用电子节气门（双信号），不同计量单位表示加速踏板行程，两条信号电压加速时线性变化，根据车型不同，可能同时增大、同时减少；或 1 条信号增大，另 1 条信号减少。

（7）节气门电动机开度

电子节气门电动机开度，与节气门位置传感器信号应一致。

（8）急速控制阀（ISC）占空比

传统部分车型采用占空比控制类型的急速控制阀（ISC），控制单元的占空比 50% 时急速进气量稳定，提升或降低发动机急速转速时占空比变化。

（9）急速步进电动机步数

传统部分车型采用步进电动机类型的急速控制阀，提升或降低发动机急速转速时步进电动机的步数变化，步数增加开度增大。

（10）可变进气凸轮轴电磁阀状态

根据系统工作时机动作，如果数据流显示动作，电磁阀实际未动作，则电磁阀或控制线路故障。

（11）可变进气管道长度阀门状态

根据系统工作时机动作，如果数据流显示动作，电磁阀或电动机实际未动作，则电磁阀、电动机或控制线路故障。

数据流项目	数值/状态
ECT传感器	93℃
ECT传感器	0.92伏
IAT传感器	44℃
IAT传感器	2.71伏
环境温度	24℃

图 3-3-15　发动机温度传感器数据流实测值（德尔福系统）

6. 温度数据流

图 3-3-15 是发动机温度传感器数据流实测数值（部分），发动机温度主要的数据流见表 3-3-6。

表 3-3-6　发动机温度主要的数据流

数据流项目	数值 / 状态举例	参考范围
冷却液 ECT 温度传感器（温度）	93℃	当前的冷却液温度
冷却液 ECT 温度传感器（电压）	0.92V	控制单元接收到的冷却液温度电压信号
进气温度 IAT 传感器（温度）	44℃	当前的进气温度
进气温度 TAT 传感器（电压）	2.71V	控制单元接收到的进气温度电压信号
环境温度传感器	24℃	当前的环境温度

（1）冷却液温度传感器

在数据流中，冷却液温度（ECT）传感器的信号有温度（℃）和电压（V）两种计量方式。温度显示数值应与实际工况相符，一般出现负值是线路断路，超高数值是线路短路，数值不变化是控制单元替代信号值，显示温度与实际冷却液温度差异则是传感器故障。

（2）进气温度传感器

进气温度（IAT）传感器数据流分析方法与冷却液温度传感器基本一致。

（3）环境温度传感器

环境温度传感器通常用于空调系统控制，数据流分析方法与冷却液温度传感器基本一致。

7. 氧传感器数据流

图 3-3-16 是发动机氧传感器数据流实测数值（部分），发动机氧传感器主要的数据流见表 3-3-7。

数据流项目	数值/状态
氧传感器电压B1S1	0.23V
氧传感器电压B1S2	0.66V

图 3-3-16　氧传感器数据流实测数值（现代途胜）

表 3-3-7 氧传感器主要的数据流

数据流项目	数值 / 状态举例	参考范围
氧传感器电压 B1S1（前）	0.23V	0.1~0.9V 之间变化
氧传感器电压 B1S2（后）	0.66V	0.1~0.9V 之间变化
氧传感器电压 B2S1（前，V 型发动机 2 缸一列）	0.87V	0.1~0.9V 之间变化
氧传感器电压 B2S2（后，V 型发动机 2 缸一列）	0.12V	0.1~0.9V 之间变化
混合气浓 / 稀状态	稀	根据混合气稀 / 浓变化，10s 内 8 次以上
氧传感器加热器状态	接通（ON）	接通（ON）/ 断开（OFF）
开环 / 闭环控制状态	闭环	开环 / 闭环变化

（1）氧传感器电压

为了准确反馈空燃比及监控三元催化器工作情况，当前的发动机都装有多个加热型氧传感器（HO2S），为了区别，不同位置的氧传感器有对应的编号（图 3-3-17），对于直列发动机，B1S1 表示三元催化器前，B1S2 表示三元催化器后。

氧传感器信号电压（以 V 或 mV 计量单位）根据混合气浓度变化而变化，信号电压低表示混合气稀，信号电压高表示混合气浓。如果信号电压与混合气实际的浓稀不一致，则传感器故障；如果信号电压不变化，则传感器本身或线路故障。

（2）混合气浓 / 稀状态

有些车型的数据流具有氧传感器信号电压根据混合气稀 /浓变化的状态数据，一般情况下，10s 内变化 8 次以上为正常，否则可能氧传感器积炭堵塞或损坏。

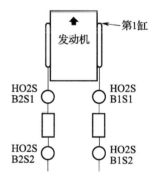

图 3-3-17 "V 型"发动机氧传感器数量及编号

（3）氧传感器加热器状态

绝大部分车型氧传感器的加热器由控制单元控制加热电源的接通（ON）和断开（OFF）。如果控制单元记忆氧传感加热器相关的故障码，需要检查加热器控制线路。

（4）开环 / 闭环控制状态

电控发动机正常工作时，控制单元接收氧传感器信号并调整供油量（喷油时间），称为"闭环控制"。在冷车运行、急加速、电控系统出现故障时，控制单元不再根据氧传感器的信号调整供油量，即进入"开环控制"状态。

8. 发动机"失火"（Misfire）数据流

图 3-3-18 是发动机失火数据流实测数值（部分），发动机失火主要的数据流见表 3-3-8。

数据流项目	数值/状态
发动机转速	638r/min
喷油时间	2.18ms
气缸1失火率	0
气缸2失火率	0
气缸3失火率	0
气缸4失火率	0
全部气缸失火率	0

图3-3-18 发动机失火数据流实测数值（现代途胜）

表3-3-8 发动机失火主要的数据流

数据流项目	数值/状态举例	参考范围
第1缸失火次数（失火率）	0	0～无穷大
第2缸失火次数（失火率）	1000	
第N缸失火次数（失火率）	0	
全部气缸失火次数（失火率）	3300	

（1）"失火"含义

由于车辆加注了品质低劣的汽油等原因，绝大部分车型的发动机故障指示灯亮，读取到的故障码都与"失火"或"混合气不良"相关。"失火"（Misfire，也翻译成"缺火"），故障码有：

P0301：第1缸失火；P0302：第2缸失火；P0303：第3缸失火；P0304：第4缸失火；以此类推。

P0300：发动机失火（无法判断那一缸或多缸同时失火）。

（2）"失火"故障码设定条件

"失火"指的"火"并非指点火系统火花塞点火的"火"，而是指气缸内混合气燃烧的"火"，也就是气缸内混合气燃烧不良，造成气缸工作不良。

发动机控制单元通过对曲轴位置传感器（CKP）检测曲轴转速的变化诊断失火，利用凸轮轴位置传感器（CMP）判别失火的气缸。图3-3-19是控制单元失火监控的示意图。例如：当第2个气缸当失火发生时，曲轴转速会因失去动力而下降，控制单元计算1次"失火"。当"失火"的次数达到记忆故障码的条件时，控制单元记忆P0302的故障码，并点亮故障警告灯。如果"失火"的气缸很多，控制单元则记忆P0300的故障码。

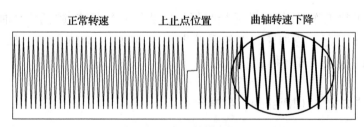

图3-3-19 失火监控示意图

（3）"失火"故障原因

"失火"相关的数据流以控制单元监控到的失火次数（也称失火率）体现，正常情况应该为 0，如果有数字，表示对应的气缸有故障，原因如下。

1）发动机机械部分：发动机气缸压力低，导致对应气缸工作不良。

2）点火控制系统：火花塞、高压线、点火线圈、点火控制（控制单元）等原因造成对应气缸不点火或火花弱。

3）燃油供给系统：燃油压力低（通常导致多缸失火），喷油器不工作或工作不良。

4）进气供给系统：进气管道堵塞、泄漏（通常导致多缸失火）。

5）排放控制系统：废气排放控制系统工作不良，排气管（三元催化器）堵塞（通常导致多缸失火）。

6）电子控制系统：传感器（如空气流量传感器等）及控制单元不良。

9. 点火控制系统数据流

图 3-3-20 是发动机点火控制系统数据流实测数值（部分），发动机点火控制系统主要的数据流见表 3-3-9。

数据流项目	数值/状态	数据流项目	数值/状态
点火提前角	4.92°（BTDC）	气缸1爆燃传感器，电压	0.55V
爆燃传感器电压	273.42mV	气缸2爆燃传感器，电压	0.447V
爆燃点火推迟角-气缸1	0°（BTDC）	点火滞后，气缸1	0°（BTDC）
爆燃点火推迟角-气缸2	0°（BTDC）	点火滞后，气缸2	0°（BTDC）
爆燃点火推迟角-气缸3	0°（DTDC）	点火滞后，气缸3	0°（BTDC）
爆燃点火推迟角-气缸4	0°（BTDC）	点火滞后，气缸4	0°（BTDC）
a) 德尔福系统		b) 大众迈腾	

图 3-3-20　发动机点火控制系统数据流实测数值

表 3-3-9　点火控制系统主要的数据流

数据流项目	数值 / 状态举例	参考范围
点火提前角（spark adv）	8°	急速时上止点前 6° 到 12°，根据发动机转速、爆燃调整，可能出现负数（推迟）
第 1 缸（1-N）点火线圈不良次数	0	0~无穷大（次数）
爆燃传感器电压	273.42mV	根据爆燃传感器检测发动机爆燃的强度
爆燃传感器信号	是	是（YES）/ 否（NO）
爆燃点火推迟角（第 N 缸）	0°	根据爆燃传感器检测发动机爆燃的强度，负值（推迟）

（1）点火提前角

控制单元确定点火提前角度(上止点前)，即点火时刻。通过数据流提前角度数据的变化，判断控制单元根据发动机转速、爆燃信号的调整情况。

（2）点火线圈不良次数

控制单元根据点火反馈（确认）信号，检测到某个（双点火是某两个）气缸点火线圈工作不良的次数。通过点火线圈不良次数的数据流可以判断点火线圈工作不良的气缸。

（3）爆燃传感器信号

数据流体现爆燃传感器信号有两种方式：一是显示控制单元检测到爆燃传感器信号的电压值（mV 或 V）；二是控制单元判断发动机发生爆燃时为是（YES），没有爆燃时为否（NO）。

（4）爆燃点火推迟角

控制单元通过爆燃传感器检测到发动机某缸发生爆燃时，推迟对应气缸的点火提前角。

10. 排放控制系统数据流

图 3-3-21 是发动机排放控制系统数据流实测数值（部分），发动机排放控制系统主要的数据流见表 3-3-10。

数据流项目	数值/状态
EVAP排污电磁阀指令	17%
EVAP通风电磁线圈指令	关闭

图 3-3-21　发动机排放控制系统数据流实测数值（别克君越）

表 3-3-10　排放控制系统主要的数据流

数据流项目	数值 / 状态举例	参考范围
燃油蒸气回收控制阀（EVAP）占空比	9%	0~100%
通风电磁阀（炭罐通大气）状态	关闭（OFF）	接通（ON）/ 关闭（OFF）
空气喷射泵状态	接通（ON）	接通（ON）/ 关闭（OFF）
排气温度传感器	260℃	实际温度

（1）燃油蒸气回收控制阀（EVAP）占空比

控制单元利用占空比控制 EVAP 系统电磁阀工作的蒸气回收流量，急速时关闭或开度很小，加速时增大。

（2）燃油蒸气通风电磁阀（活性炭罐通大气）指令状态

控制单元控制活性炭罐通大气的电磁阀（部分排放要求严格的车型装备）动作，结构或关闭。

（3）空气喷射泵指令状态

控制单元控制二次空气喷射泵（电动机）工作，如果显示接通（ON），但实际空气喷射泵不工作，则电动机或线路故障。

（4）排气温度传感器

控制单元检测三元催化器上的排气温度传感器数值，判断三元催化器是否温度过高（堵塞）。

11. 发动机其他控制数据流

图 3-3-22 是发动机其他控制系统数据流实测数值（部分），发动机其他控制主要的数据流见表 3-3-11。

数据流项目	数值/状态
空调请求	未激活
空调继电器	未激活
风扇1（低速）	关
风扇2（高速）	关
前氧传感器加热	开
点火开关	开
发动机故障指示灯	关

图 3-3-22　发动机其他控制系统数据流实测数值（德尔福系统）

表 3-3-11　发动机其他控制的主要数据流

数据流项目	数值 / 状态举例	参考范围
蓄电池电压	14.0V	蓄电池实际电压
变速器档位开关	P	自动变速器档位位置 P/N/D/R
继电器指令	未激活	
动力转向开关	关	
空调请求（开关）	开	接通、激活、开（ON）/关闭、未激活、关（OFF）
制动开关	关	
电子冷却风扇指令	关	
点火开关	开	
故障指示灯指令	关	

（1）蓄电池电压

控制单元检测蓄电池的电压值，监控发电机工作，以及全车电气负载变化情况，例如：打开前照灯时指令怠速控制机构提升发动机怠速转速；在电气负载过高时，关闭部分与动力无关的电器设备（座椅加热等）。蓄电池电压数据流反映了控制单元接收到蓄电池电压值的变化，判断相关功能是否正常。

（2）继电器指令

控制单元控制各种电源继电器（喷油器、点火线圈、燃油泵）的动作指令，如果数据流显示 ON（接通），但实际的继电器没有动作，则继电器或线路故障。

（3）开关信号

控制单元接收各种开关信号（动力转向、空调、制动、变速器档位等），根据信号所属的系统，发出相应的动作指令。例如，某车辆在变速器档位进入动力档（D、R 位）时发动机抖动甚至熄火，如果在数据流中的变速器档位开关信号显示 D 位（前进档），说明档位开关及线路正常，故障原因在怠速提升控制机构没有响应或变速器导致负荷过大。

（4）电子冷却风扇指令

控制单元根据冷却液温度等信号指令电子冷却风扇动作（低速、高速），如果数据流电子冷却风扇指令状态为ON（接通），但电子冷却风扇没有动作，则冷却风扇电动机或线路故障；反之，冷却液温度未达到或控制单元故障。

（5）故障指示灯指令

控制单元检测到电控系统故障时，储存故障码，并发出点亮故障指示灯的指令，如果数据流故障指示灯指令状态为接通（ON），但故障指示灯没有点亮，则故障指示灯或线路故障。

三、底盘电控系统数据流分析

1. 自动变速器数据流

图3-3-23是自动变速器数据流实测数值（部分），自动变速器主要的数据流见表3-3-12。

名称	值	单位
□ 手动电控换档程序开关，向上 - 手自一体变速器...	断开	
□ 手动电控换档程序开关，向下 - 手自一体变速器...	断开	
□ 选档杆位置 - 换挡位置	位置P停止	
□ 变速箱输入转速 - 变速器输入速度传感器	900	rpm
□ 变速箱输出转速	0	rpm
□ 变速箱轴输入转速1 - 变速器输入速度轴1	0	rpm
□ 变速箱轴输入转速2 - 变速器输入速度轴2	0	rpm
□ 变速箱输出速度（RPM）轴1 - 变速器输出速度...	0	rpm

图3-3-23 自动变速器数据流实测值（大众迈腾）

表3-3-12 自动变速器主要的数据流

数据流项目	数值/状态举例	参考范围
自动变速器档位	P位置停止	显示对应档位
自动变速器油温传感器（TFT）温度	20℃	变速器实际的油温，20℃时信号电压约1.5V，80℃时信号电压约0.5V
自动变速器油温传感器（TFT）电压	1.5V	
车速传感器	80km/h	车辆实际的速度
发动机转速传感器	1500r/min	与当前发动机转速相同
变矩器锁止离合器电磁阀TCC	93.3%	0~100%
管路压力电磁阀	0%	0~100%
换档电磁阀A	工作（ON）	工作（ON）/不工作（OFF）

（续）

数据流项目	数值/状态举例	参考范围
换档电磁阀B	不工作（OFF）	工作（ON）/不工作（OFF）
超速档控制电磁阀	工作（ON）	工作（ON）/不工作（OFF）
输入轴转速（涡轮转速）传感器	3174r/min	与发动机转速基本一致
输出轴转速传感器	4451r/min	根据变速器档位变化
节气门位置传感器	10%	与发动机数据流一致

（1）自动变速器档位

自动变速器变速杆置于某个档位时，数据流显示对应的档位。如果不符合，则档位开关或线路故障。

（2）自动变速器油温传感器

自动变速器控制单元利用油温传感器（TFT）信号控制管路压力、换档和变矩器锁止离合器。一般情况下，变速器油温高于150℃时变矩器锁止，30s后如果油温仍然不降低，变矩器解除锁止，变速器退出超速档，车辆不能高速行驶。在变速器温度正常情况下，如果数据流显示变速器油温高于150℃或出现负值等不合理数据，则油温传感器或线路故障。

（3）车速传感器

自动变速器的车辆通常没有装备车速传感器，数据流显示的车速信号由ABS系统的轮速传感器计算后通过CAN系统共享。如果数据流中的车速数据不准确，应检查ABS及其他系统的数据流，判断是轮速传感器故障还是控制单元及CAN传输信号故障。

（4）发动机转速传感器

自动变速器数据流显示的发动机转速信号，由发动机电控系统的转速（曲轴位置）传感器信号通过CAN总线共享。如果数据流中的发动机转速数据不准确，应检查发动机及其他系统的数据流，判断是发动机转速传感器故障还是控制单元及CAN传输信号故障。

（5）变矩器锁止离合器电磁阀

自动变速器液力变矩器锁止离合器电磁阀TCC由发动机控制单元发出占空比信号控制，TCC电磁阀有非锁止和锁止两种状态，非锁止时占空比约0~4%，锁止时占空比约94%~100%。

通过数据流可以监控TCC电磁阀是否工作，如果不工作，则电磁阀或线路故障，也有可能发动机控制电磁阀的动作时机错误。

（6）管路压力电磁阀

数据流中，自动变速器液压控制管路压力电磁阀的数值根据车辆行驶速度变化，节气门开度小，管路压力低，占空比约0~4%；节气门开度大，管路压力高，占空比约94%~100%。

（7）换档电磁阀 A

数据流中，当车辆以"D1"或"D4"档位行驶时，换档电磁阀 A 工作，数据流显示"ON（工作）"；当车辆以"D2"或"D3"档位行驶时，换档电磁阀 B 不工作，数据流显示"OFF（不工作）"。如果电磁阀不工作或工作时机错误，则电磁阀、线路、控制单元故障。

（8）换档电磁阀 B

数据流中，当车辆以"D1"或"D2"档位行驶时，换档电磁阀 B 工作，数据流显示"ON（工作）"；当车辆以"D3"或"D4"档位行驶时，换档电磁阀 B 不工作，数据流显示"OFF（不工作）"。如果电磁阀不工作或工作时机错误，则电磁阀、线路、控制单元故障。

（9）超速档控制电磁阀

数据流中，当超速档控制电磁阀工作时，数据流显示"ON（工作）"，超速档离合器分离；当超速档控制电磁阀不工作，数据流显示"OFF（不工作）"，超速档离合器结合。如果电磁阀不工作或工作时机错误，则电磁阀、线路、控制单元故障。

（10）输入轴转速传感器

输入轴转速传感器位于自动变速器输入侧，检测变速器的输入转速，数据流中输入轴转速传感器的数值与发动机转速基本一致。

（11）输出轴转速传感器

输出轴转速传感器位于自动变速器输出侧，检测变速器的输出转速，它与输入轴转速传感器一起，供变速器控制单元判断最佳换档时机。数据流中输出轴转速传感器的数值根据变速器档位的变化而变化。

（12）节气门位置／加速踏板位置传感器

与发动机电控系统节气门位置／加速踏板位置的数据一致，供变速器控制单元判断节气门位置／加速踏板位置。

2. 防抱死制动系统 ABS 数据流

图 3-3-24 是 ABS 数据流实测数值（部分），ABS 主要的数据流见表 3-3-13。

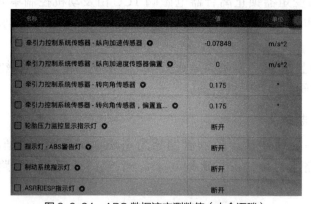

图 3-3-24　ABS 数据流实测数值（大众迈腾）

表 3-3-13　ABS 主要的数据流

数据流项目	数值 / 状态举例	参考范围
ABS 指示灯	ON（点亮）	ON（点亮）/OFF（熄灭）
制动指示灯	OFF（熄灭）	
驻车制动指示灯	ON（点亮）	
ASR/ESP 指示灯	ON（点亮）	
制动灯开关	ON（接通）	ON（接通）/OFF（断开）
驻车制动开关	OFF（断开）	
车轮转速（轮速）传感器	10km/h	车轮实际的速度
ABS 电磁阀	ON（运行）	ON（运行）/OFF（无运行）
EBD 控制状态	ON（控制）	四个车轮；ON（控制/）OFF（无控制）
ABS 控制状态	OFF（无控制）	四个车轮；ON（控制）/OFF（无控制）
ABS 电磁阀继电器	ON（接通）	ON（接通）/OFF（断开）
ABS 泵（电动机）继电器	ON（接通）	ON（接通）/OFF（断开）

（1）ABS 及制动系统指示灯（警告灯）

包括驻车制动指示灯、制动指示灯、ABS、ASR、ESP 等制动系统相关的指示灯，自检或出现故障时或工作状态时 ON（点亮）；正常时 OFF（熄灭）。ABS、ASR、ESP 指示灯异常点亮时应读取控制单元的故障码，其他指示灯应检查对应的系统是否出现故障。ASR、ESP 指示灯在系统工作时会闪烁。数据流中，显示 ON 时指示灯应点亮，OFF 时应熄灭，否则应检查指示灯灯泡及控制线路。

（2）制动灯开关

踩下制动踏板时 ON（接通），同时制动灯点亮；松开制动踏板时 OFF（断开），同时制动灯熄灭。数据流中，显示 ON 时指示灯应点亮，OFF 时应熄灭，否则应检查指示灯灯泡及控制线路。

（3）驻车制动开关

驻车制动设置时 ON（接通），同时驻车制动指示灯点亮；取消时 OFF（断开），同时驻车制动灯熄灭。数据流中，显示 ON 时指示灯应点亮，OFF 时应熄灭，否则应检查指示灯灯泡及控制线路。

（4）车轮转速（轮速）传感器

数据流显示车轮实际的速度，直线行驶时四个车轮（右前 RF、左前 LF、右后 RR、左前 LR）速度应基本一致。如果出现某个车轮速度数据与其他的不一致，在车轮状态正常的前提下，必须检查传感器及线路。

（5）ABS 电磁阀

ABS 液压系统中，每个车轮各有一个进油和出油电磁阀，共 8 个电磁阀。数据流中，

ON（运行）/OFF（无运行）变化时应听到电磁阀动作的声音，否则应检查电磁阀线圈及控制线路。

（6）EBD、ABS 控制状态

EBD、ABS 等系统在工作时数据流显示 ON（控制），不工作时显示 OFF（无控制），说明对应的系统控制单元正常工作。

（7）继电器

数据流中，ABS 电磁阀继电器、ABS 泵（电动机）继电器在 ON（接通）/OFF（断开）变化时应听到继电器动作的声音，对应的部件也应该工作，否则应检查继电器及控制线路。

3. 电动转向控制系统 EPS 数据流

图 3-3-25 是 EPS 数据流实测数值（部分），EPS 主要的数据流见表 3-3-14。

名称		值	单位
☐ 转向角传感器角度 - 转向角 ⊙		5.3	°
☐ 转向角传感器角度 - 状态 ⊙		有效	
☐ 转向角传感器的角速度 - 转向角速度 ⊙		0.9	°
☐ 转向角传感器的角速度 - 状态 ⊙		有效	
☐ 转向角传感器，状态 - 状态 ⊙		激活	
☐ 转向角传感器，状态 - CAN信息 ⊙		有效	
☐ 系统状态 ⊙		行驶模式	
☐ 转向辅助装置 - 功能状态 ⊙		已激活	

图 3-3-25　EPS 数据流实测数值（大众迈腾）

表 3-3-14　EPS 主要的数据流

数据流项目	数值 / 状态举例	参考范围
转向角度（转矩）传感器电压	2.5V	0~5V，中间位置 2.5V
转向角度（转矩）传感器角度	0.5°	0° ~ 360°
转向电动机电流值	80mA	动力转向工作时，数值与转向力矩成正比变化
车速信号	80km/h	来自仪表 CAN 系统，与车速一致，无明显波动
发动机转速信号	1500r/min	来自发动机 CAN 系统，与发动机转速一致，无明显波动

（1）转向角度（转矩）传感器

转向角度（转矩）传感器检测转向盘的位置，以电压或角度为单位。数据流检测时，发动机运转，转向盘向左右转动，数值变化应平顺，转向盘对中位置时电压约 2.5V。更换转向角度（转矩）传感器后应利用专用仪器设备进行标定。

（2）转向电动机电流值

数据流检测时，发动机运转，转向盘向左右转动，电流的数值与转向力矩成正比变化。

（3）车速信号

电动转向系统的车速信号来自仪表 CAN 系统，数据流的车速数值应与实际车速一致，无明显波动。

（4）发动机转速信号

电动转向系统的发动机转速信号来自发动机 CAN 系统，数据流的发动机转速数值应与实际发动机转速一致，无明显波动。

四、车身电控系统数据流分析

1. 组合仪表数据流

图 3-3-26 是组合仪表数据流实测数值（部分），组合仪表主要的数据流见表 3-3-15。

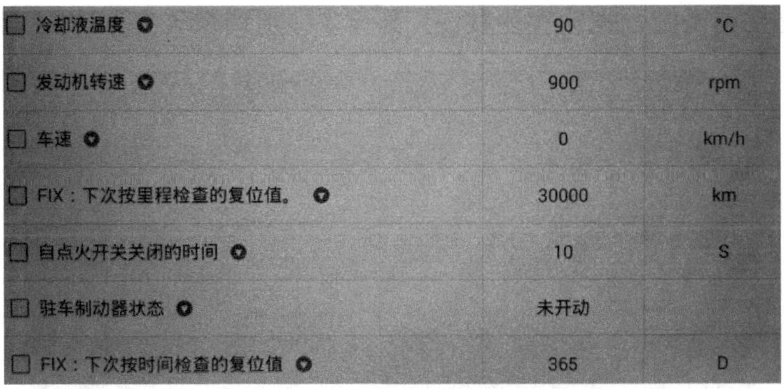

图 3-3-26 组合仪表数据流实测值（大众迈腾）

表 3-3-15 组合仪表主要的数据流

数据流项目	数值 / 状态举例	参考范围
仪表显示	车速 100km/h	仪表显示数值、车辆实际状况、诊断仪数据流一致
指示灯 / 警告灯	ON（点亮）	ON（点亮）/OFF（熄灭）
照明、信号灯光开关	OFF（断开）	ON（接通）/OFF（断开）
电气系统运行控制开关	OFF（不运行）	ON（运行）/OFF（不运行）
其他信息	实际显示	根据当前信息显示

（1）仪表显示

组合仪表中，各种仪表（车速表、转速表、燃油表、总里程表、短距离里程表、温度表等其他仪表）的显示数值、车辆实际状况、诊断仪数据流一致，如果不一致，则检查相关的信号传感器或控制线路。

（2）指示灯 / 警告灯

组合仪表中,各种指示灯/警告灯(发动机故障指示灯、ABS及电控制动系统其他指示灯、驻车制动器及行程制动器指示灯、安全气囊及安全带指示灯等),数据流显示 ON 时点亮,显示 OFF 时熄灭,否则检查灯泡或控制线路。

（3）照明、信号灯光开关

组合仪表中,各种照明(前照灯、雾灯等)、信号(转向灯、示宽灯等)的灯光开关,数据流显示 ON 时接通,显示 OFF 时断开,同时对应的灯光应该点亮或熄灭,否则检查开关、灯泡或控制线路。

（4）电气系统运行控制开关

组合仪表中,各种电气系统(巡航定速 CCS、电子稳定系统 ESP 等)的运行控制开关,数据流显示 ON 时运行,显示 OFF 时不运行,同时对应的系统应该运行或不运行,否则检查开关、控制系统或控制线路。

2. 空调系统数据流

图 3-3-27 是空调系统数据流实测数值(部分),空调系统主要的数据流见表 3-3-16。

名称	值	单位
□ 发动机转速 ○	900	rpm
□ 车速 ○	0	km/h
□ 自点火开关关闭的时间 ○	0	min
□ 压缩机转速 ○	1100	rpm
□ 压缩机负荷 ○	16.4	Nm
□ 制冷剂压力 ○	15.6	bar
□ 冷却液风扇启动,规定值 ○	70	%
□ 外部空气温度 ○	35.5	℃

图 3-3-27　空调系统数据流实测数值(大众迈腾)

表 3-3-16　空调系统主要的数据流

数据流项目	数值 / 状态举例	参考范围
空调（A/C）开关	OFF（关闭）	ON（接通）/OFF（关闭）
空调压缩机离合器工作状态	ON（工作）	ON（工作）/OFF（不工作）
制冷剂压力开关	ON（接通）	ON（接通）/OFF（关闭）
制冷剂压力传感器	300kPa	150~3500kPa
空调系统冷却风扇请求（低速）	ON（工作）	ON（工作）/OFF（不工作）
空调系统冷却风扇请求（高速）	OFF（不工作）	

（续）

数据流项目	数值 / 状态举例	参考范围
车内温度传感器	24℃	所处环境的实际温度
蒸发器温度传感器	25℃	
车外（环境）温度传感器	30℃	
鼓风机工作状态	ON（工作）	ON（工作）/OFF（不工作）
风门伺服电动机工作状态	OFF（不工作）	ON（工作）/OFF（不工作）

（1）空调（A/C）开关

空调开关信号发送给控制单元，作为控制单元负载变化提升转速的信号。数据流中，如果空调开关接通时显示 ON，关闭时显示 OFF，否则检查空调开关及控制线路。

（2）空调压缩机离合器工作状态

数据流中，如果空调开关接通时，压缩机离合器（驱动）状态同时显示 ON（工作），关闭时显示 OFF（不工作），否则检查空调开关、压缩机电磁离合器及控制线路。

（3）制冷剂压力开关 / 传感器

空调制冷剂（俗称"冷媒"）循环系统需要检测制冷剂压力，有的车型采用压力开关，压力过高时数据流显示 ON（接通），压力正常时显示 OFF（关闭）；有的车型采用压力传感器，数据流中显示实际的压力数值或换算成接通或断开状态。

> ✉ 提示：不同车型压力开关状态可能相反，即制冷剂压力正常时显示 ON（接通），
> 过高时显示 OFF（关闭）。

（4）空调系统冷却风扇请求（低速 / 高速）

空调开启后，发动机冷却风扇应运转。数据流中，空调系统风扇请求低速 / 高速显示 ON（工作）或 OFF（不工作）应与车辆的电子冷却风扇实际运转状态对应，否则应检查冷却风扇及控制线路。

（5）空调系统温度传感器

空调系统相关的温度传感器包括车内温度传感器、车外（环境）温度传感器、蒸发器温度传感器、各出风口温度传感器等，数据流中显示的温度数值应与传感器所处环境的实际温度基本相符，否则检查温度传感器及控制线路。

（6）鼓风机工作状态

空调鼓风机开启后，鼓风机应运转。数据流中，鼓风机工作状态显示 ON（工作）或 OFF（不工作）应与车辆的鼓风机实际运转状态对应，否则应检查鼓风机电动机及控制线路。

（7）风门伺服电动机工作状态

空调各风门开关开启后，伺服电动机应运转。数据流中，伺服电动机工作状态显示 ON

（工作）或 OFF（不工作）应与对应风门的伺服电动机实际运转状态对应，否则应检查对应风门伺服电动机及控制线路。

五、新能源汽车电控系统数据流分析

1. 动力电池及管理系统数据流

图 3-3-28 是动力电池及管理系统数据流实测数值（部分），动力电池及管理系统主要的数据流见表 3-3-17。

名称	值	单位	
☐ 单体最高温度编号	2		⊗
☐ 单体最低温度	39	degC	⊗
☐ 单体最低温度编号	1		⊗
☐ 最低电压编号	81		⊗
☐ KL30(供电)电压	13	V	⊗
☐ 绝缘电阻	10097	Kohm	⊗
☐ 母线负极对电池包正极电压	354.0	V	⊗
☐ 加热元件两端电压	0.0	V	⊗

图 3-3-28　动力电池及管理系统数据流实测数值（奇瑞 EQ1）

表 3-3-17　动力电池及管理系统主要的数据流

数据流项目	数值 / 状态举例	参考范围
电池组当前总电压	632V	0~电池组最高电压
电池组当前总电流	0.4A	–500~1000A
SOC（剩余电量）	90%	0~100%
充电次数	435	实际充电次数
最大允许充电功率	33.1kW	0~500 kW
最大允许放电功率	160 kW	0~500 kW
单次充电电量	30A·h	0~500 A·h
单次放电电量	40A·h	0~500 A·h
累计充电电量	221A·h	0– 实际电量
累计放电电量	124A·h	0– 实际电量
累计充电电能	120kW·h	0– 实际电能
累计放电电能	72 kW·h	0– 实际电能
最低电压单体电池编号	20	1– 总单体数量
最低单体电池电压	3.223V	0– 单体电池最高电压
最高电压单体电池编号	62	1– 总单体数量

（续）

数据流项目	数值／状态举例	参考范围
最高单体电池电压	3.322V	0~单体电池最高电压
最低温度单体电池编号	5	1~总单体数量
最低单体电池温度	30℃	-40~160℃
最高温度单体电池编号	8	1~总单体数量
最高单体电池温度	32℃	-40~160℃
高压互锁	锁止	锁止／未锁止
绝缘电阻值	65535kΩ	实际的绝缘电阻值
放电是否允许	是	是／否
充电是否允许	否	是／否
充电感应信号－交流	有	无／有
充电感应信号－直流	无	无／有
预充状态	完成	完成／未完成
主接触器状态	接通	接通／断开
预充接触器状态	接通	接通／断开
负极接触器状态	接通	接通／断开
正极接触器状态	接通	接通／断开
分压接触器状态	断开	接通／断开

（1）电池组当前总电压

电池组当前实际的电压值，数据流中的电压值应接近电池组的额定电压。

（2）电池组当前总电流

电池组当前实际输出（放电）、输入（充电）的电流值，数据流中的电流值大小由充电（＋值）和放电（－值）设备的功率决定，应与组合仪表显示基本一致。

（3）SOC（剩余电量）

电池组SOC（剩余电量）的百分比，数据流中的SOC数值应与组合仪表显示基本一致。

（4）充电次数

电池组当前已经完成的实际充电次数。

（5）最大允许充电、放电功率

当前动力电池组的条件下最大允许充电、放电功率，数据流中的充电、放电功率数值应与组合仪表显示基本一致。

（6）充电、放电电量或电能

动力电池组的单次和累计的充电、放电电量（安时）或电能（千瓦时），体现动力电池的储能性能。

（7）最高、最低单体电池电压、温度的数值和编号

数据流中，能够体现动力电池组中最高、最低单体电池电压、温度的数值和编号，这是判断动力电池故障最直接的依据。例如，如果因为单体电池温度过低出现故障，可以从数据流中读取最低单体电池的温度数值及对应编号，便于准确确定故障的单体电池。

（8）高压互锁

如果某个高压部件的高压互锁插接件互锁开关被断开，数据流中显示"锁止"，正常时显示"未锁止"，方便指引高压互锁开关被断开的位置。

（9）绝缘电阻值

高压系统检测到的绝缘电阻值，应大于 $500\,\Omega/V$。

（10）充电、放电允许

当前动力电池及高压系统的状况是否满足充电、放电的要求，如果满足要求，数据流显示"是（允许）"，否则显示"否（不允许）"。

（11）充电感应信号

车辆进行交流、直流充电时如果充电装置连接正常，数据流显示"有"，否则显示"无"。如果数据流显示与车辆充电连接不一致，则充电装置或充电口线路故障。

（12）预充状态

为避免高压电瞬间接通时，大电流造成电子元件烧毁，高压系统设计有预充电路。如果预充完成，数据流显示"完成"，否则显示"未完成"。

（13）接触器状态

数据流中显示的高压配电系统接触器状态（接通/断开）应与实际的接触器状态一致，否则接触器或线路故障。

2. 驱动电机及控制器数据流

图 3-3-29 是驱动电机及控制器数据流实测数值（部分），驱动电机及控制器主要的数据流见表 3-3-18。

名称	值	单位
☑ 低压端实际电压 ●	13.9	伏
☑ 低压端实际电流 ●	13	安培
☑ 低压端允许输出的最大电流 ●	160	
☑ 电机定子温度 ●	32	℃
☑ 水冷板温度 ●	32	℃
☑ 电机转子偏移角 ●	42	°

图 3-3-29　驱动电机及控制器数据流实测数值（帝豪 EV）

表 3-3-18　驱动电机及控制器主要的数据流

数据流项目	数值 / 状态举例	参考范围
低压端实际电压	13.9V	低压蓄电池电压
低压端实际电流	13A	0~160A
驱动电机定子温度	32℃	驱动电机定子实际温度
水冷板温度	32℃	驱动电机水冷板实际温度
驱动电机转子偏移角	42°	41°±2°
母线电压	372V	动力电池电压
母线电流	3A	动力电池电流
W 相电流	34A	0~驱动电机最大电流
V 相电流	65A	0~驱动电机最大电流
U 相电流	35A	0~驱动电机最大电流
电机实际转速	84r/min	0~驱动电机最高转速

（1）低压端实际电压

驱动电机控制器当前实际的低压电压值，数据流中的电压值应接近低压蓄电池电压（12~14V），说明控制器低压电源正常。

（2）低压端实际电流

驱动电机控制器当前实际的低压电流值，数据流中的电流值范围在 0~160A 之间。

（3）驱动电机定子温度

驱动电机定子实际的温度，数据流中的温度值应与驱动电机实际温度相符，并且不能过高、过低，否则应检查驱动电机冷却系统或驱动电机温度传感器线路。

（4）水冷板温度

驱动电机及控制器冷却系统实际的温度，数据流中的温度值应与冷却系统实际温度相符，并且不能过高、过低，否则应检查驱动电机及控制器冷却系统或温度传感器线路。

（5）驱动电机转子偏移角

永磁同步驱动电机的转子在零点位置时，旋转变压器的读数可能并不为零，两者之间的差值称为偏移角。数据流中驱动电机转子偏移角不正确时，应根据驱动电机铭牌上的标准值重新标定转子偏移角。

（6）驱动电机相电流

数据流中显示驱动电机 U/V/W 三相的电流应大致相同。

（7）电机实际转速

驱动电机实际的转速通过旋转变压器信号获取，数据流中显示转速数据应与实际转速一致，否则应检查旋转变压器及线路。

3. 低压电源系统数据流

图 3-3-30 是新能源汽车低压电源系统数据流实测数值（部分），低压电源系统主要的数据流见表 3-3-19。

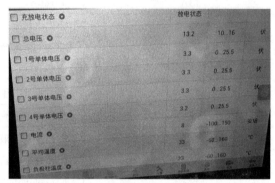

图 3-3-30　低压电源系统数据流实测数值（比亚迪 e5）

表 3-3-19　低压电源系统主要的数据流

数据流项目	数值 / 状态举例	参考范围
SOC 过低请求充电命令	正常	正常 / 不正常
充放电状态	放电状态	充电 / 放电状态
总电压	13.2V	10~16V（低压蓄电池当前电压）
电流	8A	−100~150A（低压蓄电池当前电流）
1 号单体电压	3.3V	0~25.5V（低压蓄电池单体当前电压）
2 号单体电压	3.3V	
3 号单体电压	3.3V	
4 号单体电压	3.2V	
平均温度	33℃	−60~160℃（低压蓄电池当前温度）
负极柱温度	33℃	
DC/DC 故障状态	无误	无误（正常）/ 错误（故障）
DC/DC 内部温度	48℃	DC/DC 当前温度
DC/DC 低压输出电流	10.75A	DC/DC 实际输出的电流

（1）SOC 过低请求充电命令

对于装备低压蓄电池 BMS 的车型（比亚迪），SOC 过低时会向 DC/DC 发送充电请求命令，如果数据流显示"不正常"，则低压蓄电池 BMS 或通信线路故障。

（2）充放电状态

数据流显示的低压蓄电池的充电 / 放电状态，应与低压蓄电池实际的状态相符。

（3）总电压

数据流显示的低压蓄电池当前电压应与低压蓄电池实际的电压相符。一般情况下，电压超过 13V 说明 DC/DC 在为低压蓄电池充电。

（4）电流

数据流显示的低压蓄电池当前电流数值为正说明 DC/DC 在为低压蓄电池充电，数值为负则说明低压蓄电池正处于放电状态。

（5）单体电压

对于装备磷酸铁锂（铁电池）低压蓄电池的车型（比亚迪），低压蓄电池由 4 个单体电池构成，额定电压约为 3.2V，正常时数据流显示的 4 个单体电压应等于或接近额定电压。

（6）平均温度

低压蓄电池内单体电池的平均温度，数据流中低压蓄电池平均温度应与实际温度相符，并且不能过高、过低，否则应检查蓄电池工作情况或温度传感器线路。

（7）负极柱温度

低压蓄电池内负极接线杆的温度，数据流中低压蓄电池负极接线柱温度应与实际温度相符，并且不能过高、过低，否则应检查蓄电池接线连接情况或温度传感器线路。

（8）DC/DC 故障状态

如果 DC/DC 工作正常，数据流显示的 DC/DC 的故障状态应为"无误（正常）"。如果 DC/DC 发生故障，则显示"错误（故障）"。

（9）DC/DC 内部温度

数据流中的 DC/DC 内部温度应与实际温度相符，并且不能过高、过低，否则应检查 DC/DC 冷却系统工作情况或温度传感器线路。

（10）D/CDC 低压输出电流

数据流显示的 DC/DC 低压输出电流数值即为低压蓄电池充电，以及为车辆低压电气系统供电的电流。

4. 空调系统数据流

图 3-3-31 是新能源汽车空调系统数据流实测数值（部分），空调系统主要的数据流见表 3-3-20。

图 3-3-31 空调系统数据流实测数值（比亚迪 e5）

表 3-3-20 空调系统主要的数据流

数据流项目	数值 / 状态举例	参考范围
压缩机故障码	无误	无误 / 故障
空调高速风扇请求	关闭	开启 / 关闭
空调除霜除雾状态	正常	正常 / 故障
空调 PTC 状态	关闭	开启 / 关闭

(续)

数据流项目	数值 / 状态举例	参考范围
空调 PTC 实际功率	0 kW	PTC 实际功率
空调 PTC 功率请求	0 kW	空调控制模块控制 PTC 的期望功率
空调压缩机功率请求	0 kW	空调控制模块控制压缩机的期望功率
压缩机功率消耗	0 kW	空调压缩机实际功率
压缩机工作状态	关闭	开启 / 关闭

（1）压缩机故障码

如果空调压缩机工作正常，数据流显示"无误"。

（2）空调高速风扇请求

开启空调后，数据流显示"开启 / 关闭"的状态应与空调高速风扇动作一致，否则应检查空调高速风扇控制线路。

（3）空调除霜除雾状态

空调除霜除雾功能正常时，数据流显示"正常"。

（4）空调 PTC 状态

暖风加热不工作时，空调 PTC 状态的数据流显示"关闭"。

（5）空调 PTC 实际功率

暖风加热工作时，数据流显示空调 PTC 实际功率的数值。

（6）空调 PTC 功率请求

暖风加热工作时，数据流显示空调控制模块控制 PTC 的期望功率，应与空调 PTC 的实际功率数值基本一致。

（7）空调压缩机功率请求

空调压缩机工作时，数据流显示空调控制模块控制压缩机的期望功率，应与空调压缩机的实际功率数值基本一致。

（8）空调压缩机功率消耗

空调压缩机工作时，数据流显示空调压缩机实际消耗功率的数值。

（9）空调压缩机工作状态

空调压缩机不工作时，空调压缩机状态的数据流显示"关闭"。

5. 制动系统数据流

制动系统的数据流与传统汽车基本一致，有区别的是电控真空助力系统。图 3-3-32 是新能源汽车制动系统数据流实测数值（真空控制部分），制动系统主要的数据流（真空控制部分）见表 3-3-21。

图3-3-32　制动系统数据流实测数值（比亚迪e5）

表3-3-21　制动系统主要的数据流

数据流项目	数值 / 状态举例	参考范围
真空泵状态	关断	关断 / 接通
真空压力值	74kPa	0~100kPa
真空压力报警	正常	正常 / 报警
真空泵工作时间	556min	0- 累计工作时间

（1）真空泵状态

真空泵状态数据流显示"关断 / 接通"应与真空泵实际的工作状态一致，否则应检查真空泵电动机、整车控制器（或真空泵控制器）及控制线路。

（2）真空压力值

电动真空助力系统真空压力数据流显示的压力（真空度）数值，应与真空罐实际真空度一致，否则应检查真空罐上的真空压力传感器及线路。

（3）真空压力报警

如果电动真空助力真空系统检测到真空压力过低或异常，系统会通过组合仪表报警，数据流也显示对应的状态。

（4）真空泵工作时间

电动真空助力系统真空压力数据流显示的真空泵累计工作时间，数值可以作为真空泵电动机老化故障或系统泄漏诊断依据。

传统汽车电控系统数据流参考值与实测值

新能源汽车电控系统数据流参考值与实测值

第四节　汽车电子控制单元故障诊断与排除方法

汽车电子控制单元是电控系统的核心部件，接收传感器的信号，经运算处理后，发出执行器的动作指令。电子控制单元发生故障原因很复杂，应先掌握其结构原理与故障特征，才能进行故障诊断与排除。

一、汽车电子控制单元功能、结构与工作原理

1. 电子控制单元的工作功能与特点

电子控制单元（Electronic Control Unit，ECU），简称控制单元或电控单元，俗称"电脑"或"微机"。也有的汽车制造厂家将发动机控制单元也简称为 ECU（Engine Control Unit），或发动机控制模块（Engine Control Module，ECM），如果同时控制发动机和自动变速器时则称为动力控制模块（Power Control Module，PCM）。下文如果没有特别说明，ECU 特指发动机电子控制单元。

（1）电子控制单元的控制功能

图 3-4-1 是 ECU 的外形及安装位置示意图。ECU 是以单片微型计算机（即单片机）为核心所组成的电子控制装置，具有强大的数学运算、逻辑判断、数据处理与数据管理等功能。ECU 是汽车电子控制系统的控制中心，其功用是分析处理传感器采集到的各种信息，并向执行器发出控制指令，使之产生相应动作。

图 3-4-1　ECU 的外形及安装位置示意图

发动机 ECU 根据所接收到各类传感器及开关输入电信号精确地实现多种功能的控制。

1）起动控制。发动机起动时，ECU 根据冷却液温度、进气温度、转速等信号，控制喷油器增加喷油量，以及控制急速控制机构（如节气门电动机）保持最大开度。

2）发动机暖机控制。当发动机温度较低时，ECU 控制增大喷油量和保持急速控制机构最大的开度，以缩短发动机暖机（到达正常工作温度）时间。

3）三元催化器的加热控制。三元催化器一般在 400℃才能正常工作。ECU 采用适度推迟点火提前角的方法利用废气对三元催化器进行加热，缩短三元催化器进入正常工作的过渡时间，降低污染物的排放。

4）**急速控制**。为保证发动机在较低的急速下稳定运行，ECU 的闭环急速控制系统必须维持产生的转矩与发动机"功率消耗"之间的平衡。

5）**加速/减速和倒拖断油控制**。当汽车加速时，ECU 适量增加喷油量，以满足汽车加速时的动力性要求；当汽车减速时，ECU 适量减少喷油量，以实现汽车减速时的经济性要求；在急减速、发动机处于强制急速工况（节气门全关，发动机转速比目标转速高）和倒拖工况（指发动机在飞轮处提供的功率是负值的情况），ECU 减少甚至切断喷油以减少燃油消耗和控制污染物排放。

6）**燃油喷射控制和混合气闭环控制**。ECU 能够对喷油正时和喷油脉宽进行控制，从而为发动机提供最佳的空燃比。ECU 根据氧传感器的反馈信号，通过修正喷油持续时间来控制混合气的空燃比更接近于理论空燃比。

7）**点火正时控制**。ECU 根据发动机转速、进气量、发动机冷却液温度和大气压力信号控制点火初级电路中功率晶体管导通和截止状态，从而控制点火正时。

8）**蒸发排放及其他排放控制**。燃油箱内的燃油蒸气通过导管被收集在活性炭罐中，ECU 通过控制炭罐的电磁阀来实现活性炭罐内燃油蒸气被吸入进气歧管参加燃烧。对于装备废气再循环、二次控制喷射系统的发动机，ECU 控制这些系统的工作时机。

9）**发动机转矩控制**。当 ECU 根据各输入传感器提供的信号，判定需进行电子控制自动变速器的工作时机，例如，在升档或降档变换时，先发出一个控制信号通知发动机暂时延迟点火正时，以控制发动机所输出的转矩，使换档平稳过渡。

10）**与其他系统通信及协同控制**。发动机 ECU 通过 CAN 网络系统，实现与车辆其他系统信息交换及协同控制。

11）**自诊断功能**。当与排放控制有关的传感器或执行器检测到异常情况时，发动机故障警告灯点亮以此通知驾驶人。当传感器或执行器检测到异常情况时，相当于此异常情况的故障码就会输出。

12）**其他发动机相关的控制功能**。

（2）电子控制单元的特点

发动机 ECU 具有以下特点。

1）适应 ECU 的具体工作环境，采用可靠性设计。

2）电路采用模块化设计方法。

3）采用低功耗高性能的元器件、简化电路、降低功耗、提高控制精度。

4）采用车上的低压蓄电池供电，选用开关控制电源。

5）系统具有较好的抗振和抗电磁干扰能力，能在各种环境温度下可靠工作。

6）ECU 硬件系统安装调试方便，质量轻。

7）采用标准化开放式设计方法，便于系统的扩展、移植和修改。

8）在软件设计中，采用层状结构体系和模块化技术便于修改和扩展。

2. 电子控制单元的结构原理

ECU 主要由输入回路及 A/D 转换器、微处理器（包括 CPU、存储器、I/O 接口）和输出回路等组成。图 3-4-2 是 ECU 的基本组成示意图，图 3-4-3 是 ECU 的内部电路实物图。

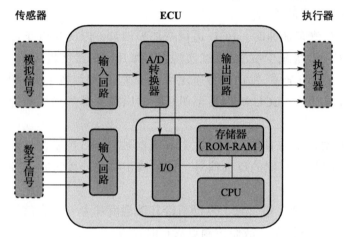

图 3-4-2　ECU 的基本组成示意图

图 3-4-3　ECU 的内部电路实物图

（1）输入回路及 A/D 转换器

如图 3-4-4 所示，输入回路又称为输入接口或输入电路，具备 A/D（模拟 / 数字）转换器功能。由于微处理器只能识别数字信号（脉冲方波），但传感器输送给 ECU 的有模拟信号和数字信号两种信号，对于不同的输入信号，输入回路的作用也各不相同。

信号电压（或电流）随时间变化而连续变化的信号称为模拟信号，如冷却液温度传感器信号。由于微处理器无法识别模拟信号，因此需要先滤除杂波再通过 A/D（模拟 / 数字）转换器将连续变化的模拟量转换成数字量之后才能输入微处理器。

信号电压（或电流）随时间变化而不是连续变化的信号称为数字信号，如霍尔式传感器（曲轴 / 凸轮轴位置、车速或轮速传感器等），其信号为脉冲（方波）信号，需要通过输入回路的数字缓冲器进行限幅、整形和分频（如将曲轴位置传感器信号分频为 1° 信号等）处理后，才能传输到微处理器进行运算处理。

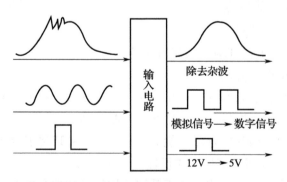

图 3-4-4　输入回路的作用

（2）微处理器

微处理器在各种存储器的支持下，统一控制各组成部分，对输入信号进行运算处理并输出控制信号。微处理器主要由中央处理器（CPU）、数据存储器（RAM/ROM）和输入输出（I/O）接口等组成。

1）**中央处理器**。中央处理器（Central Processing Unit，CPU）是整个控制系统的核心，所有的数据都要在 CPU 内进行运算。CPU 主要由进行算术运算、逻辑运算的运算器、暂时存储数据的寄存器、按照程序执行各装置之间信号传送及控制任务的控制器等组成。当接收到各传感器的信号后，CPU 根据预先设计的程序进行算术运算和逻辑运算后发出控制指令，并控制燃油喷射、点火、怠速以及排放等系统。图 3-4-5 是 CPU 的外形实物图。

图 3-4-5　中央处理器 CPU

2）**数据存储器**。数据存储器是一种保存数据的装置，分为只读存储器和随机存储器。只读存储器（ROM）只能对已存入的信息进行读取，随机存储器（RAM）可随时存取任何信息。随着计算机技术的发展，又相继开发了 PROM、EPROM 和 EEPROM 等几种新型可编程只读存储器。

①只读存储器：只读存储器（ROM）用来存储固定数据，即存放各种永久性的程序和永久性、半永久性的数据。例如：控制电子系统工作的程序和与各种运行工况相关的理论空燃比和点火提前角等标准信息，这些信息资料一般都是在制造时由厂家一次性存入，运用中无法改变其内容，即 ECU 工作时，新的数据不能存入，需要时能读出存入的原始数据资料。当电源切断时，存入 ROM 的信息不会丢失，通电后又可以立即使用。

②随机存储器：随机存储器（RAM）主要用来存储 ECU 工作时的可变数据，如用来存储 ECU 输入、输出数据和计算过程中产生的中间数据等，根据需要，存储的数据可随时调出或更新。RAM 在 ECU 中起暂时存储信息的作用，当电源切断时，所有存入 RAM 内的数据会完全丢失。

随机存取存储器可分为易失性存储器和非易失性存储器。当点火开关断开时，易失性存储器会擦除已存储在其内部的信息。非易失性存储器仍会保存已存储在其内部的信息。但是，当 ECU 的供电回路被切断时，非易失性存储器内存储的信息会被擦除。非易失性存储器常用来存储 ECU 的学习数据。如发动机运行过程中，为了长期保持存入 RAM 的某些数据，如故障码、空燃比学习修正值等，防止点火开关关闭时这些数据丢失，RAM 一般都通过专用的电源后备电路与蓄电池直接连接，使它不受点火开关的控制。但如果专用电源后备电路断开或蓄电池上的电源线拆下时，存入 RAM 的数据也会丢失。

③可编程只读存储器：在一些 ECU 中都装有一种可插拔的可编程只读存储器（Programmable ROM，PROM），这种存储器可以和 ECU 分开进行维护。在 PROM 中存储有一些与车型有关的专用的程序，如点火提前控制程序，这是为每一种车型的特殊要求设计的。例如，点火提前控制程序会随变速器或后桥传动比的不同而变化。在一些 ECU 上

还装有电子可擦除只读存储器（Electrical Erasable Programable ROM，EEPROM）。生产厂商可以很容易地向这类存储器芯片内重新写入程序。此类芯片一般不能与 ECU 分开进行维护。

图 3-4-6 所示是各种类型的存储器。

图 3-4-6　各种类型的存储器

3）输入输出（I/O）接口。输入 / 输出接口（I/O）接口是 CPU 与传感器或执行器之间进行数据交换和下达控制指令的通道。由于传感器和执行器种类繁多，它们的信号速度、频率、电平、功率和工作时序等都不可能与 CPU 完全匹配，因此必须根据 CPU 的指令，通过 I/O 接口进行协调和控制。

总线（BUS）是 ECU 内部传递信息的连线电路。在 ECU 内部，CPU、ROM、RAM 与 I/O 接口之间的信息交换都是通过总线来实现。总线技术是提高 ECU 运算速度的关键技术。为了满足汽车上各种 ECU 之间实现快速通信的要求，目前大多数中高档汽车都已采用控制器局域网络通信总线（即 CAN 总线）技术。

（3）输出回路

输出回路是微处理器与执行器之间的中继站，其功用是根据微处理器发出的指令，控制执行器动作。微处理器对采样信号进行分析、比较、运算后，由预定的程序形成控制指令并通过输出针脚输出。由于微处理器只能输出微弱的电信号（如喷油脉冲、点火信号等），不能直接驱动执行元件，因此必须通过输出回路对控制指令进行功率放大、译码或 D/A（数 / 模）转换，变成可以驱动各种执行元件的强电信号。

3. 电子控制单元的工作过程

点火开关 ON 或发动机起动时，ECU 进入工作状态，某些运行程序或操作指令从存储器 ROM 中调入中央处理器 CPU。这些程序可以控制燃油喷射、点火时刻、怠速转速等。在 CPU 的控制下，一个个指令按照预先编制的程序有条不紊地进行循环。在程序运行过程中所需要的发动机工况信息由各种传感器提供。

如图 3-4-7 所示，当传感器检测的数字信号（如曲轴位置传感器检测的发动机转速与转角信号）和模拟信号（如进气歧管绝对压力传感器检测的负荷信号、冷却液温度传感器检测的温度信号）等输入 ECU 后，首先通过输入回路进行信号处理。如果是数字信号，就经数字输入缓冲器和 I/O 接口电路直接进入 CPU。如果是模拟信号，则首先经过 A/D（模 / 数）

转换器转换成数字信号，以便数字式单片机处理，然后才能经 I/O 接口电路输入 CPU。大多数信息暂时存储在 RAM 中，根据控制指令再从 RAM 传送到 CPU。

CPU 将预先存储在 ROM 中的最佳试验数据引入 CPU，将传感器输入的信息与其进行比较。CPU 将来自传感器的各种信息依次取样，与最佳试验数据进行逻辑运算，通过比较给出判定结果，并发出指令信号，经 I/O 接口电路、输出回路控制执行器动作。如果是喷油器驱动信号，就控制喷油开始时刻、喷油持续时间，完成控制喷油功能；如果是点火器驱动信号，就控制点火导通角和点火时刻，完成控制点火功能。如果执行器需要线性电流量驱动，单片机就控制占空比来控制输出回路导通与截止，使流过执行器电磁线圈的平均电流线性增大或减小。

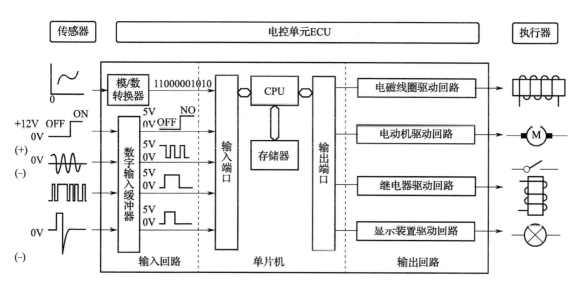

图 3-4-7　ECU 的工作过程框图

二、汽车电子控制单元线路检测

1. 电子控制单元检修注意事项

ECU 是精密的电子部件，检修时应遵守以下注意事项。

1）拆装 ECU 前需要断开蓄电池电源。

2）ECU 插接器的金属针脚不能用手接触。

3）严禁使用普通试灯测量 ECU 及控制电路，只能使用数字万用表检测 ECU。

4）检测 ECU 前需要进行人体释放静电工作或保持人体接地良好。

5）严禁使用短接法或划火法测试 ECU 及电控系统。

6）蓄电池正负极千万不可接反，否则易烧毁 ECU。

7）插拔 ECU 插接器前，关闭点火开关。

8）安装 ECU 要牢固，金属外壳要搭铁良好。

9）ECU 断电（蓄电池断开，熔丝断开，插接器断开），其储存的信息可能丢失。

10）车身进行焊接工作（电焊或氧乙炔焊）时，先断开蓄电池，否则易烧毁 ECU。

2. 电子控制单元电源、搭铁及通信线路检测

下面以一汽大众迈腾 B7 发动机电子控制单元为例，介绍 ECU 电源、搭铁（接地）及通信线路检测方法。

（1）ECU 电源、搭铁检测

ECU 相关线路检测时，应根据电路图和 ECU 的针脚（端子）含义，测量 ECU 电源、搭铁线路是否正常。图 3-4-8 是迈腾 B7 发动机 ECU（J623）电源、搭铁相关的电路图，其中 ECU（J623）的 T94/5、T94/6 针脚是来自熔丝座（SB）SB14 号 25A 熔丝的电源（蓄电池电压），T94/1、T94/2 针脚是连接车身搭铁线。电源、搭铁检测方法如下：

1）采用万用表直流电压档，检测 ECU 对应电源针脚是否有 12V 蓄电池电源电压（点火开关 IG 电源应将点火开关置于 ON 位置）。如果没有电源电压，检查相关的熔丝及线路。

2）采用万用表电阻档，检测 ECU 对应搭铁针脚是否与车身导通。如果不导通，检查相关的线路。

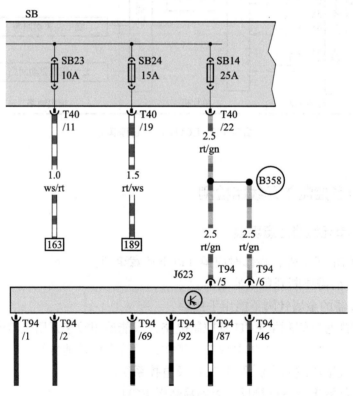

图 3-4-8　一汽大众迈腾 B7 发动机 ECU 电源、搭铁电路图

SB— 熔丝座 B　SB23、SB24、SB14— 熔丝编号　J623— 发动机控制单元　B358— 线束连接位置编号
T40— 熔丝座 B 的 40 芯插接器　T94— 发动机控制单元 94 芯插接器

（2）OBD 诊断座检测

诊断仪器通过 OBD 诊断座与车辆的 ECU 通信，因此必须确定诊断座的针脚及线路正常。

1）**诊断座的电源针脚检测：**如图 3-4-9 所示，利用万用表直流电压档检测诊断座 16 号针脚的电压，应为蓄电池电压（常电），表示电源正常。如果不正常，则线路断路或短路。

2）**诊断座的搭铁针脚检测：**如图 3-4-10 所示，利用万用表直流电压档检测诊断座 4 号和 5 号针脚的电压，应为"0V"，表示搭铁良好。

✉ **提示：**也可以利用万用表电阻档检测 4 号和 5 号针脚与车身搭铁是否导通（电阻值为 0）。

3）**K 线检测：**如图 3-4-11 所示，利用万用表直流电压档检测诊断座 7 号针脚（K 线，发动机 ECU 与仪器数据传输线，部分车型已经不再采用 K 线传输信号），应有约 12V 电压信号，表示线路正常。

| 图 3-4-9　检测诊断座 16 号针脚（常电源） | 图 3-4-10　检测诊断座 4 号和 5 号针脚（接地） | 图 3-4-11　检测诊断座 7 号针脚（K 线） |

4）**CAN 通信线 H、L 检测：**如图 3-4-12 所示，利用万用表直流电压档检测诊断座 6 号针脚（CAN 系统的 H 线）和 14 号针脚（CAN 系统的 L 线），应有约 2.5V 电压信号，表示线路正常。

5）**发动机 ECU 内部 CAN 系统的终端电阻检测：**如图 3-4-13 所示，关闭点火开关，采用万用表电阻档检测诊断座 6 号和 14 号针脚之间的电阻，应有 60Ω 左右的电阻值，表示 CAN 系统终端电阻正常。如果不正常，应更换发动机 ECU。

a）CAN-H　　　　　　b）CAN-L

图 3-4-12　检测诊断座 6 号（H 线）和 14 号（L 线）针脚

图 3-4-13　检测 ECU 内部 CAN 系统终端电阻

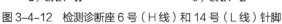

> 提示：CAN 系统终端电阻的电阻值通常为 120Ω，但这种检测方式实际上是测量发动机的控制单元与另一个系统的控制单元两个终端电阻的并联值，因此测量值为二分之一，即 60Ω 左右。

（3）ECU 故障判断

1）通过以上的检测，如果检测结果异常，检修相关的线路。

2）如果线路检测结果正常，但诊断仪器还是无法与 ECU 通信，则 ECU 不良，应更换。

> 提示：部分车型更换ECU以后，需要进行基本设定、编程、编码或与防盗系统匹配。

三、汽车电子控制单元常见故障诊断与排除

1. 电子控制单元故障诊断程序

ECU 故障诊断程序如下：

1）利用诊断仪器读取 ECU 故障记录，如不能与 ECU 通信，进行下一步。

2）检查 ECU 连接线路是否完好，重点检查 ECU 电源供给（来自主继电器或蓄电池直接供给）、接地线路是否正常。

3）检查外部传感器工作是否正常，输出信号是否可信，其线路是否完好。

4）检查执行器工作是否正常，其线路是否完好。

5）最后更换 ECU 进行试验。

2. 电子控制单元常见故障现象与原因分析

以下介绍发动机 ECU 常见的故障现象与原因分析。

1）**故障现象** 1：仪表发动机故障警告灯长亮。

原因：故障备用系统在 ECU 的 CPU 电路故障时即会自动进入备用系统。如 ECU 检测出 CPU 故障时，组合仪表上的发动机警告灯点亮（图 3-4-14）以警告驾驶人，同时备用系统发生作用，取代故障元件或系统。

2）**故障现象** 2：仪表故障警告灯不亮。

原因：组合仪表发动机故障警告灯由 ECU 搭铁（接地）控制，检测 ECU 故障警告灯控制针脚，搭铁正常，则为组合仪表故障，若 ECU 针脚不搭铁，说明 ECU 内部故障，需更换 ECU，如 ECU 针脚至组合仪表针脚不导通，则两者之间线路断路，检修线路。

3）**故障现象** 3：防盗系统触发后，发动机不能起动或起动 2s 左右立即熄火。

原因：使用错误的点火钥匙或其他原因导致防盗触发。

> 提示：发动机 ECU 储存有防盗信息，当 ECU 无法接收防盗系统的密码信息，则ECU 启动防盗锁止程序，ECU 将不控制点火及燃油系统的工作。防盗锁止的现象：

①组合仪表防盗指示灯（图3-4-15）点亮或闪烁。

②发动机控制系统储存防盗锁止故障码。

③发动机不能起动或起动即熄火等症状。

防盗锁止可尝试更换新车钥匙起动，或使用诊断仪进行防盗匹配，解除防盗模式，不能解除防盗状态，则需要更换新ECU，更换新ECU需要进行防盗匹配编程，ECU才能正常工作。

图3-4-14 发动机故障警告灯

图3-4-15 防盗指示灯

4）故障现象4：ECU控制程序错误。发动机不能起动或工作不良。

原因：ECU未编程/编码、编程/编码错误或程序出错。应采用制造厂专用仪器对ECU重新编程/编码。

> ✉ **提示**：有些发动机工作过程中，起动性能不好，或发动机运行不稳定，控制系统无故障，一般是由于ECU的软件程序出现错误，需要对ECU进行编程或重新刷新软件程序。而进行清洗节气门或断电等操作后，发动机工作不稳定，也是ECU程序错误，需要进行ECU的初始化设置或自适应匹配，以恢复ECU的工作性能。

5）故障现象5：信号输入回路故障。自我诊断系统记忆某个传感器的故障代码，但检查发现该传感器元件、电路及外部可能影响因素都正常；或虽然没有故障代码，但不接收该传感器信号。

原因：ECU内部信号输入回路故障。应更换新的控制单元。

> ✉ **提示**：如果读取到故障码，但故障码无法清除，说明故障码所代表的元件及电路故障未排除，需要检测相关线路及更换相关电气元件，有些故障码不是相关元件故障产生故障码，而是相关元件检测到相应机械故障，ECU保护性切断元件工作，从而报警，这样的故障需要排除相关机械故障。如失火故障码，有的是发动机机械故障，造成点火关闭，产生点火故障码，需要排除发动机机械故障，才能清除故障码。

6）故障现象6：信号输出回路故障。自我诊断系统记忆某个执行器的故障代码，但检查发现该执行器元件、电路及外部可能影响因素都正常；或虽然没有故障代码，但在相关信号正常的情况下，不控制该执行器动作。

原因：ECU 内部信号输出回路故障，通常 ECU 内部驱动器损坏，使驱动执行机构不工作。应更换新的 ECU。

7）故障现象 7：不能和外部的诊断仪器通信。故障诊断接口（诊断座）通信电路正常，但 ECU 无法与外部诊断仪器通信（此时 ECU 其他控制功能可能正常，也可能不正常）。

原因：ECU 内部微处理器或其他电路故障。在确认诊断仪器、操作程序、ECU 包含诊断接口电路正常的情况下，更换新的 ECU。

> ✉ **提示**：诊断仪无法进入发动机 ECU 诊断，可能诊断通信线路由故障。检测方法如下：
> ① 测量诊断座 7#、或 6#、14# 针脚针脚是否有电压，无电压则有故障。
> ② 测量诊断座 7#、或 6#、14# 针脚与 ECU 针脚之间是否导通，不导通，则线路断路故障。
> ③ 诊断信号线导通，但无电压信号，则 ECU 有故障，更换 ECU 总成。

8）故障现象 8：外部原因导致 ECU 故障，ECU 不工作或工作不良。

原因：碰撞、温度过高、发电机调节器故障导致输出电压过高 / 过低、接地（搭铁）不良、线路接触等外部原因，连带 ECU 损坏或进入保护模式。排除外部因素，必要时更换新的 ECU。

3. 电子控制单元典型的故障诊断与排除方法举例

下面以"诊断仪器不能与发动机电子控制单元通信"为例，介绍电子控制单元故障诊断与排除方法。

> ✉ **提示**：各种诊断仪器的使用方法大同小异，请根据诊断仪器提示操作，或仔细阅读使用说明书。

（1）诊断仪器与发动机 ECU 通信成功的状态

连接诊断仪器传输线到诊断座，点火开关 ON，根据仪器操作提示，进入发动机系统的"功能选择"。如果能进入"功能选择"，或显示 ECU（汽车电脑）版本信息（图 3-4-16），表明诊断仪器与 ECU 通信成功。

（2）诊断仪器与发动机 ECU 通信不成功的状态和原因

如果诊断仪器不能进入"功能选择"，或显示"无法通信""连接失败"，或一直处于"正在连接"的状态，即诊断仪器无法与 ECU 通信，可能原因如下：

1）仪器故障，原因包括：仪器主机、软件程序、连接线、诊断接头故障或错误。

2）操作不当：操作错误（选择错误的车型 / 系统）。

3）车辆的诊断系统不良：车辆 OBD 诊断座及线路故障、ECU 软硬件故障或电路故障（含电源搭铁）。

图 3-4-16 诊断仪器连接成功显示

（3）诊断仪器与发动机 ECU 无法通信的故障排除方法

1）利用同类的诊断仪器进行检测，如果能够通信，则排除仪器故障和操作不当的原因。

2）如果诊断仪器还是无法与 ECU 通信，那么可以判断 ECU 及其电源、搭铁，或者通信线路故障。

汽车电子控制单元
元器件拆卸与焊接
方法

汽车电子控制单元
内部电路维修技术
资源

第四章
传统汽车电子控制单元
针脚与检测数据

在汽车电控系统维修中，电子控制单元针脚的名称（功能）与正常检测数据是最重要的技术资料之一。本章介绍传统汽车电子控制单元针脚与检测数据，包括：欧洲车型电子控制单元针脚与检测数据；美国车型电子控制单元针脚与检测数据；日韩车型电子控制单元针脚与检测数据；国产车型电子控制单元针脚与检测数据。相关车型的电子控制单元针脚与检测数据，可供汽车维修电工在维修工作中查询及应用。

📩 提示：本章列举常见车型控制单元针脚与检测数据，更多详细技术资料请扫描二维码查阅，或查阅相关车型维修手册及其他技术资料。

📩 提示：由于车辆的技术升级等原因，控制单元、电子部件（传感器、执行器及其他的电子总成）针脚名称或检测数据可能发生变化，以实车检测为准，请参阅相关车型的维修手册。

📩 提示：由于同一车系的控制单元针脚数量、排列顺序及名称并不统一，但电子部件（传感器、执行器及其他的电子总成）的类型相对有规律，为了技术资料能适用大部分车型，除了特别指明外，下面介绍电子部件一侧的针脚编号及检测数据。

📩 提示：本节提供的信号电压、频率、占空比等检测数据，都是指数字万用表检测信号源与车身或控制单元搭铁（接地）的数据。

📩 提示：为了便于描述，本节提供的电压数据，没有特别说明时，"12V"指蓄电池电压（实际约11~14V），"0V"指搭铁（接地）测试时电压接近于0V（实际约0.1~0.2V），"5V"指控制单元提供的参考电压（实际约4.9~5.1V）。

第一节　欧洲车型电子控制单元针脚与检测数据

本节介绍欧洲进口及合资车型控制单元针脚与检测数据，除特别指明外，适用相关车型相同技术类型的电子部件。

一、奔驰汽车控制单元针脚与检测数据

1. 发动机电控系统

奔驰发动机控制单元（ME系统）针脚（电子部件一侧）与检测数据（部分）见表4-1-1。

表4-1-1　奔驰发动机控制单元针脚（电子部件一侧）与检测数据

针脚号	针脚名称	检测条件	正常数据	备注
5线式空气流量计-1	进气温度信号	点火开关ON	20℃时2.7V；40℃时1.8V；60℃时1.1V；断开插接器时5V	可检测电阻值
5线式空气流量计-2	加热电源	点火开关ON	12V	
5线式空气流量计-3	控制单元搭铁	点火开关ON	0V	
5线式空气流量计-4	参考电压	点火开关ON	5V	
5线式空气流量计-5	空气流量信号	发动机运转	急速时0.9~1.1V；随转速升高，电压升高到约4.5V	
4线式空气流量计-1	空气流量信号	发动机运转	急速时0.6~1.0V；随转速升高，电压升高到约4.5V	适用部分八缸、十二缸发动机
4线式空气流量计-2	加热电源	点火开关ON	12V	
4线式空气流量计-3	直接车身搭铁	点火开关OFF	与车身导通	
4线式空气流量计-4	控制单元搭铁	点火开关ON	0V	
冷却液温度传感器-1	冷却液温度信号	点火开关ON	20℃时3.4V；50℃时1.9V；80℃时1.2V；100℃时0.5V；断开插接器时5V	可检测电阻值
冷却液温度传感器-2	控制单元搭铁	点火开关ON	0V	

（续）

针脚号	针脚名称	检测条件	正常数据	备注
磁电式曲轴位置传感器 -1	信号 +	发动机运转	起动时应有约 2.5V 以上交流电压，急速时交流电压为 5V 以上	可检测波形及电阻值
磁电式曲轴位置传感器 -2	信号 -			
霍尔式凸轮轴位置传感器 -1	控制单元搭铁	点火开关 ON	0V	
霍尔式凸轮轴位置传感器 -2	霍尔传感器信号	发动机运转	1.2~1.7V（脉冲方波）	可检测波形
霍尔式凸轮轴位置传感器 -3	参考电压	点火开关 ON	12V 或 5V	
进气 / 大气压力传感器 -1	控制单元搭铁	点火开关 ON	0V	
进气 / 大气压力传感器 -2	传感器信号	发动机运转	电压 0.8~4.5V（根据真空压力变化）	
进气 / 大气压力传感器 -3	参考电压	点火开关 ON	5V	
氧传感器 -1	加热器电源	点火开关 ON	12V	可检测电阻值
氧传感器 -2	加热器控制	点火开关 ON	导通时略低于 12V	
氧传感器 -3	控制单元搭铁	点火开关 ON	0V	
氧传感器 -4	氧传感器信号	发动机运转	0.1~0.9V 变化（热车）	
电子节气门 -1	急速电机 ISC +	点火开关 ON	电压 12V	可动作测试
电子节气门 -3	急速电机 ISC -			
电子节气门 -2	空脚	无	无	
电子节气门 -4	空脚	无	无	
电子节气门 -5	参考电压	点火开关 ON	5V	
电子节气门 -6	节气门位置传感器信号 TPS2	点火开关 ON	节气门全关时：TPS1 为 4.47V，TPS2 为 0.51V; 节气门全开时：TPS1 为 1.41V，TPS2 为 3.57V	
电子节气门 -7	节气门位置传感器信号 TPS1	点火开关 ON		
电子节气门 -8	控制单元搭铁	点火开关 ON	0V	
加速踏板位置传感器 -1	参考电压 1	点火开关 ON	5V	
加速踏板位置传感器 -2	参考电压 2	点火开关 ON	5V	霍尔式传感器不用测

（续）

针脚号	针脚名称	检测条件	正常数据	备注
加速踏板位置传感器 -3	控制单元搭铁	点火开关 ON	0V	
加速踏板位置传感器 -4	加速踏板位置传感器信号 APS2	点火开关 ON	加速踏板完全释放时，APS1 为 0.32V，APS2 为 0.15V；加速踏板踩到底时，APS 信号 1 为 4.50V，APS 信号 2 为 2.25V	
加速踏板位置传感器 -5	加速踏板位置传感器信号 APS1	点火开关 ON		
加速踏板位置传感器 -6	控制单元搭铁	点火开关 ON	0V	
双点火的点火线圈 -1	点火控制信号 1	发动机运转	略低于 12V	可检测波形
双点火的点火线圈 -2	点火线圈电源	点火开关 ON	12V	
双点火的点火线圈 -3	点火控制信号 2	发动机运转	略低于 12V	可检测波形
独立点火线圈 -1	点火线圈电源	点火开关 ON	12V	
独立点火线圈 -2	控制单元搭铁	点火开关 ON	0V	
独立点火线圈 -3	车身搭铁	点火开关 OFF	与车身导通	
独立点火线圈 -4	点火控制信号	发动机运转	略低于 12V	可检测波形
喷油器 -1	喷油器电源	点火开关 ON	12V	
喷油器 -2	喷油器控制信号	发动机运转	略低于 12V	可检测波形

2. OBD-2 诊断座

奔驰汽车 OBD-2 诊断座针脚说明见表 4-1-2，部分针脚后期新款车型已取消（采用 6 号、14 号 CAN 系统通信）。

表 4-1-2 奔驰汽车 OBD-2 诊断座针脚说明

针脚	说　明	针脚	说　明
1	N73 点火开关控制单元（连接 "CAN B"）	7	K line 诊断线 ISO 9142-2. ME 喷射系统
2	空脚	8	15 点火开关 ON 电源
3	TD 转速信号（来自 ME 发动机控制单元）	9	N15/5 变速杆控制单元 N47-5 ESP/SPS/BAS 控制单元 N51 ADS 空气悬架控制单元
4	搭铁	10	空脚
5	搭铁	11	N15/3 ETC 722.6 电子自动变速器控制单元
6	CAN-H	12	A2 收音机 A40/3 中央通信控制单元 A35/8 道路交通导航系统

（续）

针脚	说　明	针脚	说　明
13	N2/7 安全气囊	15	L-line 的诊断线 A1 仪表板 A6 独立暖气控制单元 N7 前照灯高度调整控制单元 N71 前照灯高度调整控制单元 N63/1 DTR 行车距离雷达控制单元
14	CAN-L	16	30 永久电源（蓄电池）

二、宝马汽车控制单元针脚与检测数据

1. 发动机电控系统

宝马（BMW）发动机控制单元针脚（电子部件一侧）与检测数据（部分）见表 4-1-3。

表 4-1-3　宝马发动机控制单元针脚（电子部件一侧）与检测数据

针脚号	针脚名称	检测条件	正常数据	备注
蓄电池常电源	KL30	蓄电池连接	12V	
点火开关电源	KL15	点火开关 ON	12V	
工作电源	主继电器	点火开关 ON	12V	
4 线式空气流量计 -1	直接车身搭铁	点火开关 OFF	与车身导通	
4 线式空气流量计 -2	空气流量信号	发动机运转	急速时 0.7~1.2V；转速 3000r/min 时 1.2~1.5V	
4 线式空气流量计 -3	加热电源	点火开关 ON	12V	
4 线式空气流量计 -4	控制单元搭铁	点火开关 ON	0V	
进气温度传感器 -1	进气温度信号	点火开关 ON	信号根据温度变化；插接器断开时 5V	可检测电阻值
进气温度传感器 -2	控制单元搭铁	点火开关 ON	0V	
5 线式空气流量计 -1	进气温度信号	点火开关 ON	信号根据温度变化；插接器断开时 5V	可检测电阻值
5 线式空气流量计 -2	控制单元搭铁	点火开关 ON	0V	
5 线式空气流量计 -3	参考电压	点火开关 ON	5V	
5 线式空气流量计 -4	空气流量信号	发动机运转	0.5~4.5V（根据转速变化）	
5 线式空气流量计 -5	加热电源	点火开关 ON	12V	

（续）

针脚号	针脚名称	检测条件	正常数据	备注
冷却液温度传感器 -1	冷却液温度信号	点火开关 ON	信号根据温度变化，插接器断开时 5V	可检测电阻值
冷却液温度传感器 -2	控制单元搭铁	点火开关 ON	0V	
氧化锆氧传感器 -1	加热器电源	点火开关 ON	12V	可检测电阻值
氧化锆氧传感器 -2	加热器控制	点火开关 ON	导通时略低于 12V	
氧化锆氧传感器 -3	控制单元搭铁	点火开关 ON	0V	
氧化锆氧传感器 -4	氧传感器信号	发动机运转	0.25~0.85V 变化（热车）	
氧化钛氧传感器 -1	加热器电源	点火开关 ON	12V	可检测电阻值
氧化钛氧传感器 -3	加热器控制	点火开关 ON	导通时略低于 12V	
氧化钛氧传感器 -2	控制单元搭铁	点火开关 ON	0V	
氧化钛氧传感器 -4	氧传感器信号	发动机运转	控制单元提供氧传感电压为 5V，氧传感器变化电压约为 0.1~4.6V 之间。0~2.5V 为混合气稀，2.5~5V 为混合气浓	
磁电式曲轴位置传感器 -1	信号（+）	发动机运转	发动机运转时交流电压为 3V 以上	可检测波形及电阻值
磁电式曲轴位置传感器 -2	信号（-）			
霍尔式曲轴位置传感器 -1	参考电压	点火开关 ON	5V	
霍尔式曲轴位置传感器 -2	曲轴位置信号	发动机运转	约 2.V（5V 脉冲方波）	可检测波形
霍尔式曲轴位置传感器 -3	控制单元搭铁	点火开关 ON	0V	
霍尔式凸轮轴位置传感器 -1	控制单元搭铁	点火开关 ON	0V	
霍尔式凸轮轴位置传感器 -2	霍尔传感器信号	发动机运转	约 2.5V（5V 脉冲方波）	可检测波形
霍尔式凸轮轴位置传感器 -3	参考电压	点火开关 ON	12V	
加速踏板位置传感器 -1	加速踏板位置信号 1	点火开关 ON	随踏板位置 0.5~4.5V 变化	
加速踏板位置传感器 -2	加速踏板位置信号 2	点火开关 ON	随踏板位置 0.5~2.0V 变化	

（续）

针脚号	针脚名称	检测条件	正常数据	备注
加速踏板位置传感器 -3	控制单元搭铁 1	点火开关 ON	0V	
加速踏板位置传感器 -4	参考电压 1	点火开关 ON	5V	
加速踏板位置传感器 -5	控制单元搭铁 2	点火开关 ON	0V	
加速踏板位置传感器 -6	参考电压 2	点火开关 ON	5V	
电子节气门 EDK-1	节气门位置信号 1	点火开关 ON	随节气门开度 0.5~4.5V 变化；急速电压：0.5V	
电子节气门 EDK-2	节气门位置信号 2	点火开关 ON	随节气门开度 4.5~0.5V 变化；急速电压：4.5V	
电子节气门 EDK-3	节气门电动机控制 +	点火开关 ON 或运转	控制单元输出 2000Hz 的频率信号调节 EDK 电动机的工作	可动作测试
电子节气门 EDK-4	节气门电动机控制 -			
电子节气门 EDK-5	参考电压	点火开关 ON	5V	
电子节气门 EDK-6	控制单元搭铁	点火开关 ON	0V	
爆燃传感器 -1	爆燃信号 1	点火开关 OFF	针脚之间电阻 1MΩ 左右	可检测波形
爆燃传感器 -2	控制单元搭铁			
爆燃传感器 -3	爆燃信号 2	点火开关 OFF	针脚之间电阻 1MΩ 左右	
爆燃传感器 -4	控制单元搭铁			
大气压力传感器 -1	参考电压	点火开关 ON	5V	
大气压力传感器 -2	控制单元搭铁	点火开关 ON	0V	
大气压力传感器 -3	大气压力信号	点火开关 ON	随大气压力 4.5~4.8V 变化	
点火线圈 -1	控制单元搭铁	点火开关 ON	0V	
点火线圈 -2	点火控制信号	发动机运转	略低于 12V	可检测波形
点火线圈 -3	点火线圈电源	点火开关 ON	12V	
炭罐电磁阀 -1	电磁阀电源	点火开关 ON	12V	可动作测试
炭罐电磁阀 -2	电磁阀控制	发动机运转	热车并加速时 10Hz	
喷油器 -1	喷油器电源	点火开关 ON	12V	
喷油器 -2	喷油器控制信号	发动机运转	略低于 12V	可检测波形

2. 电子节气门控制系统

对于宝马发动机采用西门子（Siemens）88针脚电子节气门EML控制单元的针脚说明，见表4-1-4，信号类型代号含义如下：E—输入信号，A—输出信号，E/A—总线信号，M—搭铁。

表4-1-4　西门子88针脚EML控制单元针脚说明

针脚	信号类型	针脚说明	直接检测位置
1	A	EML电动机线圈A正信号	7-12缸节气门电动机
2	A	EML电动机线圈A负信号	7-12缸节气门电动机
3	A	EML电动机线圈A正信号	7-12缸节气门电动机
4	A	EML电动机线圈B负信号	7-12缸节气门电动机
5		空脚	
6		空脚	
7		空脚	
8	M	2号节气门位置传感器搭铁	7-12缸节气门位置传感器
9	A	2号节气门电压5V	7-12缸节气门位置传感器
10	A	2号EML电动机线圈	7-12缸节气门位置传感器
11	M	1号节气门位置传感器搭铁	7-12缸节气门位置传感器
12		空脚	
13		空脚	
14		空脚	
15		空脚	
16		空脚	
17		空脚	
18	M	2号节气门位置传感器搭铁	1-6缸节气门位置传感器
19	A	2号节气门位置传感器5V电压	1-6缸节气门位置传感器
20	A	1号节气门位置传感器5V电压	1-6缸节气门位置传感器
21	M	1号节气门位置传感器搭铁	1-6缸节气门位置传感器
22		空脚	
23	A	1号节气门位置传感器信号	1-6缸节气门位置传感器
24	A	EML电动机线圈A正信号	1-6缸节气门电动机
25	A	EML电动机线圈A负信号	1-6缸节气门电动机
26	E	电源	主继电器提供
27	A	EML电动机线圈A负信号	1-6缸节气门电动机
28	M	搭铁	
29	A	EML电动机线圈负信号	7-12缸节气门电动机
30	A	EML电动机线圈BE信号	7-12缸节气门电动机
31	A	EML电动机线圈负信号	7-12缸节气门电动机

（续）

针脚	信号类型	针脚说明	直接检测位置
32	A	EML 电动机线圈 AE 信号	7-12 缸节气门电动机
33		空脚	
34	M	搭铁	
35		空脚	
36		—	—
37	M	1 号节气门位置传感器屏蔽线	7-12 缸节气门位置传感器
38		空脚	
39		空脚	
40		空脚	
41		空脚	
42		空脚	
43		空脚	
44		空脚	
45		空脚	
46		空脚	
47	M	2 号节气门位置传感器屏蔽线	1-6 缸节气门位置传感器
48	M	1 号节气门位置传感器屏蔽线	1-6 缸节气门位置传感器
49		空脚	
50		空脚	
51	A	"A" 接头正方波信号	1-6 缸 EML 机构
52	A	"B" 接头负方波信号	1-6 缸 EML 机构
53	A	"B" 接头正方波信号	1-6 缸 EML 机构
54	E	电源	
55	A	"A" 接头负方波信号	1-6 缸 EML 机构
56	E/A	安全燃油切断信号	至 DME 控制单元
57	E	制动开关信号	AGS 变速器控制单元
58		空脚	
59	E	强迫降档开关信号	
60		空脚	
61		空脚	
62		空脚	
63		空脚	
64		空脚	
65		—	—
66	E	1 号节气门位置传感器信号	7-12 缸节气门位置传感器

（续）

针脚	信号类型	针脚说明	直接检测位置
67	A	2 号踏板位置传感器输出信号	踏板位置传感器
68	E	2 号踏板位置传感器输入信号	踏板位置传感器
70	A	3 号踏板位置传感器输出信号	踏板位置传感器
71	E	3 号踏板位置传感器输入信号	踏板位置传感器
73	A	1 号踏板位置传感器输出信号	踏板位置传感器
74	E	1 号踏板位置传感器输入信号	踏板位置传感器
75	M	1 号踏板位置传感器屏蔽线	踏板位置传感器
78		空脚	
79		——	——
80	E/A	安全燃油切断开关信号	至 DME 控制单元
81	E	多功能转向盘信号	多功能转向盘
82		空脚	
83		空脚	
84	M	CAN-BUS 屏蔽线	DME 控制单元
85	E/A	CAN-BUS 低电位	DME 控制单元
86	E/A	CAN-BUS 高电位	DME 控制单元
87		空脚	
88	E/A	诊断通信 TXD 连线	诊断座

三、大众 / 奥迪汽车控制单元针脚与检测数据

✉ 提示：进口、合资的大众汽车及奥迪汽车从技术角度看，它们的控制原理及所用电子部件基本一致。

1. 发动机电控系统

大众 / 奥迪（VW/AUDI）发动机控制单元针脚（电子部件一侧）与检测数据（部分）见表 4-1-5。

表 4-1-5 大众 / 奥迪发动机控制单元针脚（电子部件一侧）与检测数据

针脚号	针脚名称	检测条件	正常数据	备注
4 线式空气流量计 -1	加热电源	发动机运转	12V	
4 线式空气流量计 -2	参考电压	点火开关 ON	5V	
4 线式空气流量计 -3	控制单元搭铁	点火开关 ON	0V	
4 线式空气流量计 -4	空气流量信号	发动机运转	急速时 1.1~1.5V；3000r/min 时约 1.9V	

（续）

针脚号	针脚名称	检测条件	正常数据	备注
5 线式空气流量计 –1	控制单元搭铁	点火开关 ON	0V	
5 线式空气流量计 –2	加热电源	点火开关 ON	12V	
5 线式空气流量计 –3	进气温度信号	点火开关 ON	信号根据温度变化；插接器断开时 5V	
5 线式空气流量计 –4	参考电压	点火开关 ON	5V	
5 线式空气流量计 –5	空气流量信号	发动机运转	怠速时约 0.8~1.0V；3000r/min 时约 1.6V	
进气压力 / 温度传感器 –1	控制单元搭铁	点火开关 ON	0V	
进气压力 / 温度传感器 –2	进气温度信号	点火开关 ON	信号根据温度变化；插接器断开时 5V	
进气压力 / 温度传感器 –3	进气压力信号	发动机运转	随转速（压力）0.8~4.5V 之间变化，节气门全开或发动机不运转时约 4.5V	
进气压力 / 温度传感器 –4	参考电压	点火开关 ON	5V	
进气温度传感器 –1	控制单元搭铁	点火开关 ON	0V	独立安装车型，可检测电阻值
进气温度传感器 –2	温度传感器信号	点火开关 ON	信号根据温度变化；插接器断开时 5V	
冷却液温度传感器 –1	冷却液温度信号 – 发动机 ECU	点火开关 ON	信号根据温度变化；插接器断开时 5V	可检测电阻值
冷却液温度传感器 –2	温度表搭铁	点火开关 ON	0V	
冷却液温度传感器 –3	控制单元搭铁	点火开关 ON	0V	
冷却液温度传感器 –4	冷却液温度信号 – 温度表	点火开关 ON	同 1 号针脚	
海拔传感器 –1	高度传感器信号	点火开关 ON	约 4~5V	
海拔传感器 –2	参考电压	点火开关 ON	5V	
海拔传感器 –3	控制单元搭铁	点火开关 ON	0V	
氧传感器 –1	加热线（+）	点火开关 ON	12V	可检测电阻值
氧传感器 –2	加热线（–）	点火开关 ON	接通时略低于 12V	
氧传感器 –3	控制单元搭铁	点火开关 ON	0V	
氧传感器 –4	氧传感器信号	发动机运转	混合气稀：0~0.5V 之间；混合气浓：0.5~1.0V 之间	
宽带型氧传感器 –1	传感器信号	发动机运转	转速稳定时 0.4~0.5V，加减速变化	
宽带型氧传感器 –5	控制单元搭铁			

（续）

针脚号	针脚名称	检测条件	正常数据	备注
宽带型氧传感器 -3	加热器电源	点火开关 ON	12V，点火开关 OFF 时测加热器电阻 2.5~10Ω	
宽带型氧传感器 -4	加热器控制	点火开关 ON		
宽带型氧传感器 -2	单元泵（+）	点火开关 OFF	电阻值 77.5Ω	
宽带型氧传感器 -6	单元泵（-）			
爆燃传感器 -1	爆燃信号	发动机运转	0.4~1.4V（根据爆燃程度变化）	
爆燃传感器 -2	控制单元搭铁	点火开关 ON	0V	
爆燃传感器 -3	线束屏蔽线	点火开关 OFF	与车身导通	
发动机转速传感器（磁电式）-1	转速信号（+）	发动机运转	运转时输出交流信号	可检测波形及电阻
发动机转速传感器（磁电式）-2	转速信号（-）			
发动机转速传感器（磁电式）-3	线束屏蔽线	点火开关 OFF	与车身导通	
霍尔（凸轮轴）传感器 -1	参考电压	点火开关 ON	5V 或 9V 或 12V	
霍尔（凸轮轴）传感器 2	凸轮轴位置信号	发动机运转	工作时针脚 2-3 之间连接 LED 灯应闪烁（5V 或 12V 脉冲方波信号）	可检测波形
霍尔（凸轮轴）传感器 -3	控制单元搭铁	点火开关 ON	0V	
活性炭罐电磁阀 -1	电磁阀电源	发动机运转	12V（来自油泵继电器）	可动作测试
活性炭罐电磁阀 -2	电磁阀控制	发动机运转	工作时针脚 1-2 之间连接 LED 灯应闪烁	
节气门控制单元 -1	节气门位置信号 1	点火开关 ON	0.5~4.9V（根据节气门开度变化）；开度 3%~93%（怠速值：8%~18%）	
节气门控制单元 -2	参考电压	点火开关 ON	5V	
节气门控制单元 -3	电动机 +	点火开关 ON	工作电压 12V	可动作测试
节气门控制单元 -5	电动机 -			
节气门控制单元 -4	节气门位置信号 2	点火开关 ON	4.9~0.5V（根据节气门开度变化）；开度 97%~3%（怠速值：80%~90%）	
节气门控制单元 -6	控制单元搭铁	点火开关 ON	0V	
加速踏板位置传感器 -1	参考电压 1	点火开关 ON	5V	

（续）

针脚号	针脚名称	检测条件	正常数据	备注
加速踏板位置传感器 -2	参考电压 2	点火开关 ON	5V	
加速踏板位置传感器 -3	控制单元搭铁 1	点火开关 ON	0V	
加速踏板位置传感器 -4	加速踏板位置传感器 1	点火开关 ON	12%~97%（怠速值：8%~18%）	
加速踏板位置传感器 -5	加速踏板位置传感器 2	点火开关 ON	4%~49%（怠速值：3%~13%）	
加速踏板位置传感器 -6	控制单元搭铁 2	点火开关 ON	0V	
双点火线圈 -1	点火线圈电源	点火开关 ON	12V	
双点火线圈 -2	控制单元搭铁	点火开关 ON	0V	
双点火线圈 -3	1/6 缸点火线圈控制信号	发动机运转	5V 控制脉冲信号波形	可检测波形
双点火线圈 -4	2/4 缸点火线圈控制信号	发动机运转		
双点火线圈 -5	3/5 缸点火线圈控制信号	发动机运转		
独立点火线圈 -1	点火线圈电源	点火开关 ON	12V	
独立点火线圈 -2	控制单元搭铁	点火开关 ON	0V	
独立点火线圈 -3	点火线圈控制	发动机运转	5V 控制脉冲信号波形	
独立点火线圈 -4	车身搭铁	点火开关 ON	0V	
喷油器 -1	喷油器电源	点火开关 ON	12V	
喷油器 -2	喷油器控制信号	发动机运转	略低于 12V	可检测波形
进气歧管转换阀 -1	转换阀电源	发动机运转	12V	可动作测试
进气歧管转换阀 -2	转换阀控制			
涡轮增压电磁阀 -1	电磁阀电源	发动机运转	12V	可动作测试
涡轮增压电磁阀 -2	电磁阀控制			
二次空气喷射电磁阀 -1	电磁阀电源	发动机运转	12V	可动作测试
二次空气喷射电磁阀 -2	电磁阀控制			

2. 燃油泵继电器及燃油泵检测数据

（1）检测条件

燃油泵和部分喷射系统的部件通过燃油泵继电器供电。

当发动机转动时，燃油泵继电器才闭合。也就是说，当发动机控制单元识别出转速信号时，燃油泵继电器才通过发动机控制单元搭铁。

检测条件：蓄电池电压正常。

（2）燃油泵继电器功能检测

执行元件诊断，燃油泵运转。燃油泵继电器（位于中央电器盒、4号继电器）应吸合且燃油泵应运转。燃油泵继电器检测如图 4-1-1 和图 4-1-2 所示，检测规范见表 4-1-6。燃油泵继电器电源检测如图 4-1-3 和图 4-1-4 所示，规范见表 4-1-7。

如果燃油泵继电器不吸合，检测其触发状况。

如果燃油泵不转，检测燃油泵触发和其他部件。

1）接通起动机，燃油泵应运转。

2）如果燃油泵不转，检测燃油泵熔丝。

3）如果熔丝正常，检测燃油泵线束接头，如图 4-1-5 所示，在继电器电源卜跨接线，检测燃油泵线束插接器 1-4 针脚电压，应有 12V 以上（图 4-1-6 和图 4-1-7）。

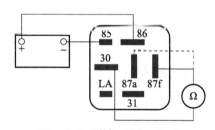
图 4-1-1　燃油泵继电器检测 1

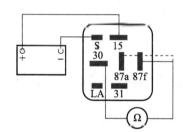
图 4-1-2　燃油泵继电器检测 2

表 4-1-6　燃油泵继电器检测规范

接头	工况	电阻
30 与 87a	断电	∞
30 与 87f	断电	∞
30 与 87a	通电	0
30 与 87f	通电	0
蓄电池正极接 86（15）脚		
蓄电池负极接 85（5）脚		

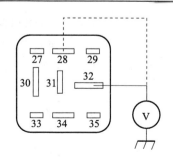

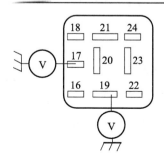

图 4-1-3　燃油泵继电器电源检测 1　　图 4-1-4　燃油泵继电器电源检测 2

表 4-1-7　燃油泵继电器电源检测规范

接脚	工况	电压
32 与搭铁	点火开关 OFF	12V
28 与搭铁	点火开关 ON	12V
17 与搭铁	点火开关 OFF	12V
19 与搭铁	点火开关 ON	12V

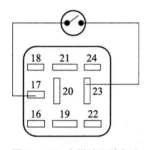

图 4-1-5　在燃油泵继电器
电源上跨接线

图 4-1-6　燃油泵线束插接器（国产）

1~4—针脚

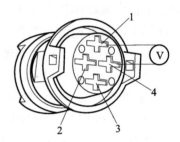

图 4-1-7　燃油泵线束插接器（进口）

1~4—针脚

四、标致 / 雪铁龙汽车控制单元针脚与检测数据

1. 发动机电控系统

标致 / 雪铁龙车系发动机控制单元针脚（BOSCHMP5.2 系统为例）名称、电子部件检测方法与检测数据见表 4-1-8 到表 4-1-19。

表 4-1-8　发动机控制单元 ECU 针脚与检测数据

针脚号	电子部件及数据	针脚号	电子部件及数据
55-23	空调压缩机切断继电器：空调关 $U=12V$，开 $U=1V$	55-13	故障诊断座，$U=4.5V$
55-32	空调压缩机：压缩机转 $U=12V$，压缩机不转 $U=1V$	55-22	组合仪表，$U=12V$
55-1	点火线圈：急速运转 $U=0.3\sim0.5V$；转速 3000r/min，$U=0.7\sim0.8V$（一、四缸）	55-4	组合仪表，$U=12V$
55-20	同上（二、三缸）	55-11	转速 / 上止点传感器，$U=0V$
55-3	防撞开关：开关闭 $U=0V$，开关开 $R=\infty$	55-30	转速 / 上止点传感器，$U=5V$
55-37	喷射双密封继电器 $U=12V$	55-19	进气预热器，$U=0V$
55-17	喷油器，测量喷油时间	55-2	ECU 搭铁，$U=0V$
55-15	急速旋转阀，测量占空比	55-26	节气门位置、空气温度、冷却液温度、进气压力传感器搭铁，$U=0V$
55-33	同上	55-27	空气温度传感器，$U=5V$

（续）

针脚号	电子部件及数据	针脚号	电子部件及数据
55-9	车速传感器，U=12V	55-25	冷却液温度传感器，U=5V
55-5	活性炭罐电磁阀，测量占空比	55-7	进气压力传感器，U=0.25~4.75V
55-18	常电源，U=12V	55-12	进气压力传感器、节气门位置传感器，U=5V
55-16	故障诊断座，U=4.5V	55-29	节气门位置传感器，U=0.5~4.5V
55-35	防盗控制器盒，U=4.5V	55-14	氧传感器，U=0V
55-10	氧传感器，U=0V	55-28	氧传感器，U=0.8~0.1V

表4-1-9　进气压力传感器针脚与检测数据

项目	检测方法	数据及要求	处理
检测电源线路	点火开关置"OFF"位，拔下进气压力传感器插接器，再将点火开关置"ON"位，检测传感器ECU一侧针脚3（参考电压）与针脚2（搭铁）间电压	U=5V	导通检测，正常则更换ECU
	点火开关置于"OFF"位，检测传感器插接器针脚3（参考电压）与ECU针脚（55-12，55个针脚插接器的第12号）间线束导通	导通	不符，检测插接器和线束
检测信号线路	点火开关置"OFF"位，连接ECU、进气压力传感器插接器及线束，再将点火开关置"ON"位，检测传感器针脚1（信号）与针脚2（搭铁）间电压	点火开关"ON"位 U=4.75V	不符，更换进气压力传感器
	检测进气压力传感器针脚3与ECU针脚（55-7）间线束导通	导通	不符，检测插接器和线束
检测搭铁线路	点火开关置"OFF"位，检测进气压力传感器针脚2（搭铁）与ECU针脚（55-26）间导通	导通	不符，检测插接器和线束
检测进气压力传感器	点火开关置"ON"位，检测传感器针脚3（信号）与针脚2（搭铁）间电压	U=5V	否则更换传感器
	检测传感器针脚1（信号）与针脚2（搭铁）间电压	进气压力400kPa时U=1.2V，进气压力1000 kPa时U=4.5V	不符，更换传感器

表4-1-10　空气温度传感器针脚与检测数据

项目	检测方法	数据及要求	处理
检测电源线路	点火开关置于"OFF"位，拔下空气温度传感器插接器，再将点火开关置于"ON"位，检测传感器ECU一侧针脚1（参考电压/信号）与针脚2（搭铁）间电压	U=5V	导通检测，正常则更换ECU
	点火开关置于"OFF"位，检测传感器插接器针脚1（参考电压/信号）与ECU针脚（55-27）间线束导通	导通	不符，检测插接器和线束

（续）

项目	检 测 方 法	数据及要求	处 理
检测搭铁线路	点火开关置于"OFF"位，检测传感器针脚2（搭铁）与ECU针脚（55-26）间导通	导通	不符，检测插接器和线束
检测电阻及信号	点火开关置于"OFF"位，拔下传感器插接器，检测传感器针脚1与针脚2间随温度变化电阻	电阻值：20℃时2~3kΩ，80℃时300Ω	不符，更换传感器
	点火开关置于"ON"位，连接ECU插接器，检测传感器针脚1（参考电压/信号）与针脚2（搭铁）间随温度变化电阻	温度升高，电压降低	不符，更换传感器
线束间电阻	连接ECU及传感器插接器，检测ECU针脚（55-27）与传感器针脚1（参考电压/信号）间电阻	$R \leqslant 1\Omega$	不符，检测插接器和线束
	检测ECU针脚（55-26）与传感器针脚2（搭铁）间电阻	$R \leqslant 1\Omega$	不符，检测插接器和线束
检测传感器电源线路	点火开关置于"ON"位，检测传感器针脚1（参考电压/信号）与针脚2（搭铁）间电压	$U=5V$	不符，更换传感器

表4-1-11 节气门位置传感器针脚与检测数据

项目	检 测 方 法	数据及要求	处 理
检测电源线路	点火开关置于"OFF"位，拔下节气门位置传感器插接器，再将点火开关置于"ON"位，检测传感器ECU一侧针脚1（参考电压）与针脚2（搭铁）间电压	$U=5V$	导通检测，正常则更换ECU
	点火开关置于"OFF"位，检测传感器插接器针脚1（参考电压）与ECU针脚（55-12）间线束导通	导通	不符，检测插接器和线束
检测搭铁线路	点火开关置于"OFF"位，检测传感器针脚2（搭铁）与ECU针脚（55-26）间导通	导通	不符，检测插接器和线束
检测信号线路	连接插接器，点火开关置于"ON"位，检测ECU针脚（55-29）与针脚（55-26）间电压	$U=0.4~4.5V$	不符，更换ECU
	检测传感器针脚3（信号）与针脚2（搭铁）间电压	$U=0.4~4.5V$	不符，更换传感器
检测节气门位置传感器	点火开关置于"ON"位，检测传感器针脚3（信号）与针脚2（搭铁）间电压	未踩加速踏板$U=(0.5\pm0.1)V$ 加速踏板逐渐到底电压线性变化至4.5V	不符，更换传感器
	点火开关置于"OFF"位，拔下传感器插接器，检测传感器针脚3（信号）与针脚2（搭铁）间电阻	节气门全闭$R=1100\Omega$ 节气门全开$R=1600\Omega$	不符，更换传感器

表4-1-12 怠速调节电磁阀针脚与检测数据

项目	检测方法	数据及要求	处理
检测电源线路	关闭点火开关，拔下怠速调节电磁阀插接器，再将点火开关置于"ON"位，检测电磁阀针脚2（电源）的电压	$U=12V$	导通检测，不符则更换燃油喷射双密封继电器
	关闭点火开关，燃油喷射双密封继电器输出电源与怠速调节电磁阀针脚2（电源）间导通	导通	不符，检测插接器和线束
检测信号线路	点火开关置于"OFF"位，检测ECU针脚（55-33）与针脚（55-15）电阻	$R=34\Omega$	不符，更换ECU
	检测怠速调节电磁阀针脚1（控制）与ECU针脚（55-33）间导通，检测怠速调节电磁阀针脚2（电源）与ECU（55-15）间导通	导通	不符，检测插接器和线束
检测怠速调节电磁阀	发动机起动时听诊怠速调节电磁阀处	有振动声	正常
	发动机怠速	（850±50）r/min	不符，清洁电磁阀内部
	点火开关置于"OFF"位，检测电磁阀针脚1（控制）与针脚3（搭铁）间电阻	$R=\infty$	不符，更换电磁阀

表4-1-13 冷却液温度传感器针脚与检测数据

项目	检测方法	数据及要求	处理
检测电源线路	点火开关置于"OFF"位，拔下冷却液温度传感器插接器，再打开点火开关，检测针脚ECU针脚（55-25）与针脚（55-26）间电压	$U=5V$	导通检测，正常则更换ECU
	点火开关置于"OFF"位，连接冷却液温度传感器插接器，检测ECU（55-25）与传感器针脚1（参考电压/信号）间导通	导通	不符，检测插接器和线束
检测搭铁线路	点火开关置于"OFF"位，检测ECU针脚（55-26）与ECU针脚（55-2）与车身搭铁间导通	$R=0\Omega$	不符，检测插接器和线束
	检测传感器针脚2（搭铁）与ECU针脚（55-26）间电阻	$R\leqslant1\Omega$	不符，检测插接器和线束
检测电阻	点火开关置于"OFF"位，拔下ECU插接器，检测针脚（55-25）与针脚（55-26）间电阻随温度变化，拔下冷却液温度传感器，检测针脚1与针脚2间随温度变化电阻（置水中加温）	电阻值：20℃时2~3kΩ，80℃时300Ω	不符，更换传感器
检测冷却液温度传感器	连接插接器，点火开关置于"ON"位，检测针脚传感器针脚1（参考电压/信号）与针脚2（搭铁）间电压	$U=5V$	不符，更换传感器

表 4-1-14 车速传感器针脚与检测数据

项 目	检 测 方 法	数据及要求	处 理
检测电源线路	点火开关置于"OFF"位，拔下车速传感器插接器，再将点火开关置于"ON"位，检测传感器针脚1（电源）ECU 一侧与车身搭铁间电压	12V	不符，检测插接器和线束
检测搭铁线路	点火开关置于"OFF"位，检测传感器针脚2（搭铁）与车身搭铁间导通	导通	不符，检测插接器和线束
检测信号线路	点火开关置于"ON"位，车轮转动，检测 ECU 针脚（55-9）与针脚（55-26，搭铁）间电压，检测传感器针脚3（信号）与针脚2（搭铁）间电压	U=6V（交流脉冲信号）	不符，检测插接器和线束，正常则更换 ECU
检测车速传感器	点火开关置于"ON"位，车轮转动	确定车速表良好	不符，检查仪表
	检测传感器针脚1（电源）与针脚2（搭铁）间电压	U=12V	不符，更换车速传感器
	检测传感器针脚3（信号）与针脚2（搭铁）间电压	U=6V（交流脉冲信号）	

表 4-1-15 转速/上止点传感器针脚与检测数据

项 目	检 测 方 法	数据及要求	处 理
检测电源线路	点火开关置于"OFF"位，拔下传感器插接器，再将点火开关置于"ON"位，检测 ECU 针脚（55-30）与针脚（55-19）间电压；ECU 针脚（55-30）与针脚（55-11）间电压	U=5V	导通检测，正常则更换 ECU
检测搭铁线路	点火开关置于"OFF"位，检测传感器2号针脚（信号−）与 ECU 针脚（55-19）间导通，传感器3号针脚（搭铁）与 ECU 针脚（55-19）间导通，传感器2号针脚（信号−）与 ECU 针脚（55-11）间导通	导通	不符，检测插接器和线束
检测信号线路	点火开关置于"ON"位（发动机运转），检测 ECU 针脚（55-30）与针脚（55-11）间电压	0.3~5V	不符，更换传感器
	传感器针脚1（信号+）与针脚2（信号−）间电压	0.3~5V	
检测转速/上止点传感器	点火开关置于"ON"位，检测152铁心触头与飞轮齿圈间隙，检测传感器针脚1（信号+）与针脚2（信号−）电阻	间隙 0.5~1.5mm $R \approx 330\Omega$	检测传感器与飞轮固定情况，不符更换传感器
	检测针脚3（搭铁）与针脚1（信号+）电阻	$R= \infty$	
	检测针脚3（搭铁）与针脚2（信号−）电阻	$R= \infty$	

表 4-1-16 氧传感器针脚与检测数据

项目	检测方法	数据及要求	处理
检测电源线路	点火开关置于"OFF"位，拔下氧传感器插接器，再将点火开关置于"ON"位，传感器针脚 1（加热电源）与车身搭铁间电压	$U=12V$	否则，检测插接器和线束
检测搭铁线路	点火开关置于"OFF"位，检测 ECU 针脚（55-4）与车身搭铁导通，检测传感器针脚2（加热控制）与 ECU 针脚（55-2）导通，传感器针脚 3（搭铁）与 ECU 针脚（55-10）导通	导通	否则，检测线束和搭接点连接情况
检测信号线路	接好 ECU 及传感器插接器，点火开关置于"ON"位，发动机动运，检测 ECU 针脚（55-28）与（55-10）间电压，检测传感器针脚4（信号）与针脚 3（搭铁）间电压	点火开关 ON 位：$U=0V$ 冷机怠速：$U=0V$ 热机怠速：$U=0.1\sim0.8V$ 加速：$U=0.1\sim0.8V$ 减速：$U=0.1V$	不符，更换氧传感器
检测氧传感器	发动机转速 3000r/min，检测 ECU 针脚（55-28）与（55-10）间电压，由 0.1~0.8V 变化次数	次数 >8 次 /10s	不符，更换氧传感器
	捏住空滤器进气软管量检测 ECU 针脚（55-28）与（55-10）间电压	快速自 0.3V 上升至 0.8V	不符更换氧传感器
	点火开关置于"OFF"位，检测传感器针脚 1（加热电源）与针脚 2（加热控制）间电阻	$R=7\Omega$	不符，更换氧传感器
	点火开关置于"OFF"位，检测传感器针脚 1（加热电源）与针脚 4（信号）间电阻	$R=\infty$	

表 4-1-17 活性炭罐电磁阀针脚与检测数据

项目	检测方法	数据及要求	处理
检测电源线路	点火开关置于"ON"位，检测电磁阀针脚 2（电源）与车身搭铁电压值	$U=12V$	不符，检测插接器和线束、继电器
	点火开关置于"OFF"位，检测电磁阀针脚 2（电源）与继电器输出针脚间线束导通	导通	不符，检测插接器和线束
检测信号线路	连接 ECU 和电磁阀插接器，点火开关置于"ON"位，检测 ECU 针脚（55-5）与针脚（55-2）间导通，（发动机冷却液温度超过 60℃）ECU 针脚（55-5）与电磁阀针脚 1（控制）间导通	时通时不通	常通或不通更换 ECU，检测插接器和线束
检测电磁阀	发动机暖机达 60℃后，电磁阀处有无开关脉动声响	有	不符，检测或更换电磁阀
	点火开关置于"OFF"位，检测电磁阀针脚 1（控制）与针脚 2（电源）间电阻	$R=26\Omega$	不符，更换电磁阀

表 4-1-18　喷油器针脚与检测数据

项目	检测方法	数据及要求	处理
检测电源线路	点火开关置于"OFF"位,拔下喷油器插接器,再将点火开关置于"ON"位,喷油器针脚1(电源)与车身搭铁间电压	U=12V	不符,检测插接器和线束、继电器
	点火开关置于"OFF"位,检测喷油器针脚1(电源)与继电器输出针脚线束间导通	导通	不符,检测插接器和线束
检测喷油器	发动机热机怠速,听诊喷油器处喷射声	应有节奏的"嗒嗒"声	不符,喷油器针阀卡滞等机械故障
	点火开关置于"OFF"位,检测喷油器针脚2(控制)与ECU针脚(55-17)间线束导通	导通	不符,检测插接器和线束
	点火开关"OFF"位,检测喷油器针脚2(控制)与针脚1(电源)间电阻	R=16Ω	否则更换喷油器

表 4-1-19　燃油喷射双密封继电器针脚与检测数据

项目	检测方法	数据及要求	处理
输入线路检测	检测常供电源针脚(15-11、15-15、15-8)与蓄电池负极(搭铁)间电压	U=12V	不符,检测线束及插接器
	点火开关置于"ON"位,检测针脚(15-3、15-4、15-2)与针脚(15-7)间电压	U=12V	不符,更换继电器
检测搭铁线路	点火开关置于"OFF"位,检测针脚(15-7)与车身搭铁间导通	导通	不符,检测线束及搭接点
输出线路检测	点火开关置于"ON"位,检测针脚(15-1、15-9、15-10、15-4、15-13、15-6、15-12)与针脚(15-7)间电压	U=12V	检测针脚,不符,更换继电器
检测继电器	点火开关置于"OFF"位,检测针脚(15-8、15-15)与针脚(15-13)间导通	R=∞	不符,更换继电器
	针脚(15-11)与针脚(15-9)间导通	R=∞	

2. ABS 防抱死制动控制系统

标致/雪铁龙车系 ABS 控制单元针脚(以 BOSCH5.3 系统为例,图 4-1-8)名称,见表 4-1-20,电子部件检测方法与检测数据,见表 4-1-21。

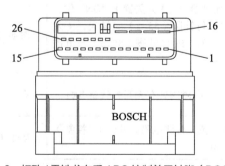

图 4-1-8　标致/雪铁龙车系 ABS 控制单元针脚(BOSCH5.3)

表 4-1-20 ABS 控制单元 ECU 针脚名称

针脚号	针脚名称	针脚号	针脚名称
1	右后车轮速度传感器搭铁线（负极）	14	制动灯开关信号正极
2	右后车轮速度传感器信号正极	15	控制单元 ECU 和电磁阀电源正极
3	右前车轮速度传感器搭铁线（负极）	16	控制单元 ECU 搭铁线
4	空脚	17	电磁阀、电动机电源正极
5	右前车轮速度传感器信号正极	18	电磁阀继电器电源正极
6	左前车轮速度传感器搭铁线（负极）	19	控制单元 ECU 搭铁线
7	左前车轮速度传感器信号正极	20	空脚
8	左后车轮速度传感器搭铁线（负极）	21	ABS 警告灯控制
9	左后车轮速度传感器信号正极	22	空脚
10	空脚	23	空脚
11	故障诊断座信号线	24	空脚
12	空脚	25	空脚
13	空脚	26	空脚

表 4-1-21 ABS 电子部件检测方法与检测数据

电子部件	ECU 插接器状态	对应 ECU 针脚编号	电子部件针脚	检测方法与检测数据
ABS 液压总成及电动机	连接	17、18 与 19、16	液压总成黑色插接器针脚 2 与针脚 1	使用故障检测仪进行激活检测（执行元件动作测试），应听到电动机运转声音。如果电动机运转正常，应为液压总成机械故障。如果电机不运转：检测插接器电压（蓄电池 12V 电压），异常则检测线路及熔丝；电压正常则更换 ECU
	断开			拔下电动机插接器测量电动机电阻，$R=2\Omega$
安全继电器（内置 ECU 内部）	连接	17、18 与 19、16		检测输入电源电压（12V），如果正常则更换 ECU
车轮转速传感器	断开	9 与 8（左后），5 与 3（右前），2 与 1（右后），7 与 6（左前）	灰色插接器，传感器针脚 1 与针脚 2	传感器电阻：$R=1.7k\Omega$；传感器信号线相对搭铁线电阻大于 $20M\Omega$；线路连接正常
	连接			车轮转动时交流信号电压大于 0.1V，随转速升高电压升高；可以检测波形
制动踏板开关	连接	14 与 19	灰色插接器，针脚 1 与针脚 2	点火开关置于"ON"位置，检测电压，松开制动踏板时 $U=0V$，踩下制动踏板时 $U=12V$，否则检查线路及熔丝（F9）
	断开	15 与 14		不接通制动灯时检测开关电阻：踏板松开 $R=\infty$，踏板踩下 $R=0$

（续）

电子部件	ECU 插接器状态	对应 ECU 针脚编号	电子部件针脚	检测方法与检测数据
蓄电池电压	连接	17、18 与 19、16		ECU 电源在 9.4~17.4V 之间，否则检查线路及熔丝（H）
ABS 警告灯（组合仪表）	连接	21 与 19		点火开关置于"ON"位置，U=0V 时警告灯点亮；U=12V 时警告灯熄灭。ECU 内部通过针脚 21 搭铁点亮警告灯
	断开	15 与 21		点火开关置于"ON"位置，警告灯不亮，检查线路及熔丝（F7），检测电阻值为 520Ω
故障诊断座接口	连接	11 与 19	OBD2 诊断座针脚 12	点火开关置于"ON"位置，不连接诊断仪时 U=10V，如果 U=0V，且故障警告灯点亮，检查线路及熔丝（F7）
	断开	11		检查搭铁线，与车身搭铁导通

欧洲车系电子控制
单元（电脑板）端
子功能和参考值

第二节 美国车型电子控制单元针脚与检测数据

本节介绍美国进口及合资车型控制单元针脚与检测数据，除特别指明外，适用相关车型相同技术类型的电子部件。

一、通用汽车控制单元针脚与检测数据

1. 发动机电控系统

通用汽车（进口及上汽通用）发动机控制单元针脚（电子部件一侧）与检测数据（部分）见表4-2-1。

表4-2-1 通用汽车发动机控制单元针脚（电子部件一侧）与检测数据

针脚号	针脚名称	检测条件	正常数据	备注
3线式空气流量计 –A	空气流量信号	发动机运转	急速时2000Hz；3000r/min时约8000IIz	
3线式空气流量计 –B	控制单元搭铁（低参考电压）	点火开关ON	0V	
3线式空气流量计 –C	加热电源	点火开关ON	12V	
5线式空气流量计 –A	空气流量信号	发动机运转	急速时约1.0~1.5V；3000r/min时约2.0V	
5线式空气流量计 –B	直接车身搭铁	点火开关OFF	与车身导通	
5线式空气流量计 –C	加热电源	点火开关ON	12V	
5线式空气流量计 –D	控制单元搭铁	点火开关ON	0V	
5线式空气流量计 –E	进气温度信号	点火开关ON	信号根据温度变化；插接器断开时5V	
进气温度传感器 –A	控制单元搭铁	点火开关ON	0V	可检测电阻值
进气温度传感器 –B	温度传感器信号	点火开关ON	信号根据温度变化；插接器断开时5V	
冷却液温度传感器 –A	冷却液温度信号	点火开关ON	信号根据温度变化；插接器断开时5V；85~95℃时信号电压1.5~2.0V	可检测电阻值
冷却液温度传感器 –B	控制单元搭铁	点火开关ON	0V	
进气歧管绝对压力传感器 –A	控制单元搭铁	点火开关ON	0V	

（续）

针脚号	针脚名称	检测条件	正常数据	备注
进气歧管绝对压力传感器 –B	压力传感器信号	点火开关 ON 或发动机运转	急速时低于 2V；点火开关 ON 或节气门全开 4.0~5.0V	
进气歧管绝对压力传感器 –C	参考电压	点火开关 ON	5V	
节气门位置传感器 –A	参考电压	点火开关 ON	5V	
节气门位置传感器 –B	控制单元搭铁	点火开关 ON	0V	
节气门位置传感器 –C	节气门位置信号	点火开关 ON	节气门关闭时 0.2~0.7V；节气门全开时 4.0~5.0V	
急速控制阀（步进电动机）–A	IAC 线圈 B 低	拆卸部件测电阻；发动机运行测电压及数据流	IAC 电动机线圈电阻 40~80Ω；断开插接器测电压 12V；运转数据流：急速 10~40 步，范围 0~255 步	可动作测试
急速控制阀（步进电动机）–B	IAC 线圈 B 高			
急速控制阀（步进电动机）–C	IAC 线圈 A 低			
急速控制阀（步进电动机）–D	IAC 线圈 A 高			
氧传感器 –A	控制单元搭铁	点火开关 ON	0V	
氧传感器 –B	氧传感器信号	发动机运转	混合气稀 – 浓变化：0.1~1.5V 之间	
氧传感器 –C	加热线电源	点火开关 ON	12V 电压	可检测电阻值
氧传感器 –D	加热线控制	点火开关 ON	接通时略低于 12V	
凸轮轴位置传感器 –A	参考电压	点火开关 ON	12V	
凸轮轴位置传感器 –B	凸轮轴位置信号	发动机运转	0.3~12V 之间变化（12V 方波）	可检测波形
凸轮轴位置传感器 –C	控制单元搭铁	点火开关 ON	0V	
爆燃传感器	爆燃传感器信号	发动机运转	爆燃时有交流信号产生；外壳直接搭铁	可检测波形
活性炭罐电磁阀 –A	电磁阀电源	发动机运转	工作电压 12V	可动作测试
活性炭罐电磁阀 –B	电磁阀控制	发动机运转		
节气门总成 –A	节气门电动机关闭控制（–）	点火开关 ON 或发动机运转	工作电压 12V	可动作测试
节气门总成 –B	节气门电动机开启控制（+）			
节气门总成 –C	控制单元搭铁	点火开关 ON	0V	

（续）

针脚号	针脚名称	检测条件	正常数据	备注
节气门总成 –D	节气门位置信号 1	点火开关 ON	低于 1.0V 到高于 4.0~5.0V（根据节气门开度从小到大变化）	
节气门总成 –E	参考电压	点火开关 ON	5V	
节气门总成 –F	节气门位置信号 2	点火开关 ON	4.0~5.0V 到 1.0V（根据节气门开度从大到小变化）	
加速踏板位置传感器 –A	控制单元搭铁 1	点火开关 ON	0V	
加速踏板位置传感器 –B	加速踏板位置传感器信号 2	点火开关 ON	加速时 0.6~2.0V 以上变化	
加速踏板位置传感器 –C	参考电压 2	点火开关 ON	5V	
加速踏板位置传感器 –D	控制单元搭铁 2	点火开关 ON	0V	
加速踏板位置传感器 –E	加速踏板位置传感器信号 1	点火开关 ON	加速时 1.0~4.0V 以上变化	
加速踏板位置传感器 F	参考电压 1	点火开关 ON	5V	
凸轮轴正时电磁阀 –A	控制信号	发动机运转	工作电压 12V	可动作测试
凸轮轴正时电磁阀 –B	控制单元搭铁	点火开关 ON	0V	
7X 曲轴位置传感器 –A	磁电式传感器信号高（＋）	发动机运转	起动时有 2.0V 的交流电压信号，可检测波形	信号到点火控制模块 C3
7X 曲轴位置传感器 –B	磁电式传感器信号低（–）			
24X 曲轴位置传感器 –A	参考电压	点火开关 ON	12V	信号到动力控制模块 C1
24X 曲轴位置传感器 –B	曲轴位置（霍尔式）信号	发动机运转	0.3~12V 之间变化（12V 方波），可检测波形	
24X 曲轴位置传感器 –C	控制单元搭铁	点火开关 ON	0V	
V6 发动机双点火类型点火控制模块 –C2–A	点火控制模块电源	点火开关 ON	12V	
V6 发动机双点火类型点火控制模块 –C2–B	点火控制模块搭铁	点火开关 ON	0V	
V6 发动机双点火类型点火控制模块 –C1–A	旁路控制信号	发动机运转	5V	
V6 发动机双点火类型点火控制模块 –C1–B	IC 控制信号	发动机运转	检测波形（5V 方波）	
V6 发动机双点火类型点火控制模块 –C1–C	空脚			
V6 发动机双点火类型点火控制模块 –C1–D	空脚			

（续）

针脚号	针脚名称	检测条件	正常数据	备注
V6 发动机双点火类型点火控制模块 –C1–E	3X 信号高	发动机运转	约 2.5V 电压（5V 方波）	可检测波形
V6 发动机双点火类型点火控制模块 –C1–F	3X 信号低	发动机运转	0V	
6 缸双点火线圈 –A	点火线圈控制 2			
6 缸双点火线圈 –B	点火线圈控制 1	发动机运转	电压略低于 12V	可检测波形
6 缸双点火线圈 –C	点火线圈控制 3			
6 缸双点火线圈 –D	控制单元搭铁	点火开关 ON	0V	
6 缸双点火线圈 –E				
6 缸双点火线圈 –F	点火线圈电源	点火开关 ON	12V	
4 缸双点火线圈 –1	点火线圈电源	点火开关 ON	12V	
4 缸双点火线圈 –2	点火线圈控制 1	发动机运转	电压略低于 12V	可检测波形
4 缸双点火线圈 –3	点火线圈控制 2			
独立点火线圈 –1	直接车身搭铁	点火开关 OFF	与车身导通	
独立点火线圈 –2	控制单元搭铁	点火开关 ON	0V	
独立点火线圈 –3	点火线圈控制	发动机运转	5V 控制脉冲信号波形	可检测波形
独立点火线圈 –4	点火线圈电源	点火开关 ON	12V	
喷油器 –A	喷油器电源	点火开关 ON	12V	
喷油器 –B	喷油器控制信号	发动机运转	略低于 12V	可检测波形
燃油泵控制 –A	燃油液面传感器信号	点火开关 ON	断开插接器 5V；连接插接器 0~5.0V（根据液面）	
燃油泵控制 –D	燃油液面传感器控制单元搭铁	点火开关 ON	0V	
燃油泵控制 –B	燃油泵继电器提供的工作电源	发动机运转	12V	
燃油泵控制 –C	燃油泵搭铁	点火开关 ON	0V	
废气再循环 EGR 阀 –A	EGR 阀控制	发动机运行	EGR 工作时提供搭铁	可动作测试
废气再循环 EGR 阀 –E	EGR 阀电源	发动机运行	EGR 工作时提供 12V 电源	
废气再循环 EGR 阀 –B	控制单元搭铁	点火开关 ON	0V	
废气再循环 EGR 阀 –C	EGR 位置传感器信号	EGR 阀动作时	EGR 阀全关时为 0.14~1.0V，全开时为 4.5~4.8V	
废气再循环 EGR 阀 –D	参考电压	点火开关 ON	5V	

2. ABS 防抱死制动系统

通用汽车（进口及上汽通用）ABS 系统控制单元针脚（电子部件一侧）与检测数据（部分）见表 4-2-2。

表 4-2-2 通用汽车 ABS 系统控制单元针脚（电子部件一侧）与检测数据

针脚号	针脚名称	检测条件	正常数据	备注
车轮速度传感器 -A	控制单元搭铁	点火开关 ON	0V	可检测数据流及波形
车轮速度传感器 -B	速度传感器信号	车轮转动	交流信号电压，随速度增大而增大；4 个传感器速度相同时信号基本一致	
横向加速度 / 横向偏摆率传感器 -1	参考电压	点火开关 ON	5V	
横向加速度 / 横向偏摆率传感器 -2	横向偏摆率测试控制	点火开关 ON	检测数据流	
横向加速度 / 横向偏摆率传感器 -3	传感器电源	蓄电池连接	12V（常电）	
横向加速度 / 横向偏摆率传感器 -4	横向偏摆率信号	点火开关 ON	0.25~4.75V（根据偏摆率变化）	
横向加速度 / 横向偏摆率传感器 -5	横向加速度计信号	点火开关 ON	2.5~4.75V（根据横向加速度变化）	
横向加速度 / 横向偏摆率传感器 -6	控制单元搭铁	点火开关 ON	0V	
转向盘转角传感器 -1	控制单元搭铁	点火开关 ON	0V	
转向盘转角传感器 -2	传感器电源	点火开关 ON	12V	
转向盘转角传感器 -3	GM LAN 串行数据总线（+）	点火开关 ON	通信时 1.4~3.6V 变化，不通信时 2.5V	可检测数据流及波形
转向盘转角传感器 -4	GM LAN 串行数据总线（-）	点火开关 ON	通信时 2.5~3.6V 变化，不通信时 2.5V	
转向盘转角传感器 -5~7	未使用			
制动压力传感器 -1	控制单元搭铁	点火开关 ON	0V	
制动压力传感器 -2	压力信号	点火开关 ON	0.25~4.75V（根据压力变化）	
制动压力传感器 -3	参考电压	点火开关 ON	5V	

二、福特汽车控制单元针脚与检测数据

1. 发动机电控系统

福特汽车（进口及长安福特）发动机控制单元针脚（电子部件一侧）与检测数据（部分）见表 4-2-3。

表 4-2-3 福特汽车发动机控制单元针脚（电子部件一侧）与检测数据

针脚号	针脚名称	检测条件	正常数据	备注
空气流量计 -1	加热电源	点火开关 ON	12V	
空气流量计 -2	直接车身搭铁	点火开关 OFF	与车身导通	
空气流量计 -3	控制单元搭铁	点火开关 ON	0V	
空气流量计 -4	空气流量信号	发动机运转	急速 0.6~0.9V，加速增大（低于 5.0V）	
空气流量计 -5	进气温度信号	点火开关 ON	信号根据温度变化；20℃时 2.5V，插接器断开时 5V	
数字式进气歧管绝对压力传感器 -1	参考电压	点火开关 ON	5V	
数字式进气歧管绝对压力传感器 -2	真空度信号	发动机运转	急速时约 100Hz，没有真空时（节气门全开）160Hz	
数字式进气歧管绝对压力传感器 -3	控制单元搭铁	点火开关 ON	0V	
温度与歧管绝对压力传感器 -1	参考电压	点火开关 ON	5V	
温度与歧管绝对压力传感器 -2	控制单元搭铁	点火开关 ON	0V	
温度与歧管绝对压力传感器 -3	真空度信号	发动机运转	急速时约 1.0V，没有真空时（节气门全开）接近 5V	
温度与歧管绝对压力传感器 -4	进气温度信号	点火开关 ON	20℃时 2.5V，信号根据温度变化；插接器断开时 5V	
节气门位置（TP）传感器 -1	参考电压	点火开关 ON	5V	传统节气门
节气门位置（TP）传感器 -2	节气门位置信号	点火开关 ON	急速时 0.5~0.9V，节气门全开接近 5V	
节气门位置（TP）传感器 -3	控制单元搭铁	点火开关 ON	0V	
电子节气门体 -1	节气门电动机关闭控制（-）	点火开关 ON 或发动机运转	工作电压 12V	可动作测试
电子节气门体 -2	节气门电动机开启控制（+）			
电子节气门体 -3	控制单元搭铁	点火开关 ON	0V	
电子节气门体 -4	节气门位置信号 1	点火开关 ON	0.5~4.5V（根据节气门开度从小到大变化）	
电子节气门体 -5	参考电压	点火开关 ON	5V	
电子节气门体 -6	节气门位置信号 2		0.5~4.5V（根据节气门开度从大到小变化）	

（续）

针脚号	针脚名称	检测条件	正常数据	备注
加速踏板位置（APP）传感器 –1	控制单元搭铁 1	点火开关 ON	0V	
加速踏板位置（APP）传感器 –2	加速踏板位置传感器信号 2	点火开关 ON	加速时 0.6~2.0V 以上变化	
加速踏板位置（APP）传感器 –3	参考电压 2	点火开关 ON	5V	
加速踏板位置（APP）传感器 –4	控制单元搭铁 2	点火开关 ON	0V	
加速踏板位置（APP）传感器 –5	加速踏板位置传感器信号 1	点火开关 ON	加速时 1.0~4.0V 以上变化	
加速踏板位置（ΛPP）传感器 –6	参考电压 1	点火开关 ON	5V	
冷却液温度（ECT）传感器 –1	控制单元搭铁	点火开关 ON	0V	可检测电阻值
冷却液温度（ECT）传感器 –2	冷却液温度信号	点火开关 ON	信号根据温度变化；20℃时 2.5V，插接器断开时 5V	
曲轴位置（CKP）传感器 –1	磁电式传感器信号高（+）	发动机运转	起动时有 2.0V 的交流电压信号	可检测波形
曲轴位置（CKP）传感器 –2	磁电式传感器信号高（–）	发动机运转		
凸轮轴位置（CMP）传感器 –1	参考电压	点火开关 ON	12V	
凸轮轴位置（CMP）传感器 –2	凸轮轴位置（霍尔式）信号	发动机运转	0.3~12V 之间变化（12V 方波）	可检测波形
凸轮轴位置（CMP）传感器 –3	控制单元搭铁	点火开关 ON	0V	
加热式氧传感器（HO2S）–1	加热电源	点火开关 ON	12V	可检测电阻
加热式氧传感器（HO2S）–2	加热控制	点火开关 ON	接通时略低于 12V	
加热式氧传感器（HO2S）–3	氧传感器信号	发动机运转	0.1（稀）~0.9V（浓）变化	
加热式氧传感器（HO2S）–4	控制单元搭铁	点火开关 ON	0V	
爆燃传感器（KS）–1	控制单元搭铁	点火开关 ON	0V	
爆燃传感器（KS）–2	爆燃信号	发动机运转	爆燃时有交流信号产生；电阻约 10MΩ	可检测波形

（续）

针脚号	针脚名称	检测条件	正常数据	备注
独立的 DIS 点火模块 -1	点火模块电源	点火开关 ON	12V	独立点火模块（模组）的车型
独立的 DIS 点火模块 -2	凸轮轴位置传感器信号输入	发动机运转	凸轮轴位置传感器信号一致	
独立的 DIS 点火模块 -4	曲轴轴位置传感器信号输入	发动机运转	曲轴位置传感器信号一致	
独立的 DIS 点火模块 -5	控制单元点火输出 SPOUT 信号	发动机运转	12V 脉冲方波信号	可检测波形
独立的 DIS 点火模块 -7	点火模块搭铁	点火开关 ON	0V	
独立的 DIS 点火模块 -8	双点火线圈控制（1/5 缸）	发动机运转	电压略低于 12V	可检测波形
独立的 DIS 点火模块 -9	双点火线圈控制（2/6 缸）	发动机运转	电压略低于 12V	
独立的 DIS 点火模块 -11	双点火线圈控制 2 组（3/4 缸）	发动机运转	电压略低于 12V	
独立的 DIS 点火模块 -12	到发动机控制单元转速（反馈）信号	发动机运转	12V 脉冲方波信号	
独立的 DIS 点火模块 -3、6、10	空脚			
点火线圈 -1	双点火线圈控制（2/3 缸）	发动机运转	电压略低于 12V	可检测波形
点火线圈 -2	点火线圈电源	点火开关 ON	12V	
点火线圈 -3	双点火线圈控制（1/4 缸）	发动机运转	电压略低于 12V	可检测波形
喷油器 -1	喷油器电源	点火开关 ON	12V	
喷油器 -2	喷油器控制信号	发动机运转	电压略低于 12V	可检测波形
废气再循环 EGR 控制电磁阀 -1	电磁阀电源	发动机运转	工作电压 12V；电阻 26~40Ω	可动作测试
废气再循环 EGR 控制电磁阀 -2	电磁阀控制	发动机运转		
废气再循环 EGR 差压（位置）传感器 -1	参考电压	点火开关 ON	5V	
废气再循环 EGR 差压（位置）传感器 -2	位置传感器信号	发动机运转，EGR 阀动作	无真空时（关闭）0.75~1.25 V，最大开度时 4V	

（续）

针脚号	针脚名称	检测条件	正常数据	备注
废气再循环 EGR 差压（位置）传感器 -3	控制单元搭铁	点火开关 ON	0V	
活性炭罐电磁阀 -1	电磁阀电源	发动机运转	工作电压 12V；电阻：30~38Ω	可动作测试
活性炭罐电磁阀 -2	电磁阀控制	发动机运转		
燃油箱压力传感器 -1	参考电压	点火开关 ON	5V	
燃油箱压力传感器 -2	控制单元搭铁	点火开关 ON	0V	
燃油箱压力传感器 -3	压力传感器信号	点火开关 ON	0~4.5V（根据燃油箱内的压力变化）	

2. 其他电控系统

福特汽车（进口及长安福特）变速器及其他电控系统控制单元检测数据（部分）见表 4-2-4。

表 4-2-4　福特汽车变速器及其他控制系统控制单元检测数据

控制系统	传感器 / 执行器	点火开关 ON	暖机怠速	加速
自动变速器	自动变速器油温度传感器	0.5~2V	0.5~2V	0.5~2V
	车速传感器（+）	0	0	当前车速
	换档电磁阀 1	0.1V	12V	0.1V
	换档电磁阀 2	12V	12V	0.1V
	换档电磁阀 3	12V	12V	0.5V
	液力变矩器离合器	0.2V/0%	12V/0%	10.1~10.6 V /40%~47%；4.0~4.4V/85%~93%
	变速器控制指示灯	0.1V/ 亮；12V/ 灭		
	驻车档 / 空档位置	4.4V	4.4V	2.2V
空调系统	空调循环开关	0.1V/ 关；12V/ 开		
	空调压力传感器	0.1V/ 关；12V/ 开		
	冷却风扇高速控制	0.1V/ 开；12V/ 关		
	冷却风扇低速控制	0.1V/ 开；12V/ 关		
制动系统	制动器开关	0.1V/ 关；12V/ 开		
巡航控制	巡航控制开关	0.1V/ 开；12V/ 关		

三、克莱斯勒汽车控制单元针脚与检测数据

1. 发动机电控系统

克莱斯勒汽车（Chrysler、Dodge、Jeep）发动机控制单元针脚（电子部件一侧）与检测数据（部分）见表 4-2-5。

表 4-2-5　克莱斯勒汽车发动机控制单元针脚（电子部件一侧）与检测数据

针脚号	针脚名称	检测条件	正常数据	备注
进气歧管绝对压力传感器 MAP-1	参考电压	点火开关 ON	5V	4 线式传感器含进气温度
进气歧管绝对压力传感器 MAP-2	控制单元搭铁	点火开关 ON	0V	
进气歧管绝对压力传感器 MAP-3	真空度信号	发动机运转	怠速时约 0.8~1.0V，没有真空时（节气门全开）接近 3.9~4.8V	
进气温度传感器 IAT-1	进气温度信号	点火开关 ON	20℃时 2.5V，信号根据温度变化；插接器断开时 5V	4 线式含进气压力
进气温度传感器 IAT-2	控制单元搭铁	点火开关 ON	0V	
冷却液温度 ECT 传感器 -1	控制单元搭铁	点火开关 ON	0V	可检测电阻值
冷却液温度 ECT 传感器 -2	冷却液温度信号	点火开关 ON	信号根据温度变化；20℃时 2.5V，插接器断开时 5V	
冷却液温度 ECT 传感器 -3	冷却液温度信号	点火开关 ON	仪表冷却液温度显示	部分车型
节气门位置 TPS 传感器 -1	参考电压	点火开关 ON	5V	传统节气门
节气门位置 TPS 传感器 -2	节气门位置信号	点火开关 ON	怠速时 0.5~1.2V，节气门全开时 3.1V 以上	
节气门位置 TPS 传感器 -3	控制单元搭铁	点火开关 ON	0V	
步进电动机式怠速控制阀 -1	线圈 1（+）	发动机运转	静态时检测两组线圈电阻；直接通电（12V）或检测仪器动作测试；检测仪器数据流步数变化时转速是否变化	传统节气门
步进电动机式怠速控制阀 -2	线圈 2（+）	发动机运转		
步进电动机式怠速控制阀 -3	线圈 1（-）	发动机运转		
步进电动机式怠速控制阀 -4	线圈 2（-）	发动机运转		

（续）

针脚号	针脚名称	检测条件	正常数据	备注
电子节气门体 –1	节气门电动机关闭控制（–）	点火开关 ON或发动机运转	工作电压 12V	可动作测试
电子节气门体 –2	节气门电动机开启控制（+）			
电子节气门体 –3	控制单元搭铁	点火开关 ON	0V	
电子节气门体 –4	节气门位置信号 1	点火开关 ON	0.5~4.5V（根据节气门开度从小到大变化）	
电子节气门体 –5	参考电压	点火开关 ON	5V	
电子节气门体 –6	节气门位置信号 2		0.5~4.5V（根据节气门开度从大到小变化）	
加速踏板位置传感器 APP–1	控制单元搭铁 1	点火开关 ON	0V	
加速踏板位置传感器 APP–2	加速踏板位置传感器信号 2	点火开关 ON	加速时 0.6~2.0V 以上变化	
加速踏板位置传感器 APP–3	参考电压 2	点火开关 ON	5V	
加速踏板位置传感器 APP–4	控制单元搭铁 2	点火开关 ON	0V	
加速踏板位置传感器 APP–5	加速踏板位置传感器信号 1	点火开关 ON	加速时 1.0~4.0V 以上变化	
加速踏板位置传感器 APP–6	参考电压 1	点火开关 ON	5V	
加热式氧传感器 HO2S–1	加热电源	发动机运转	12V	可检测电阻值
加热式氧传感器 HO2S–2	加热控制	点火开关 ON	接通时略低于 12V	
加热式氧传感器 HO2S–3	氧传感器信号	发动机运转	0.1（稀）~0.9V（浓）变化	
加热式氧传感器 HO2S–4	控制单元搭铁	点火开关 ON	0V	
曲轴位置传感器 CKP–1	参考电压	点火开关 ON	8V 或 9V	
曲轴位置传感器 CKP–2	曲轴位置信号	发动机运转	电压约 2.5V（5V 方波）	可检测波形
曲轴位置传感器 CKP–3	控制单元搭铁	点火开关 ON	0V	
凸轮轴位置传感器 CMP–1	参考电压	点火开关 ON	8V 或 9V	

（续）

针脚号	针脚名称	检测条件	正常数据	备注
凸轮轴位置传感器 CMP-2	凸轮轴位置信号	发动机运转	电压约 2.5V（5V 方波）	可检测波形
凸轮轴位置传感器 CMP-3	控制单元搭铁	点火开关 ON	0V	
爆燃传感器 KS-1	控制单元搭铁	点火开关 ON	0V	可检测波形
爆燃传感器 KS-2	爆燃信号	发动机运转	爆燃时有交流信号产生	
EGR 电磁阀总成 -1	EGR 位置传感器信号	发动机运转 EGR 阀动作	0.5~4.5V（根据 EGR 阀开度变化）	
EGR 电磁阀总成 -2	参考电压	点火开关 ON	5V	
EGR 电磁阀总成 -3	控制单元搭铁	点火开关 ON	0V	
EGR 电磁阀总成 -4	EGR 电磁阀控制	发动机运转	断开时 12V，搭铁时 EGR 阀动作	
EGR 电磁阀总成 -5	空脚			
EGR 电磁阀总成 -6	EGR 电磁阀电源	发动机运转	来自 ASD 继电器 12V 电源	
点火线圈 -1	双点火线圈控制（2/3 缸）	发动机运转	电压略低于 12V	可检测波形
点火线圈 -2	点火线圈电源	发动机运转	12V（来自 ASD 继电器）	
点火线圈 -3	双点火线圈控制（1/4 缸）	发动机运转	电压略低于 12V	可检测波形
喷油器 -1	喷油器电源	发动机运转	12V（来自 ASD 继电器）	
喷油器 -2	喷油器控制信号	发动机运转	电压略低于 12V	可检测波形
活性炭罐电磁阀 -1	电磁阀电源	发动机运转	工作电压 12V；占空比控制	可动作测试
活性炭罐电磁阀 -2	电磁阀控制	发动机运转		
自动电源继电器 ASD-1	蓄电池电源	蓄电池连接	12V	
自动电源继电器 ASD-2	蓄电池电源	蓄电池连接	12V	可动作测试
自动电源继电器 ASD-3	继电器控制（控制单元）	发动机运转	控制单元接收到转速信号（CKP）时，控制继电器动作，为喷油器、点火线圈输出 12V 电源	
自动电源继电器 ASD-4	继电器输出（执行器）	发动机运转		

2. OBD-2 诊断座

克莱斯勒汽车 OBD-2 诊断座针脚说明见表 4-2-6。

表 4-2-6　克莱斯勒汽车 OBD-2 诊断座针脚说明

针脚	功能	针脚	功能
1	正时跨接（早期）	9	钥匙插入等提醒系统诊断（早期）
2	空脚	10	空脚
3	CCD BUS（−）	11	CCD BUS（＋）
4	搭铁	12	安全气囊诊断（早期）
5	搭铁	13	定速系统诊断（早期）
6	CAN-H（早期为变速器诊断）	14	CAN-L（早期为仪表车速信号）
7	K 线（发动机 OBD 数据）	15	变速器诊断
8	ABS 诊断（早期）	16	常电源 B+

3. ABS 防抱死制动系统系统

克莱斯勒汽车 ABS 系统控制单元 / 制动油压调节器电路针脚（BOSCH 系统）名称见表 4-2-7。

表 4-2-7　克莱斯勒汽车 ABS 系统控制单元 / 制动油压调节器电路针脚名称

针脚号	针脚名称
ABS 控制单元 −1	蓄电池电源
ABS 控制单元 −2	左前油路阀门控制
ABS 控制单元 −3	油压警告监视器
ABS 控制单元 −4	左前轮速传感器信号（＋）
ABS 控制单元 −5	左前轮速传感器信号（−）
ABS 控制单元 −6	空脚
ABS 控制单元 −7	左后轮速传感器信号（＋）
ABS 控制单元 −8	空脚
ABS 控制单元 −9	左后轮速传感器信号（−）
ABS 控制单元 −10	空脚
ABS 控制单元 −11	右前轮速传感器信号（＋）
ABS 控制单元 −12	空脚
ABS 控制单元 −13	红色制动警告灯
ABS 控制单元 −14	油泵电动机电源监视
ABS 控制单元 −15	空脚

（续）

针脚号	针脚名称
ABS 控制单元 –16	油压控制开关信号
ABS 控制单元 –17	制动液液面传感器信号
ABS 控制单元 –18	左后油路阀门控制
ABS 控制单元 –19	右后油路阀门控制
ABS 控制单元 –20	搭铁
ABS 控制单元 –21	右前轮速传感器信号（–）
ABS 控制单元 –22	空脚
ABS 控制单元 –23	空脚
ABS 控制单元 –24	右后轮速传感器信号（+）
ABS 控制单元 –25	制动开关信号
ABS 控制单元 –26	右后轮速传感器信号（–）
ABS 控制单元 –27	空脚
ABS 控制单元 –28	阀门继电器控制
ABS 控制单元 –29	黄色 ANTI-LOCK 警告灯
ABS 控制单元 –30	旁通阀门控制
ABS 控制单元 –31	液压活塞行程信号
ABS 控制单元 –32	阀门继电器回馈信号
ABS 控制单元 –33	油压补充阀控制
ABS 控制单元 –34	搭铁
ABS 控制单元 –35	右前油路阀门控制
制动油压调节器电路 –1	活塞行程开关
制动油压调节器电路 –2	油压警示监视器
制动油压调节器电路 –3	蓄电池电源
制动油压调节器电路 –4	蓄电池电源
制动油压调节器电路 –5	红色制动警告灯开关
制动油压调节器电路 –6	油泵电动机继电器开关
制动油压调节器电路 –7	阀门继电器控制
制动油压调节器电路 –8	黄色 ANTI-LOCK 警告灯
制动油压调节器电路 –9	油压控制开关
制动油压调节器电路 –10	油压补充阀开关
制动油压调节器电路 –11	右前油路阀门

（续）

针脚号	针脚名称
制动油压调节器电路 –12	左后油路阀门
制动油压调节器电路 –13	左前油路阀门
制动油压调节器电路 –14	右后油路阀门
制动油压调节器电路 –15	旁通阀门

检修规格：

1）阀门内部的油路控制线圈电阻在 0.8~2.5Ω 之间。

2）各轮车速传感器的线圈电阻在 0.8k~1.8kΩ 之间，输出交流信号。

3）油压补充阀的线圈电阻在 3.3k~4.2kΩ 范围。

4）液压系统活塞行程开关的串接电阻约 4.6kΩ。

5）各执行器工作电源 12V。

美洲车系电子控制单元（电脑板）端子功能和参考值

第三节　日韩车型电子控制单元针脚与检测数据

本节介绍日本、韩国进口及合资车型控制单元针脚与检测数据，除特别指明外，适用相关车型相同技术类型的电子部件。

一、丰田汽车控制单元针脚与检测数据

1. 发动机电控系统

丰田汽车发动机控制单元针脚（电子部件一侧）与检测数据（部分）见表 4-3-1。

表 4-3-1　丰田汽车发动机控制单元针脚（电子部件一侧）与检测数据

针脚号	针脚名称	检测条件	正常数据	备注
5 线式空气流量计 -1	加热电源 +B	点火开关 ON	12V（来自主继电器）	
5 线式空气流量计 -2	控制单元搭铁 E2G	点火开关 ON	0V	
5 线式空气流量计 -3	空气流量信号 VG	发动机运转	急速时约 1.1~1.5V；最高转速时接近 4.5V	
5 线式空气流量计 -4	进气温度信号 THA	点火开关 ON	信号根据温度变化；插接器断开时 5V	
5 线式空气流量计 -5	车身搭铁 E2	点火开关 OFF	与车身导通	
进气歧管绝对压力传感器 -1	参考电压 VC	点火开关 ON	5V	
进气歧管绝对压力传感器 -2	控制单元搭铁 E2	点火开关 ON	0V	
进气歧管绝对压力传感器 -3	压力传感器信号 MAP	发动机运转	急速时低于 2V；点火开关 ON 或节气门全开 4.0~5.0V	
冷却液温度传感器 -1	控制单元搭铁 E2	点火开关 ON	0V	
冷却液温度传感器 -2	冷却液温度信号 THW	点火开关 ON	信号根据温度变化；插接器断开时 5V	可检测电阻值
前氧（空燃比）传感器 -1	加热器控制 HAF1A	点火开关 ON	断开时 12V，接通时接近 0V	氧化钛型
前氧（空燃比）传感器 -2	加热器电源 B+	点火开关 ON	12V（来自主继电器）	

（续）

针脚号	针脚名称	检测条件	正常数据	备注
前氧（空燃比）传感器 –3	空燃比信号 AF1A+	发动机运转	急速时 2.8~3.8V，混合气稀 – 浓约在 2.0~4.0V 变化	氧化钛型
前氧（空燃比）传感器 –4	控制单元搭铁 AF1A1	点火开关 ON	0V	
后氧传感器 –1	加热器控制 HT1B	点火开关 ON	断开时 12V，接通时接近 0V	氧化锆型
后氧传感器 –2	加热器电源 B+	点火开关 ON	12V（来自主继电器）	
后氧传感器 –3	氧传感器信号 OX1B	发动机运转	0.1~0.9V 变化	
后氧传感器 –4	车身搭铁	点火开关 ON	0V	
喷油器 –1	喷油器电源	点火开关 ON	12V（来自主继电器）	
喷油器 –2	喷油器控制	发动机运转	接通时电压略低于 12V；急速时脉宽 3ms 左右	可检测波形
废气再循环 EGR 真空电磁阀 –1	电磁阀电源	发动机运转	工作电压 12V	可动作测试
废气再循环 EGR 真空电磁阀 –2	电磁阀控制 VSV			
废气再循环 EGR 排气温度传感器 –1	温度传感器信号 THG	点火开关 ON	插接器断开时 5V；信号随排气温度变化而变化	可检测电阻值
废气再循环 EGR 排气温度传感器 –2	控制单元搭铁 E2	点火开关 ON	0V	
活性炭罐电磁阀 –1	电磁阀电源 B+	发动机运转	工作电压 12V	可动作测试
活性炭罐电磁阀 –2	电磁阀控制 VSV	发动机运转		
双点火线圈 –1	点火反馈信号 IGF	发动机运转	5V 脉冲方波信号	可检测波形
双点火线圈 –2	点火控制信号 IGT	发动机运转	5V 脉冲方波信号	
双点火线圈 –3	点火线圈电源 B+	点火开关 ON	12V	
双点火线圈 –4	点火线圈搭铁 GND	点火开关 OFF	与车身导通	
独立点火线圈 –1	点火线圈电源 B+	点火开关 ON	12V	
独立点火线圈 –2	点火控制信号 IGT	发动机运转	5V 脉冲方波信号	可检测波形
独立点火线圈 –3	点火控制信号 IGT	发动机运转	5V 脉冲方波信号	
独立点火线圈 –4	点火线圈搭铁 GND	点火开关 OFF	与车身导通	

（续）

针脚号	针脚名称	检测条件	正常数据	备注
曲轴位置传感器 –1	曲轴位置传感器信号 NE+	发动机运转	交流信号电压	可检测波形
曲轴位置传感器 –2	控制单元搭铁 NE–			
凸轮轴位置传感器 –1	凸轮轴位置信号 G+	发动机运转	交流信号电压	可检测波形
凸轮轴位置传感器 –2	控制单元搭铁 G–			
VVT 凸轮轴位置传感器（磁阻元件）–1	位置传感器信号 VV–	发动机运转	5V 脉冲方波；进排气凸轮轴各 1 个传感器	可检测波形
VVT 凸轮轴位置传感器（磁阻元件）–2	控制单元搭铁 VV–	点火开关 ON	0V	
VVT 凸轮轴位置传感器（磁阻元件）–3	参考电压 VC	点火开关 ON	5V	
爆燃传感器	爆燃传感器信号 KNK	发动机运转	爆燃时有交流信号产生；外壳直接搭铁；电阻大于 1MΩ	可检测波形
凸轮轴正时电磁阀 –1	控制信号 OC+	发动机运转	工作电压 12V；可检测到脉冲方波波形	可动作测试
凸轮轴正时电磁阀 –2	控制信号 OC–	发动机运转		
电子节气门总成 –1	控制电动机 M+	点火开关 ON	工作电压 12V；可检测波形（12V 脉冲方波）	可动作测试
电子节气门总成 –2	控制电动机 M–			
电子节气门总成 –3	控制单元搭铁 E2	点火开关 ON	0V	
电子节气门总成 –4	节气门位置信号 VTA2	点火开关 ON	2.1~5.0V（根据开度变化）	
电子节气门总成 –5	参考电压	点火开关 ON	5V	
电子节气门总成 –6	节气门位置信号 VTA1	点火开关 ON	0.5~4.8V（根据开度变化）	
加速踏板位置传感器 –1	参考电压（传感器 2）VCP2	点火开关 ON	5V	
加速踏板位置传感器 –2	控制单元搭铁（传感器 2）EPA2	点火开关 ON	0V	
加速踏板位置传感器 –3	加速踏板位置信号 VPA2	点火开关 ON	0.9~5.0V	
加速踏板位置传感器 –4	参考电压（传感器 1）VCP1	点火开关 ON	5V	
加速踏板位置传感器 –5	控制单元搭铁（传感器 1）EPA1	点火开关 ON	0V	

（续）

针脚号	针脚名称	检测条件	正常数据	备注
加速踏板位置传感器 -6	加速踏板位置信号 VPA1	点火开关 ON	0.5~4.6V	

2. 制动控制系统

丰田汽车制动控制系统控制单元针脚（电子部件一侧）与检测数据（部分）见表 4-3-2。

表 4-3-2　丰田汽车制动控制系统控制单元针脚（电子部件一侧）与检测数据

针脚号	针脚名称	检测条件	正常数据	备注
车轮速度传感器 -1	速度传感器（+）	点火开关 ON 和车轮运转	输入电压 7.5~12V；输出脉冲方波信号；共 4 个传感器	可检测数据流、波形
车轮速度传感器 -2	速度传感器（-）			
偏转率（YAW）/减速度（GL）传感器 -1	偏转率信号 YAW1	点火开关 ON	2.42~2.58V	传统型传感器
偏转率（YAW）/减速度（GL）传感器 -2	减速度传感器信号 GL2	点火开关 ON	水平 2.3V；斜向前 0.4~2.3V；斜向后 2.3~4.1V	
偏转率（YAW）/减速度（GL）传感器 -3	空脚			
偏转率（YAW）/减速度（GL）传感器 -4	减速度传感器信号 GL1	点火开关 ON	水平 2.3V；斜向前 2.3~4.1V；斜向后 0.4~2.3V	
偏转率（YAW）/减速度（GL）传感器 -5	减速度传感器搭铁 GYAW	点火开关 ON	0V	
偏转率（YAW）/减速度（GL）传感器 -6	减速度传感器参考电压	点火开关 ON	4.5~5.3V	
偏转率（YAW）/减速度（GL）传感器 -7	空脚			
偏转率（YAW）/减速度（GL）传感器 -8	偏转率传感器参考电压 VYS	点火开关 ON	4.5~5.3V	
偏转率（YAW）/减速度（GL）传感器 -1	传感器搭铁	点火开关 OFF	与车身导通	CAN 传输类型
偏转率（YAW）/减速度（GL）传感器 -2	CAN-L	点火开关 ON	CAN 网络传输信号到 ABS 控制单元	
偏转率（YAW）/减速度（GL）传感器 -3	CAN-H			
偏转率（YAW）/减速度（GL）传感器 -4	空脚			
偏转率（YAW）/减速度（GL）传感器 -5	传感器电源 IG	点火开关 ON	12V	

（续）

针脚号	针脚名称	检测条件	正常数据	备注
转角传感器 -1	传感器电源 IG	拆下传感器，加电测量	拆下转向传感器连接器，在端子 2 和 3 上加上蓄电池电压，将示波器连到转向角传感器端子 9 和 10。缓慢转动转向盘，检查信号波形，应为 5V 脉冲方波	传统型传感器
转角传感器 -2	传感器搭铁 ESS			
转角传感器 -3	蓄电池电源 BAT			
转角传感器 -4	出发信号 TRIG			
转角传感器 -5~8	空脚			
转角传感器 -9	传感器信号（－）			
转角传感器 -10	传感器信号（＋）			
转角传感器 -1	传感器电源 IG	点火开关 ON	12V	
转角传感器 -2	传感器搭铁 ESS	点火开关 OFF	与车身导通	
转角传感器 -3	蓄电池电源 BAT	蓄电池连接	12V	
转角传感器 -4~8	空脚			
转角传感器 -9	CAN–L	点火开关 ON	CAN 网络传输信号到 ABS 控制单元	CAN 传输类型
转角传感器 -10	CAN–H			
ABS 电磁阀 -1	电磁阀电源	点火开关 ON	工作电压 12V；电阻：4.9~9.1Ω（根据类型）	可动作测试
ABS 电磁阀 -2	电磁阀控制			
制动压力传感器 -1	传感器搭铁 E2	点火开关 ON	0V	
制动压力传感器 -2	传感器参考电压 VCM	点火开关 ON	4.7~5.3V	
制动压力传感器 -3	传感器信号 PMC	点火开关 ON	0.37~3.03V（根据压力变化）	

二、日产汽车控制单元针脚与检测数据

1. 发动机电控系统

日产汽车发动机控制单元针脚（电子部件一侧）与检测数据（部分）见表 4-3-3。

表 4-3-3　日产汽车发动机控制单元针脚（电子部件一侧）与检测数据

针脚号	针脚名称	检测条件	正常数据	备注
3 线式空气流量计 -1	加热电源	点火开关 ON	12V	
3 线式空气流量计 -2	空气流量信号	发动机运转	怠速时信号为 1.2~1.8V；2000r/min 时 1.6~2.2V；加速到 4000r/min 时会达到 4.0V	
3 线式空气流量计 -3	控制单元搭铁	点火开关 ON	0V	

（续）

针脚号	针脚名称	检测条件	正常数据	备注
4线式空气流量计-1	空气流量信号	发动机运转	怠速时信号为1.2~1.8V；2000r/min时1.6~2.2V；加速到4000r/min时会达到4.0V	
4线式空气流量计-2	参考电压	点火开关ON	5V	
4线式空气流量计-3	控制单元搭铁	点火开关ON	0V	
4线式空气流量计-4	加热电源	点火开关ON	12V	
5线式空气流量计-1	进气温度控制单元搭铁	点火开关ON	0V	独立式进气温度一致
5线式空气流量计-2	进气温度信号	点火开关ON	信号根据温度变化；插接器断开时5V；25℃时3.32V，80℃时约1.23V	
5线式空气流量计-3	空气流量信号	发动机运转	怠速时约0.9~1.3；加到4000r/min时接近2.4V	
5线式空气流量计-4	控制单元搭铁	点火开关ON	0V	
5线式空气流量计-5	加热电源	点火开关ON	12V	
进气歧管绝对压力传感器-1	参考电压	点火开关ON	5V	
进气歧管绝对压力传感器-2	压力传感器信号	点火开关ON或发动机运转	怠速时低于1.0~1.4V；点火开关ON或节气门全开3.2~4.8V	
进气歧管绝对压力传感器-3	控制单元搭铁	点火开关ON	0V	
冷却液温度传感器-1	冷却液温度信号	点火开关ON	信号根据温度变化；插接器断开时5V；20℃时3.5V，90℃时约0.9V	
冷却液温度传感器-2	控制单元搭铁	点火开关ON	0V	
氧传感器-1	氧传感器信号	发动机运转	0.1~1.0V变化	
氧传感器-2	加热器控制	点火开关ON	断开时12V，接通时接近0V	可检测电阻值
氧传感器-3	加热器电源B+	点火开关ON	12V	
氧传感器-4	控制单元搭铁	点火开关ON	0V	
喷油器-1	喷油器电源	点火开关ON	12V	
喷油器-2	喷油器控制	发动机运转	接通时略低于12V；喷油脉宽怠速时约3ms	可检测波形
动力转向压力传感器-1	参考电压	点火开关ON	5V	

（续）

针脚号	针脚名称	检测条件	正常数据	备注
动力转向压力传感器 -2	转向压力信号	发动机运转	转向盘未转动：0.4~0.8V；转向盘转动：0.5~4.5V（随压力变化而变化）	
动力转向压力传感器 -3	控制单元搭铁	点火开关 ON	0V	
P/N 档位开关 -1	档位开关电源	点火开关 ON	12V	可检测数据流
P/N 档位开关 -2	档位开关 P 档	点火开关 ON	接通时 0V，断开时 12V	
P/N 档位开关 -3	档位开关 N 档	点火开关 ON		
P/N 档位开关 - 其他	其他档位	点火开关 ON		
制冷剂压力传感器 -1	参考电压	点火开关 ON	5V	
制冷剂压力传感器 -2	制冷剂压力信号	发动机运转，空调开启	1.0~4.0V（随压力变化而变化）	
制冷剂压力传感器 -3	控制单元搭铁	点火开关 ON	0V	
曲轴位置（霍尔式）传感器 POS-1	控制单元搭铁	点火开关 ON	0V	
曲轴位置（霍尔式）传感器 POS-2	曲轴位置（1 度）信号	发动机运转	2.3V（5V 脉冲方波波形）	可检测波形
曲轴位置（霍尔式）传感器 POS-3	参考电压	点火开关 ON	12V（来自发动机继电器）	
曲轴位置（磁电式）传感器 REF-1	控制单元搭铁	点火开关 ON	0V	可检测波形
曲轴位置（磁电式）传感器 REF-2	曲轴位置（120 度）信号	发动机运转	0.6~2.3V 交流信号电压	
凸轮轴位置（磁电式）传感器 -1	控制单元搭铁	点火开关 ON	0V	可检测波形
凸轮轴位置（磁电式）传感器 -2	凸轮轴位置（电磁）信号 120 度	发动机运转	4.6V 交流电压	
凸轮轴位置（霍尔式）传感器 -1	控制单元搭铁	点火开关 ON	0V	
凸轮轴位置（霍尔式）传感器 -2	凸轮轴位置信号	发动机运转	2.3V（5V 脉冲方波波形）	可检测波形
凸轮轴位置（霍尔式）传感器 -3	参考电压	点火开关 ON	12V（来自发动机继电器）	
爆燃传感器 -1	爆燃信号	发动机运转	发动机爆燃时 2.5V 交流信号；电阻 532~588kΩ	
爆燃传感器 -2	屏蔽线（搭铁）	点火开关 OFF	与车身导通	

（续）

针脚号	针脚名称	检测条件	正常数据	备注
独立点火线圈 –1	点火控制信号	发动机运转	0.45~0.55V	可检测波形
独立点火线圈 –2	点火线圈搭铁	点火开关 OFF	与车身导通	
独立点火线圈 –3	点火线圈电源	点火开关 ON	12V	
炭罐电磁阀 –1	电磁阀电源 B+	发动机运转	工作电压 12V；急速时占空比 0%，加速时 0~100% 变化	可动作测试
炭罐电磁阀 –2	电磁阀控制	发动机运转		
废气再循环 EGR 真空电磁阀 –1	电磁阀电源	发动机运转	工作电压 12V	可动作测试
废气再循环 EGR 真空电磁阀 –2	电磁阀控制	发动机运转		
废气再循环 EGR 步进电动机 –2、5	步进电动机电源	点火开关 ON	12V	
废气再循环 EGR 步进电动机 –1、3、4、6	步进电动机控制	发动机运行，EGR 阀工作	线圈电阻为 20.9~23.1Ω。EGR 系统工作时，步进电动机的步数一般在 10~55 步	可检测数据流
废气再循环 EGR 排气温度传感器 –1	控制单元搭铁	点火开关 ON	0V	
废气再循环 EGR 排气温度传感器 –2	温度传感器信号	点火开关 ON	插接器断开时 5V；信号随排气温度变化而变化，50℃时电压 2.53V，电阻 90~120kΩ；100℃时电压 0.87V，电阻 17~24kΩ	可检测电阻
加速踏板位置传感器 –1	参考电压（传感器 2）AVCC2	点火开关 ON	5V	
加速踏板位置传感器 –2	参考电压（传感器 1）AVCC1	点火开关 ON	5V	
加速踏板位置传感器 –3	加速踏板位置信号 APS1	点火开关 ON	释放：0.65~0.87V；完全踩下：大于 4.3V	
加速踏板位置传感器 –4	控制单元搭铁（传感器 1）GND–A1	点火开关 ON	0V	
加速踏板位置传感器 –5	控制单元搭铁（传感器 2）GND–A2	点火开关 ON	0V	
加速踏板位置传感器 –6	加速踏板位置信号 APS2	点火开关 ON	释放：0.28~0.48V；完全踩下：大于 2.0V	
电子节气门总成 –1	参考电压	点火开关 ON	5V	
电子节气门总成 –2	节气门位置信号 TPS2	点火开关 ON	释放：小于 4.75V；完全踩下：大于 0.36V	

（续）

针脚号	针脚名称	检测条件	正常数据	备注
电子节气门总成 -4	节气门位置信号 TPS1	点火开关 ON	释放: 大于 0.36V; 完全踩下: 小于 4.75V	
电子节气门总成 -5	控制单元搭铁 GND-A2	点火开关 ON	0V	
电子节气门总成 -3	电动机打开	点火开关 ON 或发动机运转	工作电压 12V（脉冲方波）	可动作测试
电子节气门总成 -6	电动机关闭			
凸轮轴正时电磁阀 -1	电磁阀电源	发动机运转	工作电压 12V；可检测到脉冲方波波形；电阻：7.0~7.5Ω	可动作测试
凸轮轴正时电磁阀 -2	控制信号 C-IVC	发动机运转		
可变管道电磁阀 -1	电磁阀电源	发动机运转	工作电压 12V；可检测到脉冲方波波形；电阻：7.0~7.5Ω	可动作测试
可变管道电磁阀 -2	电磁阀控制 -VIAS	发动机运转		
发动机电控支承控制 -1	控制信号 ENMN1	发动机运转	改变发动机转速时，电动机的运转声音可以从前方电控发动机支架和后方电控发动机支架听到，大约 5s	可动作测试
发动机电控支承控制 -2	控制信号 ENMN2	发动机运转		
发动机电控支承控制 -3	支承控制电源	点火开关 ON	12V	

2. 电子制动控制系统

日产汽车电子制动控制系统控制单元针脚（电子部件一侧）与检测数据（部分）见表 4-3-4。

表 4-3-4　日产汽车电子制动控制系统控制单元针脚（电子部件一侧）与检测数据

针脚号	针脚名称	检测条件	正常数据	备注
车轮速度传感器 -1	速度传感器（+）	点火开关 ON 和车轮运转	输入电压 8V，输出脉冲方波信号	可检测波形或数据流
车轮速度传感器 -2	速度传感器（-）			
ABS 电磁阀 -1	电磁阀电源	点火开关 ON	工作电压 12V；可执行动作测试；电阻：输入电磁阀 4.4~6.0Ω，输出电磁阀 8.5~9.5Ω	
ABS 电磁阀 -2	电磁阀控制			
转角传感器 -1	空脚			
转角传感器 -2	传感器搭铁	点火开关 OFF	与车身导通	
转角传感器 -3	传感器电源 IG	点火开关 ON	12V	

（续）

针脚号	针脚名称	检测条件	正常数据	备注
转角传感器 -4	CAN-H	点火开关 ON	CAN 网络传输信号到 ABS 控制单元；数据流：正前方位置 -5° 至 +5° 将车轮向右转 90° 大约 +90° 将车轮向左转 90° 大约 -90°	可检测数据流
转角传感器 -5	CAN-L			
转角传感器 -6~8	空脚			
偏转率（YAW）/减速度（G）传感器 -1	偏转率诊断 YD	点火开关 ON	5V	
偏转率（YAW）/减速度（G）传感器 -2	控制单元搭铁 GND	点火开关 ON	0V	
偏转率（YAW）/减速度（G）传感器 -3	偏转率信号 YAW	点火开关 ON	车辆停止时，-99~+99 d/s；右转向正值；左转向负值	可检测数据流
偏转率（YAW）/减速度（G）传感器 -4	参考电压 VCC	点火开关 ON	5V	
偏转率（YAW）/减速度（G）传感器 -5	减速度传感器信号 G1	点火开关 ON	车辆停止时 -1.1~+1.1m/s；右转向负值；左转向正值	可检测数据流
偏转率（YAW）/减速度（G）传感器 -6	减速度传感器信号 G2	点火开关 ON	车辆停止时 -0.21~+0.21m/s；加速正值；左减速负值	可检测数据流

三、本田汽车控制单元针脚与检测数据

1. 发动机电控系统

本田汽车发动机控制单元针脚（电子部件一侧）与检测数据（部分）见表 4-3-5。

表 4-3-5　本田汽车发动机控制单元针脚（电子部件一侧）与检测数据

针脚号	针脚名称	检测条件	正常数据	备注
进气歧管绝对压力传感器 MAP-1	参考电压	点火开关 ON	5V	
进气歧管绝对压力传感器 MAP-2	压力传感器信号	点火开关 ON 或发动机运转	急速时约 1.0V；点火开关 ON 或节气门全开约 3.0V	
进气歧管绝对压力传感器 MAP-3	控制单元搭铁	点火开关 ON	0V	
5 线式空气流量计 -1	进气温度控制单元搭铁	点火开关 ON	0V	
5 线式空气流量计 -2	进气温度信号	点火开关 ON	信号根据温度变化；插接器断开时 5V	
5 线式空气流量计 -3	空气流量信号	发动机运转	急速时约 1.0V；加速到 4000r/min 时接近 4.5V	

（续）

针脚号	针脚名称	检测条件	正常数据	备注
5 线式空气流量计 -4	控制单元搭铁	点火开关 ON	0V	
5 线式空气流量计 -5	加热电源	点火开关 ON	12V	
节气门位置传感器 TP-1	控制单元搭铁	点火开关 ON	0V	早期车型
节气门位置传感器 TP-2	节气门位置信号	点火开关 ON	节气门关闭时为 0.5V；节气门全开时为 4.5V	
节气门位置传感器 TP-3	参考电压	点火开关 ON	5V	
进气温度传感器 IAT-1	控制单元搭铁	点火开关 ON	0V	可检测电阻值
进气温度传感器 IAT-2	进气温度信号	点火开关 ON	插接器断开时 5V；信号随进气温度变化而变化	
冷却液温度传感器 ECT-1	控制单元搭铁	点火开关 ON	0V	
冷却液温度传感器 ECT-2	冷却液温度信号	点火开关 ON	插接器断开时 5V；信号随冷却液温度变化而变化	
爆燃传感器	爆燃信号	发动机运转	发动机爆燃时产生脉冲电压信号	
怠速控制阀 IAC-1	怠速阀搭铁	点火开关 ON	0V	早期车型
怠速控制阀 IAC-2	怠速阀电源	点火开关 ON	12V	
怠速控制阀 IAC-3	怠速阀控制	发动机运转	控制搭铁	
喷油器 -1	喷油器电源	点火开关 ON	12V	
喷油器 -2	喷油器控制	发动机运转	接通时略低于 12V；怠速时喷油脉宽约 3ms	可检测波形
曲轴位置（霍尔式）传感器 -1	参考电压	点火开关 ON	12V	
曲轴位置（霍尔式）传感器 -2	曲轴位置信号	发动机运转	产生脉冲电压信号	可检测波形
曲轴位置（霍尔式）传感器 -3	控制单元搭铁	点火开关 ON	0V	
凸轮轴位置（霍尔式）传感器 CMP-1	凸轮轴位置信号	发动机运转	产生脉冲电压信号	可检测波形
凸轮轴位置（霍尔式）传感器 CMP-2	控制单元搭铁	点火开关 ON	0V	
凸轮轴位置（霍尔式）传感器 CMP-3	参考电压	点火开关 ON	12V	

（续）

针脚号	针脚名称	检测条件	正常数据	备注
空燃比传感器 A/F–1	加热器电源 1	点火开关 ON	12V	即前氧传感器，V 型发动机左右各 1 个
空燃比传感器 A/F–2	加热器控制 1	点火开关 ON	断开时 12V，接通时接近 0V	
空燃比传感器 A/F–3	加热器电源 2	点火开关 ON	12V	
空燃比传感器 A/F–4	加热器控制 2	点火开关 ON	断开时 12V，接通时接近 0V	
空燃比传感器 A/F–5	空脚			
空燃比传感器 A/F–6	空燃比信号 1	发动机运转	0.3~4.9V（发动机暖机）	
空燃比传感器 A/F–7	空燃比信号 2	发动机运转	0.3~4.9V（发动机暖机）	
空燃比传感器 A/F–8	控制单元搭铁	点火开关 ON	0V	
副氧传感器 –1	氧传感器信号	发动机运转	0~1.0V 变化	即后氧传感器，氧化锆型
副氧传感器 –2	控制单元搭铁	点火开关 ON	0V	
副氧传感器 –3	加热器控制	点火开关 ON	断开时 12V，接通时接近 0V	
副氧传感器 –4	加热器电源	点火开关 ON	12V	
加速踏板位置传感器 APP–1	参考电压 2	点火开关 ON	5V	
加速踏板位置传感器 APP–2	控制单元搭铁 2	点火开关 ON	0V	
加速踏板位置传感器 APP–3	传感器信号 2（APSB）	点火开关 ON	0.5~4.5V 变化	
加速踏板位置传感器 APP–4	传感器信号 1（APSA）	点火开关 ON	0.5~4.5V 变化	
加速踏板位置传感器 APP–5	参考电压 1	点火开关 ON	5V	
加速踏板位置传感器 APP–6	控制单元搭铁 1	点火开关 ON	0V	
电子节气门体 –1	节气门位置信号 TPS1	点火开关 ON	0.5~4.5V 变化	
电子节气门体 –2	参考电压	点火开关 ON	5V	
电子节气门体 –3	节气门位置信号 TPS2	点火开关 ON	0.5~4.5V 变化	
电子节气门体 –4	控制单元搭铁	点火开关 ON	0V	
电子节气门体 –5	节气门电动机（＋）	点火开关 ON 或发动机运转	加速踏板踩下时应动作	可动作测试
电子节气门体 –6	节气门电动机（－）			

（续）

针脚号	针脚名称	检测条件	正常数据	备注
可变气门 VTEC 油压开关 –1	开关信号	发动机运转	0.5~4.5V（随压力变化而变化）	
可变气门 VTEC 油压开关 –2	开关搭铁	点火开关 OFF	与车身导通	
可变气门 VTEC 电磁阀 –1	电磁阀电源	发动机运转	发动机转速低，0V；发动机转速高，12V	可动作测试
可变气门 VTEC 电磁阀 –2	电磁阀控制			
活性炭罐电磁阀 EVAP–1	电磁阀电源	发动机运转	工作电压 12V；未工作时 12V；工作时（发动机达到工作温度）0V	可动作测试
活性炭罐电磁阀 EVAP–2	电磁阀控制			
独立点火线圈 –1	点火控制信号	点火开关 ON	接通时略低于 12V	可检测波形
独立点火线圈 –2	点火线圈搭铁	点火开关 OFF	与车身导通	
独立点火线圈 –3	点火线圈电源	点火开关 ON	12V	
废气再循环 EGR 阀 –1	EGR 阀位置传感器信号 EGRP	发动机运转	无真空时 1.2V；全开时 4.3V	
废气再循环 EGR 阀 –2	控制单元搭铁	点火开关 ON	0V	
废气再循环 EGR 阀 –3	参考电压 VCC	点火开关 ON	5V	
废气再循环 EGR 阀 –4	EGR 阀控制	点火开关 ON 或发动机运转	工作电压 12V	可动作测试
废气再循环 EGR 阀 –5	EGR 阀电源			

2. 其他电控系统

本田汽车（进口及合资本田）变速器及其他电控系统控制单元检测数据（部分）见表 4-3-6。

表 4-3-6　本田汽车变速器及其他控制系统控制单元检测数据

传感器 / 执行器		检测条件
控制系统	自动变速器锁止控制	点火开关 ON 时 12V
	自动变速器换档开关信号	点火开关 ON 时 12V
	驻车 / 空档信号	点火开关 ON 时 5V
	自动变速器换档请求信号	发动机运转时，约为 5V（空调关闭）；小于 1V（空调打开）

（续）

传感器 / 执行器	检测条件
线性电磁阀（-）	运行时产生脉冲信号
线性电磁阀（+）	运行时产生脉冲信号
换档控制电磁阀 "A"	在 2 档和 3 档时为 12V；在 1 档和 4 档时 0V
换档控制电磁阀 "B"	在 2 档和 3 档时为 12V；在 1 档和 4 档时 0V
锁止控制电磁阀 "B"	锁止打开时 12V；锁止关闭时 0V
锁止控制电磁阀 "A"	锁止打开时 12V；锁止关闭时 0V
自动变速器 / 变速驱动桥档位开关	D2（前进档驱动行驶 1-2 档）时 0V；其他任何位置时 12V
互锁控制单元信号	点火开关 ON，踩下制动踏板为蓄电池电压
D4（前进档驱动行驶 1-4 档）指示器灯	D4 位置灯灭时 12V；D4 位置灯亮时 0V
输出轴转速传感器	运行时产生脉冲信号
A/T 档位开关 -R	倒档位置时 0V；其他任何位置时 12V
A/T 档位开关 -D	D4 位置 0V；其他任何位置时 12V
A/T 档位开关 -P/N	在空档或驻车档位置时 0V；其他任何位置时 12V
空调开关信号	空调开关打开时 0V；空调开关关闭时 12V
压缩机离合器继电器	发动机运转，压缩机离合器运转时为 0V；压缩机离合器断开时为 12V
空调需求输入	5V 或 12V（根据车型）
动力转向开关信号	转向盘转动时 12V
车速传感器信号	0~12V 或 0~5V（根据车型）的脉冲电压（车轮转动时）
制动灯开关信号	点火开关 ON 时 12V
手动变速器离合器开关	点火开关 ON 时 5V
起动信号	"START" 位置时为 12V
交流发电机 FR 信号	点火开关 ON 时约 4.5V
交流发电机控制	发动机运转时，从 0 到 12V，根据电气负载的变化而变化
电气负载指示器（ELD）信号	1.5~3.5V（根据电气负载）
燃油泵继电器控制	点火开关 ON 时，开始 2s 为 0V，然后为 12V；发动机运转时 0V
散热器电子冷却风扇控制	电子冷却风扇运转时 0V；风扇关闭时 12V
油箱压力传感器	燃油加油口盖打开：约 2.5V

左侧分组（跨行）：
- 控制系统
- 空调系统
- 其他底盘控制系统
- 其他电气系统

四、三菱汽车控制单元针脚与检测数据

1. 发动机电控系统

三菱汽车发动机控制单元针脚（电子部件一侧）与检测数据（部分）见表4-3-7。

表4-3-7　三菱汽车发动机控制单元针脚（电子部件一侧）与检测数据

针脚号	针脚名称	检测条件	正常数据	备注
超声波涡旋式空气流量计 -1	流量计电源	点火开关 ON	12V（来自主继电器）	
超声波涡旋式空气流量计 -2	直接车身搭铁	点火开关 OFF	与车身导通	
超声波涡旋式空气流量计 -3	控制单元搭铁	点火开关 ON	0V	
超声波涡旋式空气流量计 -4	参考电压	点火开关 ON	5V	
超声波涡旋式空气流量计 -5	大气压力信号	点火开关 ON	海平面 3.7~4.3V，升高时降低	
超声波涡旋式空气流量计 -6	进气温度信号	点火开关 ON	信号根据温度变化；插接器断开时5V；20℃时2.3~2.9V，40℃时1.5~2.1V	
超声波涡旋式空气流量计 -7	重置（校正）信号	发动机运转	急速时 0~1.0V，3000r/min 时 6.0~9.0V	
超声波涡旋式空气流量计 -8	空气流量信号	发动机运转	电压：2.2~2.3V；急速时频率：21~60Hz（进口），18~44Hz（猎豹）；2500r/min时频率：80~120Hz（进口），68~108Hz（猎豹）	
热线式空气流量计 -1	空气流量信号 MAF	发动机运转	急速时约 0.5V；转速2000r/min 时约 1.0V	
热线式空气流量计 -2	加热电源	点火开关 ON	12V	
热线式空气流量计 -3	控制单元搭铁	点火开关 ON	0V	
热线式空气流量计 -4	车身搭铁	点火开关 OFF	与车身导通	
热线式空气流量计 -5	进气温度信号 IAT	点火开关 ON	信号根据温度变化；插接器断开时5V	
冷却液温度传感器 -1	控制单元搭铁	点火开关 ON	0V	
冷却液温度传感器 -2	冷却液温度信号	点火开关 ON	信号根据温度变化；插接器断开时5V；20℃时 2.1~2.7kΩ，80℃时 0.26~0.36 kΩ	可检测电阻值

（续）

针脚号	针脚名称	检测条件	正常数据	备注
节气门位置传感器 -1	参考电压	点火开关 ON	5V	传统节气门
节气门位置传感器 -2	节气门位置信号	点火开关 ON	急速时 0.5~0.7V，节气门全开约 4.5~5.5V	
节气门位置传感器 -3	控制单元搭铁	点火开关 ON	0V	
节气门位置传感器 -4	急速开关	点火开关 ON	断开时 12V，接通时 0V	
急速步进电动机 -1	线圈 A 控制 A1	点火开关 ON	工作电压：12V电阻：线圈电阻 28~32Ω；动作测试：通电进行动作测试，应能动作；数据流测试：急速时步数 2~25 步，转速变化时步数变化	传统节气门
急速步进电动机 -2	线圈 A 电源	点火开关 ON		
急速步进电动机 -3	线圈 A 控制 A2	点火开关 ON		
急速步进电动机 -4	线圈 B 控制 B1	点火开关 ON		
急速步进电动机 -5	线圈 B 电源	点火开关 ON		
急速步进电动机 -6	线圈 B 控制 B2	点火开关 ON		
凸轮轴位置（霍尔式）传感器 -1	参考电压	点火开关 ON	5V	
凸轮轴位置（霍尔式）传感器 -2	控制单元搭铁	点火开关 ON	0V	
凸轮轴位置（霍尔式）传感器 -3	凸轮轴位置信号 CMP	发动机运转	产生脉冲电压信号（5V 方波），检测电压时 0.5~2.5V	可检测波形
曲轴位置（霍尔式）传感器 -1	参考电压	点火开关 ON	5V	
曲轴位置（霍尔式）传感器 -2	控制单元搭铁	点火开关 ON	0V	
曲轴位置（霍尔式）传感器 -3	曲轴位置信号 CKP	发动机运转	产生脉冲电压信号（5V 方波），检测电压时 0.5~2.5V	可检测波形
氧传感器 -1	加热器控制	点火开关 ON	断开时 12V，接通时接近 0V	部分车型双氧传感器
氧传感器 -2	加热器电源 B+	点火开关 ON	12V	
氧传感器 -3	氧传感器信号	发动机运转	0.1~0.9V 变化	
氧传感器 -4	车身搭铁	点火开关 ON	0V	
爆燃传感器	爆燃传感器信号	发动机运转	爆燃时有交流信号产生；外壳直接搭铁；电阻大于 5MΩ	可检测波形
喷油器 -1	喷油器电源	点火开关 ON	12V（来自 MFI 继电器）	
喷油器 -2	喷油器控制	发动机运转	接通时电压略低于 12V；急速时脉宽 2.2~2.9ms 左右；电阻（14.5 ± 0.7）Ω	可检测波形
双点火线圈 A（1\4 缸）-1	点火线圈电源	点火开关 ON	12V（来自主继电器）	

（续）

针脚号	针脚名称	检测条件	正常数据	备注
双点火线圈 A（1\4缸）−2	点火线圈搭铁	点火开关 OFF	与车身导通	
双点火线圈 A（1\4缸）−3	点火控制信号	发动机运转	接通时略低于 12V	可检测波形
双点火线圈 B（2\3缸）−1	点火线圈电源	点火开关 ON	12V（来自主继电器）	
双点火线圈 B（2\3缸）−2	点火线圈搭铁	点火开关 OFF	与车身导通	
双点火线圈 B（2\3缸）−3	点火控制信号	发动机运转	接通时略低于 12V	可检测波形
独立点火线圈 −1	点火线圈电源	点火开关 ON	12V（来自主继电器）	
独立点火线圈 −2	点火线圈搭铁	点火开关 OFF	与车身导通	
独立点火线圈 −3	点火控制信号	发动机运转	脉冲信号	可检测波形
废气再循环真空电磁阀 −1	电磁阀电源	点火开关 ON	12V（来自主继电器）	
废气再循环真空电磁阀 −2	电磁阀控制	发动机运转	控制单元搭铁时工作；电阻 36~44Ω	可动作测试
步进电动机式 EGR 阀 −1	步进电动机线圈 1 控制 1	点火开关 ON		
步进电动机式 EGR 阀 −2	步进电动机线圈 1 电源	点火开关 ON		
步进电动机式 EGR 阀 −3	步进电动机线圈 1 控制 2	点火开关 ON	工作电压：12V 电阻：线圈电阻 20~24Ω；动作测试：点火开关 ON 时应听到动作声音；通电进行动作测试，应能动作	
步进电动机式 EGR 阀 −4	步进电动机线圈 2 控制 1	点火开关 ON		
步进电动机式 EGR 阀 −5	步进电动机 2 电源	点火开关 ON		
步进电动机式 EGR 阀 −6	步进电动机线圈 2 控制 2	点火开关 ON		
炭罐电磁阀 −1	电磁阀电源	发动机运转	工作电压 12V；电阻 22~26Ω	可动作测试
炭罐电磁阀 −2	电磁阀控制	发动机运转		
可变气门机油压力控制阀 −1	电磁阀电源	点火开关 ON	12V	可动作测试
可变气门机油压力控制阀 −2	电磁阀控制	发动机运转	占空比 0~100%（关闭−开启）	

（续）

针脚号	针脚名称	检测条件	正常数据	备注
电子节气门总成 -1	控制电动机 M+	点火开关 ON	工作电压 12V；可以检测波形（12V 脉冲方波）	可动作测试
电子节气门总成 -2	控制电动机 M-			
电子节气门总成 -3	控制单元搭铁	点火开关 ON	0V	
电子节气门总成 -4	节气门位置信号 TPS2	点火开关 ON	2.1~5.0V（根据开度变化）	
电子节气门总成 -5	参考电压	点火开关 ON	5V	
电子节气门总成 -6	节气门位置信号 TPS1	点火开关 ON	0.5~4.8V（根据开度变化）	
加速踏板位置传感器 -1	参考电压（传感器 2）2	点火开关 ON	5V	
加速踏板位置传感器 -2	控制单元搭铁（传感器 2）2	点火开关 ON	0V	
加速踏板位置传感器 -3	加速踏板位置信号 APS2	点火开关 ON	0.9~5.0V	
加速踏板位置传感器 -4	参考电压（传感器 1）1	点火开关 ON	5V	
加速踏板位置传感器 -5	控制单元搭铁（传感器 1）1	点火开关 ON	0V	
加速踏板位置传感器 -6	加速踏板位置信号 APS1	点火开关 ON	0.5~4.6V	

2. ABS 防抱死制动控制系统

图 4-3-1 是三菱汽车 ABS 系统控制单元针脚图，针脚名称与检测数据见表 4-3-8。

图 4-3-1 三菱汽车 ABS 系统控制单元针脚图

表 4-3-8 三菱汽车 ABS 控制单元针脚名称与检测数据

检测针脚号	针脚名称	检测条件	正常数据	备注
1-2	左前轮速传感器		电阻：1.0~1.5 kΩ；数据流：车轮运转时仪器数据流与实际车速一致；电压：用手转动车轮时 42~120mV（交流）	
5-6	左后轮速传感器			
19-20	右前轮速传感器			
23-22	右后轮速传感器			
8- 车身	油压电磁阀搭铁	点火开关 OFF	导通	

（续）

检测针脚号	针脚名称	检测条件	正常数据	备注
24- 车身	电机搭铁	点火开关 OFF	导通	
4- 车身	ABS 控制单元电源	点火开关 ON 或发动机运转	点火开关 ON 时 12V	
7- 车身	诊断仪器通信	点火开关 ON	仪器未连接时 1V 以下	
9- 车身	电磁阀电源	蓄电池连接	蓄电池电压	
14- 车身	诊断座输入信号转换	点火开关 ON	仪器未连接时 12V，连接时 0V	
16- 车身	ABS 指示灯	点火开关 ON	指示灯熄灭时 2V 以下，指示灯点亮时 12V	
18- 车身	制动灯开关输入	点火开关 ON	制动灯开关接通（ON）时 12V，制动灯开关断开（OFF）1V 以下	
25- 车身	电机电源	蓄电池连接	12V	

五、现代汽车控制单元针脚与检测数据

1. 发动机电控系统

现代（北京现代）汽车发动机控制单元针脚（电子部件一侧）与检测数据（部分）见表 4-3-9。

表 4-3-9　北京现代汽车发动机控制单元针脚（电子部件一侧）与检测数据

针脚号	针脚名称	检测条件	正常数据	备注
3 线式空气流量计 -1	控制单元搭铁	点火开关 ON	0V	V6 发动机
3 线式空气流量计 -2	空气流量信号 MAF	发动机运转	急速时约 0.5V；转速 2000r/min 时约 1.0V	
3 线式空气流量计 -3	加热电源	点火开关 ON	12V（来自 MFI 继电器）	
5 线式空气流量计 -1	空气流量信号 MAF	发动机运转	急速时约 0.5V；转速 2000r/min 时约 1.0V	L4 发动机
5 线式空气流量计 -2	加热电源	点火开关 ON	12V（来自 MFI 继电器）	
5 线式空气流量计 -3	控制单元搭铁	点火开关 ON	0V	
5 线式空气流量计 -4	车身搭铁	点火开关 OFF	与车身导通	
5 线式空气流量计 -5	进气温度信号 IAT	点火开关 ON	信号根据温度变化；插接器断开时 5V	
进气歧管绝对压力传感器 -1	控制单元搭铁	点火开关 ON	0V	
进气歧管绝对压力传感器 -2	进气温度信号 IAT	点火开关 ON	信号根据温度变化；插接器断开时 5V	

（续）

针脚号	针脚名称	检测条件	正常数据	备注
进气歧管绝对压力传感器–3	参考电压	点火开关ON	5V	
进气歧管绝对压力传感器–4	压力传感器信号MAP	点火开关ON或发动机运转	急速时约0.5~0.8V；点火开关ON或节气门全开4.0~5.0V	
进气温度传感器–1	进气温度信号IAT	点火开关ON	信号根据温度变化，20℃时3.4V，40℃时2.72V；插接器断开时5V	V6发动机，可检测电阻值
进气温度传感器–2	控制单元搭铁	点火开关ON	0V	
冷却液温度传感器–1	控制单元搭铁	点火开关ON	0V	
冷却液温度传感器–2	冷却液温度信号ECT	点火开关ON	信号根据温度变化，20℃时3.2~3.6V，40℃时2.4~3.0V，80℃时1.0~1.5V；插接器断开时5V	可检测电阻值
节气门位置传感器–1	参考电压	点火开关ON	5V	
节气门位置传感器–2	节气门位置信号TPS	点火开关ON	急速时0.25~0.5V，节气门全开约4.5V	传统节气门
节气门位置传感器–3	控制单元搭铁	点火开关ON	0V	
凸轮轴位置（霍尔式）传感器–1	参考电压	点火开关ON	5V或12V	
凸轮轴位置（霍尔式）传感器–2	凸轮轴位置信号CMP	发动机运转	产生脉冲电压信号（5V方波）	可检测波形
凸轮轴位置（霍尔式）传感器–3	控制单元搭铁	点火开关ON	0V	
曲轴位置（霍尔式）传感器–1	参考电压	点火开关ON	5V或12V	
曲轴位置（霍尔式）传感器–2	曲轴位置信号CKP	发动机运转	产生脉冲电压信号（5V方波）	可检测波形
曲轴位置（霍尔式）传感器–3	控制单元搭铁	点火开关ON	0V	
氧（氧化钛）传感器–1	加热器电源	点火开关ON	12V（来自MFI继电器）	
氧（氧化钛）传感器–2	加热器控制	点火开关ON	断开时12V，接通时接近0V	
氧（氧化钛）传感器–3	空燃比信号	发动机运转	5V参考电压，急速时2.8~3.8V，混合气稀–浓约在2.0~4.0V变化	V6发动机
氧（氧化钛）传感器–4	控制单元搭铁	点火开关ON	0V	
氧（氧化锆）传感器–1	加热器控制	点火开关ON	断开时12V，接通时接近0V	
氧（氧化锆）传感器–2	加热器电源	点火开关ON	12V（来自主继电器）	L4发动机
氧（氧化锆）传感器–3	氧传感器信号	发动机运转	0.1~0.9V变化	
氧（氧化锆）传感器–4	车身搭铁	点火开关ON	0V	

（续）

针脚号	针脚名称	检测条件	正常数据	备注
爆燃传感器 -1	爆燃传感器信号	发动机运转	爆燃时有交流信号产生；电阻大于 5MΩ	可检测波形
爆燃传感器 -2	控制单元搭铁	点火开关 ON	0V	
爆燃传感器 -3	屏蔽线搭铁	点火开关 OFF	与车身导通	
喷油器 -1	喷油器电源	点火开关 ON	12V（来自 MFI 继电器）	
喷油器 -2	喷油器控制	发动机运转	接通时电压略低于 12V；急速时脉宽 2.2~2.9ms 左右；电阻（14.5±0.7）Ω	可检测波形
急速控制阀（3 线脉冲控制）-1	开启线圈控制	点火开关 ON	电源：12V（来自 MFI 继电器）；线圈电阻 10~14Ω；占空比：急速时 30%~32%，冷车快急速时 45%~50%，根据空调、灯光等电气设备工作提升占空比	可检测电阻值，可动作测试
急速控制阀（3 线脉冲控制）-2	控制阀电源	点火开关 ON		
急速控制阀（3 线脉冲控制）-3	关闭线圈控制	点火开关 ON		
活性炭罐电磁阀 -1	电磁阀电源	发动机运转	工作电压 12V；电阻 26Ω	可动作测试
活性炭罐电磁阀 -2	电磁阀控制	发动机运转		
双点火线圈 -1	点火控制信号（1-4 缸）	发动机运转	接通时略低于 12V	可检测波形
双点火线圈 -2	点火控制信号（2-3 缸）	发动机运转	接通时略低于 12V	
双点火线圈 -3	点火线圈电源	点火开关 ON	12V（来自 MFI 继电器）	
双点火线圈 -4	点火线圈搭铁	点火开关 OFF	与车身导通	
电子节气门总成 -1	控制电动机 M+	点火开关 ON	工作电压 12V；可以检测波形（12V 脉冲方波）	可动作测试
电子节气门总成 -2	控制电动机 M-	点火开关 ON		
电子节气门总成 -3	控制单元搭铁	点火开关 ON	0V	
电子节气门总成 -4	节气门位置信号 TPS2	点火开关 ON	2.1~5.0V（根据开度变化）	
电子节气门总成 -5	参考电压	点火开关 ON	5V	
电子节气门总成 -6	节气门位置信号 TPS1	点火开关 ON	0.5~4.8V（根据开度变化）	
加速踏板位置传感器 -1	参考电压（传感器 2）2	点火开关 ON	5V	
加速踏板位置传感器 -2	控制单元搭铁（传感器 2）2	点火开关 ON	0V	
加速踏板位置传感器 -3	加速踏板位置信号 APS2	点火开关 ON	0.9~5.0V	

（续）

针脚号	针脚名称	检测条件	正常数据	备注
加速踏板位置传感器 -4	参考电压（传感器1）1	点火开关 ON	5V	
加速踏板位置传感器 -5	控制单元搭铁（传感器1）1	点火开关 ON	0V	
加速踏板位置传感器 -6	加速踏板位置信号 APS1	点火开关 ON	0.5~4.6V	

2. ETACS 系统

✉ **提示**：ETACS 是 ELECTRONIC TIME ALARAM CONTROL SYSTEM 的简称。英语单词翻译为电子（ELECTRONIC）、时间（TIME）、警报（ALARAM）、控制（CONTROL）、系统（SYSTEM），汉语名称为信息和时间电子控制系统。ETACS 可以理解为在汽车电气系统中把具有时间制的控制装置或实质上对汽车电子系统中带有时间控制的系统和警报系统进行统一控制的电子控制装置。ETACS 对各系统综合控制带来了很多优点：一是减少了很多电源、搭铁线路等；二是降低了故障现象；三是对故障诊断带来了便利。

图 4-3-2 是现代（北京现代）ETACS 系统控制单元针脚图，针脚名称见表 4-3-10，各电子部件输入、输出要素及电压变化见表 4-3-11。

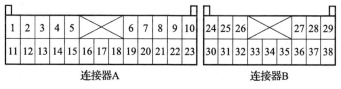

图 4-3-2　北京现代 ETACS 系统控制单元针脚

表 4-3-10　北京现代汽车 ETACS 系统控制单元针脚名称

针脚号（A）	针脚名称	针脚号（B）	针脚名称
1	ATL "L" 端子	10	前排乘客侧门锁开关
2	前排乘客侧门钥匙开锁开关	11	驾驶人侧门锁开关
3	点火开关钥匙插入开关	12	空脚
4	IG1	13	安全带开关
5	前排乘客侧门开关	14	后门锁开关
6	INT 时间变阻器（TIME）	15	搭铁
7	密码输入	16	搭铁
8	驾驶人侧门开关	17	喷水开关
9	B+	18	安全带警告灯

（续）

针脚号 (A)	针脚名称	针脚号 (B)	针脚名称
19	空脚	29	刮水器"S"端子
20	后窗除霜器继电器	30	闭锁输出
21	INT 开关	31	开所输出
22	IG2	32	驾驶人门钥匙开锁开关
23	行李舱钥匙开锁开关	33	空脚
24	转向灯继电器	34	后窗除霜器开关
25	4 个门开关（警告灯控制）	35	行李舱开关
26	警报器	36	前盖开关
27	刮水器 AUTO 端子	37	防盗继电器
28	刮水器 AUTO 端子	38	刮水器"S"端子

表 4-3-11　ETACS 系统电子部件输入、输出要素及电压变化

输入、输出要素		电压变化	
输入	INT 开关	OFF	5V
		INT 位置	0V
	间歇调整钮	FAST（快速）	0V
		LOW（慢速）	3.8V
输出	刮水器继电器	电动机运转时	0V（搭铁）
		电动机停止时	12V（非搭铁）
输入	喷水开关	OFF	12V
		喷水时	0V
输出	INT 继电器搭铁	电动机运转时	0V（搭铁）
		电动机静止时	12V（非搭铁）
输入	发电机 L 端子	点火开关 OFF	0V
		点火开关 ON	2~3V（经过充电警告灯的电压）
		发动机运转	充电电压
	除霜器开关	OFF	5V
		除霜器工作	0V
输出	除霜器继电器搭铁	除霜器工作	0V（搭铁）
		除霜器不工作	12V（非搭铁）
输入	安全带警告灯信号	点火开关 OFF	0V
		点火开关 ON	12V

（续）

输入、输出要素		电压变化	
输出	安全带警告灯	灯亮	0V（搭铁）
		灯灭	12V（非搭铁）
输入	点火开关钥匙插入开关	钥匙插入	12V
		钥匙拔出	0V
	门锁开关	闭锁	0V
		开锁	5V
	驾驶人侧车门开关	车门关闭	12V
		车门打开	0V
输出	开锁继电器	接通时	0V（搭铁）
		解除时	12V（非搭铁）
输入	驾驶人侧门锁开关、前排乘客侧门锁开关	车门闭锁	0V
		车门开锁	5V
输出	车门闭锁继电器	平时	12V（非搭铁）
		闭锁时	0V（搭铁）
	车门开锁继电器	平时	12V（非搭铁）
		开锁时	0V（搭铁）
输入	钥匙插入开关	OFF	0V
		ON	12V
	驾驶人侧门开关	OFF	5V
		ON	0V
输出	警告音	OFF	12V
		ON	0V

日韩车系电子控制
单元（电脑板）端
子功能和参考值

第四节　国产车型电子控制单元针脚与检测数据

本节介绍国产车型控制单元针脚与检测数据，除特别指明外，适用相关车型相同技术类型的电子部件。

一、国产品牌车型发动机控制单元针脚与检测数据

国产品牌车型发动机大部分采用德尔福（DELPHI）和联合电子（UAES）的控制系统，以下以这两种典型系统为例介绍控制单元针脚与检测数据。

1. 德尔福发动机电控系统

德尔福公司生产的控制单元针脚（MT20U 为例，电子部件一侧）与检测数据（部分）见表 4-4-1。

表 4-4-1　德尔福发动机控制单元针脚（电子部件一侧）与检测数据

针脚号	针脚名称	检测条件	正常数据	备注
进气压力/温度传感器-1	控制单元搭铁	点火开关 ON	0V	
进气压力/温度传感器-2	进气温度信号	点火开关 ON	插接器断开时 5V；信号随进气温度变化而变化	可检测电阻
进气压力/温度传感器-3	参考电压	点火开关 ON	5V	
进气压力/温度传感器-4	进气压力信号	发动机运转	急速时信号电压约 1.5V，节气门全开时约 4.0V	
节气门位置传感器-1	参考电压	点火开关 ON	5V	
节气门位置传感器-2	控制单元搭铁	点火开关 ON	0V	
节气门位置传感器-3	节气门位置信号	点火开关 ON	节气门关闭时约 0.6V，节气门全开时约 4.0V	
急速步进电动机-1	电动机线圈1控制（+）	点火开关 ON 或发动机运转	工作电压 12V；可进行数据流检测（负荷变化时步数变化）；线圈电阻 47.7~58.3Ω	可动作测试
急速步进电动机-2	电动机线圈2控制（+）			
急速步进电动机-3	电动机线圈1控制（-）			
急速步进电动机-4	电动机线圈2控制（-）			

（续）

针脚号	针脚名称	检测条件	正常数据	备注
冷却液温度传感器 –1	控制单元搭铁	点火开关 ON	0V	
冷却液温度传感器 –2	冷却液温度信号	点火开关 ON	插接器断开时 5V；工作温度范围：–40~135 ℃；电阻：20 ℃时 3511Ω，90 ℃时 241Ω	
冷却液温度传感器 –3（到组合仪表）	冷却液温度表	点火开关 ON	冷却液温度表指示	
凸轮轴位置传感器 –1	凸轮轴位置信号	发动机运转	插接器断开时 5V；工作时 5V 脉冲方波	
凸轮轴位置传感器 –2	控制单元搭铁	点火开关 ON	0V	
凸轮轴位置传感器 –3	参考电压	点火开关 ON	5V	
曲轴位置传感器 –1	曲轴位置58X信号高（+）	发动机运转	运转时检测交流电压或波形；电阻 504~616Ω	
曲轴位置传感器 –2	曲轴位置58X信号高（–）			
曲轴位置传感器 –3	传感器搭铁（屏蔽）	点火开关 ON	0V 或与车身导通	
氧传感器 –1	控制单元搭铁	点火开关 ON	0V	
氧传感器 –2	氧传感器信号	发动机运转	0.1~0.9V 变化	
氧传感器 –3	加热器电源	点火开关 ON	12V	
氧传感器 –4	加热器控制	发动机运转	插接器断开时 12V，接通时接近 12V；加热器电阻 2.5~4.5Ω	
喷油器 –1（主继电器）	喷油器电源	点火开关 ON	12V	
喷油器 –2	喷油器控制（4缸）	发动机运转	插接器断开时 12V；工作时可测喷油器波形及脉宽数据流；电阻约 13Ω	
点火线圈（双点火）–1	点火控制（1、4缸）	发动机运转	插接器断开时 12V；工作时可测初级波形；电阻：初级电阻 0.45~0.55Ω，次级电阻 4.8k~5.6kΩ	
点火线圈（双点火）–2	点火线圈电源	点火开关 ON	12V	
点火线圈（双点火）–3	点火控制（2、3缸）	发动机运转	插接器断开时 12V；工作时可检测初级波形；电阻：初级电阻 0.45~0.55Ω，次级电阻 4.8k~5.6kΩ	

（续）

针脚号	针脚名称	检测条件	正常数据	备注
爆燃传感器 –1	传感器搭铁（屏蔽）	点火开关 ON	0V 或与车身导通	
爆燃传感器 –2	爆燃信号	发动机运转	爆燃时产生交流信号；可检测波形；电阻大于 1MΩ	
活性炭罐电磁阀 –1	电磁阀电源	发动机运转	工作电压 12V；可执行动作测试；电阻 19~22Ω	
活性炭罐电磁阀 –2	电磁阀控制			
燃油泵继电器	燃油泵继电器控制	点火开关 ON	工作电压 12V；点火开关 ON 时继电器工作 1.5s；发动机运转则持续工作	
空调开关	空调请求信号	发动机运转	空调开关打开时 0V；空调开关关闭时 12V	
空调压缩机继电器	压缩机继电器控制	发动机运转	压缩机离合器吸合时为 0V；断开时为 12V	
低速风扇继电器	低速风扇继电器控制	发动机运转	根据冷却液温度及空调信号控制，电子冷却风扇运转时 0V；风扇关闭时 12V	
高速风扇继电器	高速风扇继电器控制	发动机运转		

2. 联合电子发动机电控系统

联合电子公司生产的控制单元针脚（M7-Motronic 为例，电子部件一侧）与检测数据（部分）见表 4-4-2。

表 4-4-2　联合电子发动机控制单元针脚（电子部件一侧）与检测数据

针脚号	针脚名称	检测条件	正常数据	备注
进气压力 / 温度传感器 –1	控制单元搭铁	点火开关 ON	0V	
进气压力 / 温度传感器 –2	进气温度信号	点火开关 ON	插接器断开时 5V；传感器电阻在 20℃约 2.5kΩ	
进气压力 / 温度传感器 –3	参考电压	点火开关 ON	5V	
进气压力 / 温度传感器 –4	进气压力信号	发动机运转	急速时信号电压约 1.3V，节气门全开时约 4V	
冷却液温度传感器 –1	控制单元搭铁	点火开关 ON	0V	
冷却液温度传感器 –2	冷却液温度信号	点火开关 ON	插接器断开时 5V；电阻：20 ℃时 2270~2730Ω，80 ℃时 290~354Ω	

（续）

针脚号	针脚名称	检测条件	正常数据	备注
节气门位置传感器 –1	控制单元搭铁	点火开关 ON	0V	传统节气门
节气门位置传感器 –2	参考电压	点火开关 ON	5V	
节气门位置传感器 –3	节气门位置信号	点火开关 ON	节气门关闭时约 0.4V，节气门全开时约 4.0V	
急速步进电动机 –1	电动机线圈 1 控制（＋）	点火开关 ON 或发动机运转	工作电压 12V；可执行动作测试；可进行数据流检测（负荷变化时步数变化）；线圈电阻 47.7~58.3Ω	传统节气门
急速步进电动机 –2	电动机线圈 2 控制（＋）			
急速步进电动机 –3	电动机线圈 1 控制（－）			
急速步进电动机 –4	电动机线圈 2 控制（－）			
加速踏板位置传感器 –1	参考电压 1	点火开关 ON	5V	电子节气门
加速踏板位置传感器 –2	加速踏板位置信号 1	点火开关 ON	踏板松开时约 2.0V（15%），踩到底时接近 5.0V（90%）	
加速踏板位置传感器 –3	控制单元搭铁 1	点火开关 ON	0V	
加速踏板位置传感器 –4	参考电压 2	点火开关 ON	5V	
加速踏板位置传感器 –5	加速踏板位置信号 2	点火开关 ON	踏板松开时约 0.5V（低于 10%），踩到底时接近 3.0V（50%）	
加速踏板位置传感器 –6	控制单元搭铁 2	点火开关 ON	0V	
电子节气门总成 –1	直流电动机（＋）	点火开关 ON 或发动机运转	工作电压 12V；踩下加速踏板时应动作	
电子节气门总成 –2	直流电动机（－）			
电子节气门总成 –3	节气门位置信号 2	点火开关 ON	节气门关闭时约 4.5~5.0V，全开时约 0.5V	
电子节气门总成 –4	控制单元信号	点火开关 ON	0V	
电子节气门总成 –5	参考电压	点火开关 ON	5V 或 12V	
电子节气门总成 –6	节气门位置信号 1	点火开关 ON	节气门关闭时约 0.5V，全开时约 4.5~5.0V	
凸轮轴位置传感器 –1	控制单元搭铁	点火开关 ON	0V	
凸轮轴位置传感器 –2	凸轮轴位置信号	发动机运转	插接器断开时 5V 或 12V；工作时 5V 或 12V 脉冲方波；检测频率：急速时 5~8Hz，3000r/min 时 24~26Hz	
凸轮轴位置传感器 –3	参考电压	点火开关 ON	5V	
曲轴位置传感器 –1	传感器搭铁（屏蔽）	点火开关 ON	0V 或与车身导通	

（续）

针脚号	针脚名称	检测条件	正常数据	备注
曲轴位置传感器 -2	曲轴位置 58X 信号高（+）	发动机运转	运转时检测交流电压或波形；电阻 731~989Ω	
曲轴位置传感器 -3	曲轴位置 58X 信号高（−）			
氧传感器 -1	加热器电源正极	点火开关 ON	工作电压 12V；插接器断开时 12V；加热器电阻 2.5~4.5Ω	
氧传感器 -2	加热器电源负极（控制）			
氧传感器 -3	氧传感器信号负极（搭铁）	点火开关 ON	0V	
氧传感器 -4	氧传感器信号正极	发动机运转	0.1~0.9V 变化	
爆燃传感器 -1	爆燃传感器信号正极	发动机运转	爆燃时产生交流信号；可检测波形；电阻 5MΩ	
爆燃传感器 -2	爆燃传感器信号负极（控制单元搭铁）			
爆燃传感器 -3	传感器搭铁（屏蔽）	点火开关 ON	0V 或与车身导通	
喷油器 -1（主继电器）	喷油器电源	点火开关 ON	12V	
喷油器 -2	喷油器控制（4 缸）	发动机运转	插接器断开时 12V；工作时可测喷油器波形及脉宽数据流；电阻约 11~16Ω	
点火线圈（双点火）-1	点火控制（1、4 缸）	发动机运转	插接器断开时 12V；工作时可测初级波形；电阻：初级电阻 0.77~0.95Ω，次级电阻 7.57~10.23kΩ	
点火线圈（双点火）-2	点火控制（2、3 缸）	发动机运转		
点火线圈（双点火）-3	点火线圈电源	点火开关 ON	12V（来自主继电器）	
点火线圈（双点火）-4	空脚（部分车型为车身搭铁，与车身导通）			
活性炭罐电磁阀 -1	主继电器输出（电源）	发动机运转	工作电压 12V；可执行动作测试；电阻 22~30Ω	
活性炭罐电磁阀 -2	控制信号			
燃油泵继电器	燃油泵继电器控制	点火开关 ON	工作电压 12V；点火开关 ON 时继电器工作 1.5s；发动机运转则持续工作	
空调开关	空调请求信号	发动机运转	空调开关打开时 0V；空调开关关闭时 12V	
空调压缩机继电器	压缩机继电器控制	发动机运转	压缩机离合器吸合时为 0V；断开时为 12V	

（续）

针脚号	针脚名称	检测条件	正常数据	备注
低速风扇继电器	低速风扇继电器控制	发动机运转	根据冷却液温度及空调信号控制，电子冷却风扇运转时0V；风扇关闭时12V	
高速风扇继电器	高速风扇继电器控制	发动机运转		

二、国产品牌车型其他系统控制单元针脚与检测数据

以下以江淮汽车（A 级车型）为例，介绍国产品牌车型 ABS、安全气囊等其他控制系统控制单元针脚（电子部件一侧）与检测数据，其他车型可参考维修手册及相关技术资料。

1. ABS 防抱死制动控制系统

国产品牌车型大部分采用博世（BOSCH）公司生产的 ABS 系统，控制单元针脚（电子部件一侧）与检测数据见表 4-4-3。

表 4-4-3　控制单元针脚（电子部件一侧）与检测数据

针脚号	针脚名称	检测条件	正常数据	备注
泵电机 –1	电机的电源端	点火开关 ON	12V	
泵电机 –2	电机的搭铁端（控制）	点火开关 ON	自检时电机动作	
轮速传感器 –1	轮速传感器信号		交流信号电压 0.2~1V；可检测波形及数据流；电阻（传感器针脚检测）1385Ω	4 个轮速传感器
轮速传感器 –2	轮速传感器电源	车辆运行	主动式传感器检测到控制单元提供的 5~12V 参考电源	
加压电磁阀 –1	电磁阀继电器电源	点火开关 ON	12V	4 个加压电磁阀
加压电磁阀 –2	电磁阀控制	车辆运行	运行时动作	
泄放电磁阀 –1	电磁阀继电器电源	点火开关 ON	12V	4 个泄放电磁阀
泄放电磁阀　2	电磁阀控制	车辆运行	运行时动作	
报警灯 –1	主动式 ABS 警告灯	点火开关 ON	12V 电压，自检时点亮（0V）	组合仪表
报警灯 –2	主动式 EBD 警告灯	点火开关 ON	12V 电压，自检时点亮（0V）	
制动踏板	制动灯开关信号	点火开关 ON	制动踏板松开 12V，踩下 0V	
诊断座 –6	CAN-H	点火开关 ON	通信时方波信号，电压 2.5V	诊断座
诊断座 –14	CAN-L	点火开关 ON	通信时方波信号，电压 2.5V	
诊断座 –7	诊断 K 线	点火开关 ON	诊断仪器能够通信	

（续）

针脚号	针脚名称	检测条件	正常数据	备注
ECU 电源 –1	ECU 供电电源	点火开关 ON	12V	
ECU 电源 –2	ECU 搭铁	点火开关 ON	0V 或与车身导通	

2. 安全气囊系统

江淮汽车（A 级车）安全气囊控制单元针脚（ECU 端）与检测数据见表 4-4-4。

表 4-4-4　控制单元针脚（ECU 端）与检测数据

针脚号	针脚名称	检测条件	正常数据	备注
1	诊断线	点火开关 ON	诊断仪器能够通信	
2/3/4/6/7/8/9/10/11/13/14 空脚				
5	碰撞信号输出（到信息和时间电子控制模块 ETACS）	不可检测		
12	控制单元电源	点火开关 ON	12V 电源	
15	驾驶员气囊（低）	不可检测		
16	驾驶员气囊（高）			
17	前排乘客气囊（低）			
18	前排乘客气囊（高）			
19	驾驶员安全带预警装置（低）			
20	驾驶员安全带预警装置（高）			
21	前排乘客安全带预警装置（高）			
22	前排乘客安全带预警装置（低）			
23	ECU 搭铁	点火开关 ON	0V 或与车身导通	
24	安全气囊警告灯	点火开关 ON	12V 电压，自检时点亮（0V）	

国产车系电子控制单元（电脑板）端子功能和参考值

第五章
新能源汽车高低压部件检测方法与数据

在新能源（电动）汽车维修中，高压部件、低压部件的检测方法与传统汽车有所区别。本章介绍新能源汽车高低压部件的检测方法与数据，包括：纯电动汽车高低压部件检测方法与数据；混合动力汽车高低压部件检测方法与数据。相关车型的部件检测方法与数据，可供汽车维修电工在新能源汽车维修工作中查询及应用。

第一节 纯电动汽车高低压部件检测方法与数据

本节以比亚迪 e5/e6、吉利帝豪 EV 系列纯电动汽车为例，介绍纯电动汽车高压部件、低压部件的检测方法与数据，更多详细技术资料请扫描二维码查阅，或查阅相关车型维修手册及其他技术资料。

一、比亚迪纯电动汽车高低压部件检测方法与数据

1. 高压电控总成

（1）高压电控总成功能

比亚迪 e5 高压电控总成内部集成双向交流逆变式电机控制器（VTOG）、高压配电箱（含漏电传感器）、车载充电器及 DC/DC 变换器四个分总成，因此称为"四合一"高压电控总成，主要的功能如下：

1）控制高压交流、直流电双向逆变和驱动电机运转，实现充、放电功能（VTOG、车载充电器）。

2）实现高压直流电转化低压直流电，为整车低压电器系统供电（DC/DC）。

3）实现整车高压回路配电功能以及高压漏电检测功能（高压配电箱和漏电传感器）。

4）直流充电升压功能。

5）CAN 通信、故障处理记录、在线编程以及自检等功能。

6）预留车辆对外部电器供电排插的供电功能、车辆对车辆的放电功能。

（2）高压电控总成内部模块布局

图 5-1-1 是比亚迪 e5 的高压电控总成的内部布局。图 5-1-2 是比亚迪 e5 的高压配电箱的结构组成，其中接触器由电池管理器控制，控制充放电。图 5-1-3 是比亚迪 e5 的高压电控总成控制原理图。

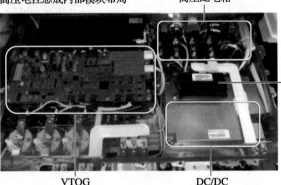

图 5-1-1 比亚迪 e5 高压电控总成的内部布局

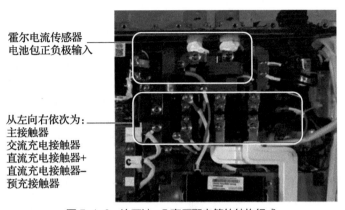

霍尔电流传感器
电池包正负极输入

从左向右依次为：
主接触器
交流充电接触器
直流充电接触器+
直流充电接触器-
预充接触器

图 5-1-2　比亚迪 e5 高压配电箱的结构组成

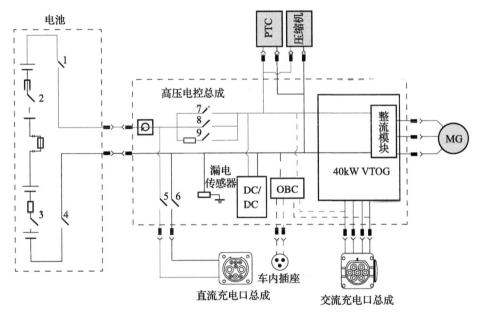

图 5-1-3　比亚迪 e5 高压电控总成控制原理图

1— 正极接触器　2— 电池分压接触器 1　3— 电池分压接触器 2　4— 负极接触器
5— 直流充电正极接触器　6— 直流充电负极 接触器　7— 主接触器　8— 交流充电接触器　9— 预充接触器

（3）漏电传感器

比亚迪 e5 漏电传感器含有 CAN 通信功能，主要监测与动力电池输出相连接的正极或负极母线与车身底盘之间的绝缘电阻，判定高压系统是否存在漏电，漏电传感器将漏电数据信息通过 CAN 信号发送给电池管理器、VTOG，采取相应保护措施。漏电数据判定及保护措施见表 5-1-1；漏电传感器针脚内容见表 5-1-2。

表 5-1-1　漏电数据判定及保护措施

绝缘电阻值 R	漏电状态	保护措施
$R>500\,\Omega/V$	正常	无
$100\,\Omega/V<R \leqslant 500\,\Omega/V$	一般漏电报警	组合仪表故障警告灯点亮，报动力系统故障

（续）

绝缘电阻值 R	漏电状态	保护措施	
$R \leqslant 100\,\Omega/V$	严重漏电报警	行车中	组合仪表故障警告灯点亮，报动力系统故障；断开主接触器、分压接触器、动力电池内的正负极接触器
		停车中	组合仪表故障警告灯点亮，报动力系统故障；禁止上电
		充电中	组合仪表故障警告灯点亮，报动力系统故障；断开充电接触器、分压接触器、动力电池内的正负极接触器

表 5-1-2　漏电传感器针脚内容

针脚编号	高压插接器（2 针脚）内容
1	接动力电池正极（漏电检测）
2	接动力电池正极（传感器自检）

针脚编号	低压插接器（12 针脚）内容
3	CAN-L
4	严重漏电信号
5	GND（搭铁）
6	双路电
9	CAN-H
10	一般漏电信号
12	GND（搭铁）
其余针脚	空脚

（4）双向交流逆变式电机控制器（VTOG）

图 5-1-4 是比亚迪 e5 VTOG 驱动系统控制原理图，VTOG 主要功能如下。

1）驱动控制（放电）。采集加速踏板、制动、档位、旋变信号等控制驱动电机正向、反向驱动，正、反转发电功能；有高压输出电压和电流控制限制功能，具有电压跌落、过电流、过温、IPM 过温、IGBT 过温保护、功率限制、转矩控制限制等功能。同时具备电控系统防盗、能量回馈控制、主动泄放、被动泄放控制功能。

2）充电控制。具有交、直流转换，双向充、放电控制功能，能自动识别单相、三相相序，并根据充电电流控制充电方式；能根据充电设备识别充电功率，控制充电方式；能根据车辆或其他设备请求信号控制车辆对外放电；能进行断电重启，在电网断电后又供电的时候，可继续充电。

3）通过 CAN 与电池管理器 BMS 通信控制高压系统上下电。OK 灯点亮条件：电池管理器 BMS 收到 VTOG 反馈的预充满信号。预充过程：起动车辆时，为缓解对高压系统的冲击，电池管理器先吸合预充接触器，动力电池的高压电经过预充接触器并联的限流电阻后加载到 VTOG 母线上，VTOG 检测到母线上的电压与动力电池电压相差在 50V 以内时，通过 CAN 通信向电池管理器反馈一个预充满信号，电池管理器收到预充满信号后控制主接触器吸合，断开预充接触器。

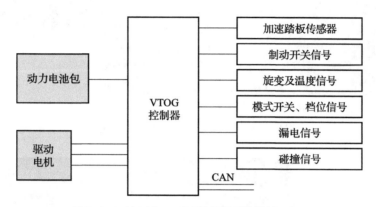

图 5-1-4　比亚迪 e5 VTOG 驱动系统控制原理图

（5）高压电控总成外部接口针脚内容

1）高压电控总成前端接口。图 5-1-5 是比亚迪 e5 高压电控总成前端接口，包括交流充电输入（慢充）、直流充电输入（快充）、三相交流输出（到驱动电机），以及冷却系统的出水口。

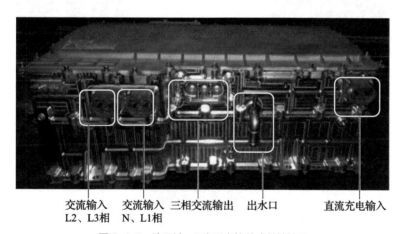

图 5-1-5　比亚迪 e5 高压电控总成前端接口

2）高压电控总成左侧接口。图 5-1-6 是比亚迪 e5 高压电控总成左侧接口，包括 32A 空调熔断器（给电动压缩机模块和 PTC 加热模块供电），以及 DC/DC 低压输出端（与低压蓄电池并联给整车低压系统提供 13.8V 电源）。

3）高压电控总成后端接口。图 5-1-7 是比亚迪 e5 高压电控总成后端接口，包括动力电池高压直流输入、空调电动压缩机和暖风加热器 PTC 高压输出，以及 33 针脚低压插接器（编号 B28 B）。所有高压插接器带有互锁针脚。

图 5-1-8 是比亚迪 e5 33 针脚低压插接器针脚位置图，针脚内容见表 5-1-3。

32A空调熔丝

DC/DC低压输出

图 5-1-6　比亚迪 e5 高压电控总成左侧接口

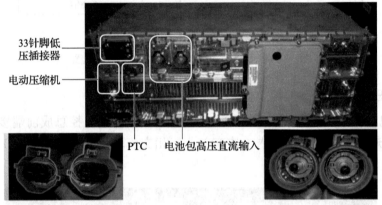

33针脚低压插接器

电动压缩机

PTC　电池包高压直流输入

图 5-1-7　高压电控总成后端接口

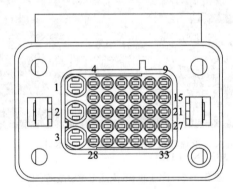

图 5-1-8　比亚迪 e5 33 针脚低压插接器针脚位置图

表 5-1-3　比亚迪 e5 33 针脚低压插接器针脚内容

针脚编号	针脚内容
4	DC 双路电电源
5	DC 双路电电源
8	DC 双路电电源（搭铁）
9	DC 双路电电源（搭铁）

（续）

针脚编号	针脚内容
10	直流霍尔信号屏蔽线（搭铁）
13	CAN 传输屏蔽线（搭铁）
14	CAN-H（动力网）
15	CAN-L（动力网）
16	直流霍尔电源 +（接 BMS）
17	直流霍尔电源 -（接 BMS）
18	直流霍尔信号（接 BMS）
20	一般漏电信号（接 BMS）
21	严重漏电信号（接 BMS）
22	高压互锁 +（接 BMS）
23	高压互锁 -
24	主接触器 / 预充接触器电源（双路电）
25	交、直流充电正负极接触器电源（双路电）
29	主预充接触器控制信号（接 BMS）
30	直流充电正极接触器控制信号（接 BMS）
31	直流充电负极接触器控制信号（接 BMS）
32	主接触器控制信号（接 BMS）
33	交流充电接触器控制信号（接 BMS）
其余针脚	空脚

4）高压电控总成右侧接口。图 5-1-9 是比亚迪 e5 高压电控总成右侧接口，64 针脚低压插接器和冷却系统的进水口。

64针脚低压插接器

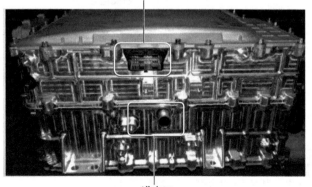

进水口

图 5-1-9　比亚迪 e5 高压电控总成右侧接口

图 5-1-10 是比亚迪 e5 64 针脚低压插接器针脚位置图，针脚内容见表 5-1-4，图 5-1-11 是比亚迪 e5 控制单元带高压互锁针脚号（图中的数字）。

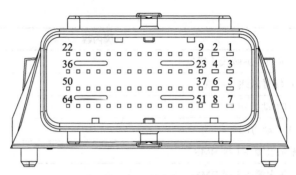

图 5-1-10　比亚迪 e5 64 针脚低压插接器针脚位置图

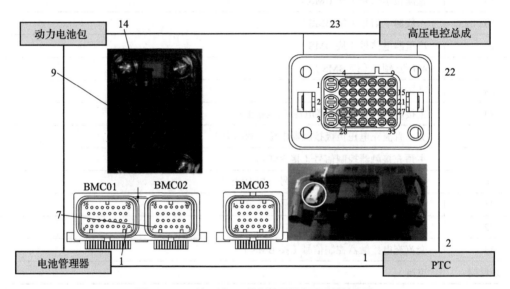

图 5-1-11　比亚迪 e5 控制单元带高压互锁针脚号

表 5-1-4　比亚迪 e5 64 针脚低压插接器针脚内容

针脚编号	针脚内容
1	外部提供 ON 档电源（VTOG 双路电）
2	外部提供常电源（VTOG 常电）
4	外部提供 ON 档电源（VTOG 双路电）
6	加速踏板位置信号屏蔽线（搭铁）
7	外部电源搭铁
8	外部电源搭铁
10	巡航控制信号搭铁
11	交流充电口温度信号 1 搭铁（接交流充电口）
12	BCM 充电连接信号（接车身控制模块 BCM 硬件控制，低电平有效）
13	交流充电口 CC 信号（接交流充电口）
14	巡航控制信号（接转向盘）

（续）

针脚编号	针脚内容
15	驱动电机绕组温度信号（接驱动电机）
16	交流充电口温度信号 2（接交流充电口）
17	制动踏板位置信号 1（接制动踏板）
18	加速踏板位置信号 2（接加速踏板）
19	BMS 充电连接信号（充电感应信号，低电平有效）
26	动力网 CAN 信号屏蔽线（搭铁）
29	驱动电机绕组温度信号搭铁（接驱动电机）
31	制动踏板位置信号 2（接制动踏板）
32	加速踏板位置信号 1（接加速踏板）
33	预留开关量输出 1
34	预留开关量输出 2
35	驻车制动信号（预留）
37	制动踏板位置信号屏蔽线（搭铁）
38	制动踏板位置电源 1（接制动踏板）
39	加速踏板位置电源 2（接加速踏板）
40	加速踏板位置电源 1（接加速踏板）
41	制动踏板位置电源 2（接制动踏板）
43	预留开关量输入 1
44	车内插座触发信号（预留）
45	旋变信号屏蔽线（驱动电机搭铁）
47	交流充电口 CP 信号（充电口 CP 信号）
49	动力网 CAN-H
50	动力网 CAN-L
51	制动踏板位置电源 1 搭铁（接制动踏板）
52	加速踏板位置电源 2 搭铁（接加速踏板）
54	加速踏板位置电源 1 搭铁（接加速踏板）
55	制动踏板位置电源 2 搭铁（接制动踏板）
56	预留开关量输入 2
57	制动信号（接制动踏板，大于 9V 高电平有效）
59	励磁 −（接驱动电机）
60	励磁 +（接驱动电机）
61	余弦 +（接驱动电机）
62	余弦 −（接驱动电机）
63	正弦 +（接驱动电机）

（续）

针脚编号	针脚内容
64	正弦 –（接驱动电机）
其余针脚	空脚

2. 动力电池及动力电池管理系统

（1）动力电池结构组成及信息采集器

比亚迪 e5 采用磷酸铁锂电池，额定电压 633.6V，容量 75A·h。动力电池组（电池包）结构组成包括：13 个串联的电池模组、13 个信息采集器 BIC、2 个分压接触器、1 个正极接触器、1 个负极接触器，以及采样线束、电池模组连接铜片和连接电缆等。图 5-1-12 是比亚迪 e5 动力电池外观接口，图 5-1-13 是带高压互锁端子的高压母线，图 5-1-14 是动力电池的内部结构，图 5-1-15 是电池模组连接方式，图 5-1-16 是单列模组的电池信息采集器 BIC，图 5-1-17 是双列模组的电池信息采集器 BIC，图 5-1-18 是采样线插接器针脚，采样线束插接器针脚内容见表 5-1-5。

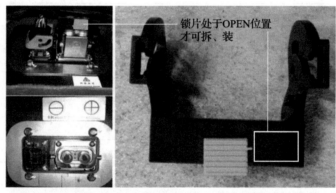

图 5-1-12　比亚迪 e5 动力电池外观接口

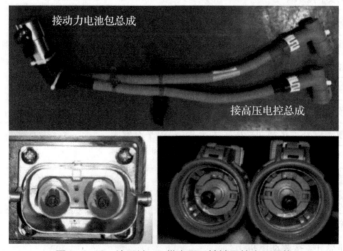

图 5-1-13　比亚迪 e5 带高压互锁端子的高压母线

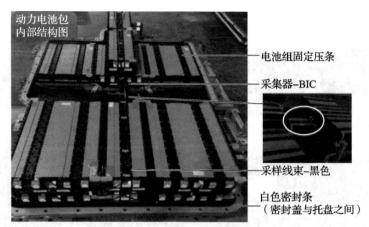

图 5-1-14 比亚迪 e5 动力电池的内部结构

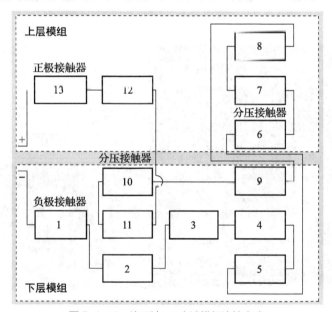

图 5-1-15 比亚迪 e5 电池模组连接方式

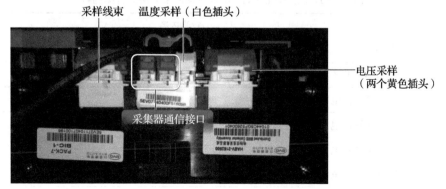

图 5-1-16 比亚迪 e5 单列模组的电池信息采集器 BIC

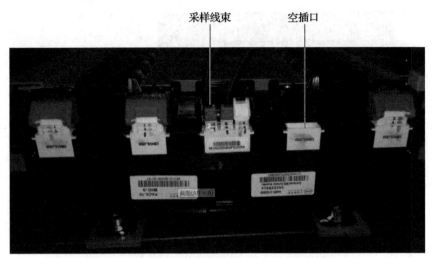

图 5-1-17　比亚迪 e5 双列模组的电池信息采集器 BIC

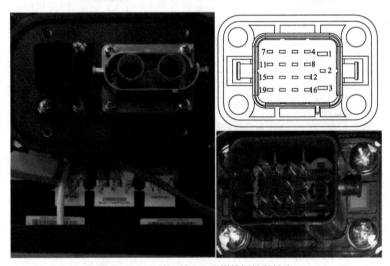

图 5-1-18　比亚迪 e5 采样线插接器针脚

表 5-1-5　比亚迪 e5 动力电池采样线束插接器针脚内容

针脚编号	针脚内容
1~3	空脚
4	采集器电源（正极）
5	负极接触器电源
6	分压接触器电源 1
7	分压接触器电源 2
8	正极接触器电源
9	高压互锁信号输入

（续）

针脚编号	针脚内容
10	采集器 CAN 信号屏蔽线（搭铁）
11	空脚
12	采集器 CAN-L
13	采集器 CAN-H
14	高压互锁信号输出
15	采集器电源（搭铁）
16	负极接触器控制
17	分压接触器控制 1
18	分压接触器控制 2
19	正极接触器控制

（2）动力电池管理系统

比亚迪 e5 采用分布式的动力电池管理系统，由 1 个电池管理控制器（BMC）和 13 个电池信息采集器（BIC）及 1 套动力电池采样线组成。电池管理控制器主要实现充 / 放电管理、接触器控制、功率控制、电池异常状态报警和保护、SOC/SOH 计算、自检以及通信等功能；电池信息采集器的主要功能有电池电压采样、温度采样、电池均衡、采样线异常检测等；动力电池采样线的主要功能是连接电池管理控制器和电池信息采集器，实现二者之间的通信及信息交换。更换动力电池组（电池包）或者电池管理器时，需要根据原厂数据重新标定电池容量和 SOC。图 5-1-19 是比亚迪 e5 动力电池管理系统原理图，图 5-1-20 是比亚迪 e5 电池管理器插接器针脚，插接器针脚内容见表 5-1-6。

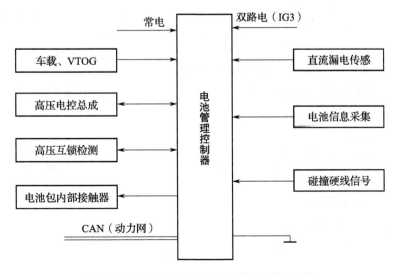

图 5-1-19　比亚迪 e5 动力电池管理系统原理图

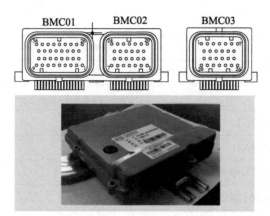

图 5-1-20　比亚迪 e5 电池管理控制器插接器针脚

表 5-1-6　比亚迪 e5 电池管理器插接器针脚内容

针脚编号	针脚内容
BMC01-1	高压互锁输出信号
BMC01-2	一般漏电信号
BMC01-6	整车低压电源搭铁
BMC01-9	主接触器控制信号（拉低）
BMC01-10	严重漏电信号
BMC01-14	12V 蓄电池电源（正极）
BMC01-17	预充接触器控制信号（拉低）
BMC01-26	直流霍尔信号
BMC01-27	直流霍尔（+15V）
BMC01-28	直流霍尔屏蔽线（搭铁）
BMC01-29	直流霍尔（-15V）
BMC01-30	整车低压电源搭铁
BMC01-31	仪表充电指示灯信号
BMC01-33	直流充电正负极接触器控制信号（拉低）
BMC01-34	交流充电接触器控制信号
BMC02-1	12V 蓄电池电源（正极）
BMC02-4	直流充电感应信号
BMC02-6	整车低压电源搭铁
BMC02-7	高压互锁输入信号
BMC02-11	直流温度传感器（高）
BMC02-13	直流温度传感器（低）
BMC02-14	直流充电口 CAN-H
BMC02-15	整车 CAN-H
BMC02-16	整车 CAN 屏蔽线（搭铁）

（续）

针脚编号	针脚内容
BMC02-18	VTOG/ 车载充电感应信号
BMC02-20	直流充电口 CAN-L
BMC02-21	直流充电口 CAN 屏蔽线（搭铁）
BMC02-22	整车 CAN-L
BMC02-25	碰撞信号
BMC03-1	采集器 CAN-L
BMC03-2	采集器 CAN 屏蔽线（搭铁）
BMC03-3	1 号分压接触器控制信号（拉低）
BMC03-4	2 号分压接触器控制信号（拉低）
BMC03-7	采集器供电电源（正极）
BMC03-8	采集器 CAN-H
BMC03-10	负极接触器控制信号（拉低）
BMC03-11	正极接触器控制信号（拉低）
BMC03-14	1 号分压接触器 12V 电源
BMC03-15	2 号分压接触器 12V 电源
BMC03-20	负极接触器 12V 电源
BMC03-21	正接触器 12V 电源
BMC03-26	采集器供电电源（搭铁）
其余针脚	空脚

3. 充电系统

比亚迪 e5 的充电系统有直流充电和交流充电两种充电方式。交流充电主要是通过交流充电桩、壁挂式充电盒以及家用供电插座接入交流充电口，通过高压电控总成（车载充电器）将交流电转为 650V 直流高压电给动力电池充电；直流充电主要是通过充电站的充电柜将直流高压电直接通过直流充电口给动力电池充电。充电系统主要组成部分包括交流充电口、直流充电口、高压电控总成、动力电池组及电池管理器。图 5-1-21 是比亚迪 e5 充电口总成，隐藏在中央格栅后面，充电接口有照明灯。

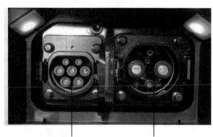 

交流充电口　　直流充电口　　　　充电口盖拉锁

图 5-1-21　比亚迪 e5 的充电口总成

（1）交流充电口

交流充电口（慢充）的针脚（图5-1-22）与检测数据见表5-1-7，适用全部新能源车型。

（2）直流充电口

直流充电口（快充）的针脚（图5-1-23）与检测数据见表5-1-8，适用全部新能源车型。

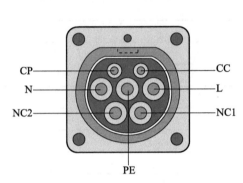

图5-1-22　交流充电口针脚说明

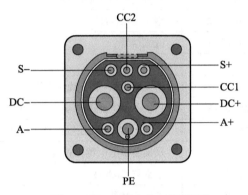

图5-1-23　直流充电口针脚说明

表5-1-7　交流充电口针脚与检测数据

针脚号	针脚名称	检测条件	正常数据	备注
L	交流电源	充电时	单相250V、10A/16A/32A；三相440V、16A/32A/63A	
NC1	交流电源（三相）	充电时（三相）	三相440V、16A/32A/63A	部分车型
NC2				
N	中线	充电时	单相250V、10A/16A/32A；三相440V、16A/32A/63A	
PE	保护搭铁（搭铁）线	任何时候	与车身导通	
CC	充电连接确认。车辆充电系统通过CC与PE（车身地）之间的电阻来判断充电器插头是否与车辆插座完全连接。根据电阻值确认充电器的功率	充电时	组合仪表充电指示灯点亮	以厂家配置参数为准
		充电器电阻检测	CC与PE之间的电阻：3.3kW及以下为680Ω；7kW为220Ω；40kW为100Ω	
CP	充电控制确认。车辆充电系统通过CP的PWM脉冲占空比确认当前供电设备支持的最大充电电流	充电时	信号线或数据流检测到占空比信号；仪表显示充电连接成功	
		电阻检测	CP与PE之间的电阻应在0.7~0.8MΩ之间，如果测量电阻为2.7kΩ，说明车载充电器内部二极管可能损坏	

表5-1-8　直流充电口针脚与检测数据

针脚号	针脚名称	检测条件	正常数据	备注
DC+	直流电源正	充电时	750/1000V、80A/125A/200A/250A	

（续）

针脚号	针脚名称	检测条件	正常数据	备注
DC-	直流电源负	充电时	750/1000V、80A/125A/200A/250A	
S+	充电通信 CAN-H	通信时	脉冲波形	
S-	充电通信 CAN-L	通信时	脉冲波形	
CC1	充电确认线。充电桩（直流充电柜）确认充电器是否插好	充电器连接时	充电口端与车身地（PE）1kΩ±30Ω	
CC2	充电确认线，车辆确认充电器是否插好	充电器连接时	充电口端与车身地（PE）导通	
A+	低压辅助电源正	充电器连接时	12V	
A-	低压辅助电源负			
PE	保护搭铁（搭铁）线	任何时候	与车身导通	

（3）车载充电器

目前市场上大部分车型的车载充电器集成在"三合一"或"四合一"高压电控总成内部，只有少数早期车型独立安装。图 5-1-24 是比亚迪 e6 纯电动汽车独立安装的车载充电器针脚功能图，检测数据见表 5-1-9。

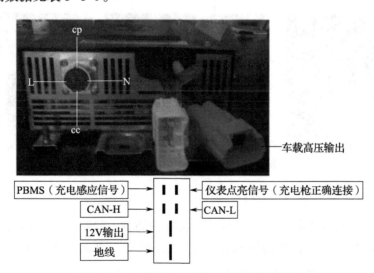

图 5-1-24　比亚迪 e6 车载充电器针脚功能图

表 5-1-9　比亚迪 e6 车载充电器技术参数表

项目	参数	说明
输入电压	AC220V	
输入电流	交流额定 14A	满功率充电：使用 16A 以上充电桩或类似设备
高压输出	DC200~400V	给高压动力电池充电
低压输出	DC12V	给低压蓄电池充电

4. 驱动系统

比亚迪 e5 的驱动系统即驱动 / 动力总成，包括驱动电机、单档变速器。

（1）驱动电机及传感器

比亚迪汽车采用交流永磁同步驱动电机，驱动汽车前进后退，也可以在滑行、制动过程中将动能转化为电能。驱动电机结构包括转子、定子，以及旋变传感器、温度传感器，采用水冷方式。

图 5-1-25 是驱动电机内部结构，U、V、W 三相的电阻值两两之间小于 1Ω，并且分别与驱动电机壳体绝缘。驱动电机工作时三相不得缺相及漏电（绝缘电阻过低）。

图 5-1-26 是旋变传感器和温度传感器的位置及插接器。旋变传感器检测数据：正弦电阻值 $(16\pm1)\Omega$；余弦电阻值 $(16\pm1)\Omega$；励磁电阻值 $(8\pm1)\Omega$。温度传感器为负温度系数热敏电阻，电阻随驱动电机温度升高而降低，工作电压为 5V，温度信号可以由诊断仪器数据流读出，数据应与当前驱动电机温度一致。

图 5-1-25　驱动电机内部结构

旋变传感器　　　　驱动电机温度传感器　　　驱动电机旋变传感器

图 5-1-26　旋变传感器和温度传感器

（2）单档变速器及电子变速杆

图 5-1-27 是单档变速器的结构，包括输入轴、中间轴、减速器。图 5-1-28 是电子变速杆，档位控制器总成通过 CAN 信息传输档位信号，上 OK 电，踩制动才能挂档。

图 5-1-27　单档变速器　　　　图 5-1-28　电子变速杆

二、吉利帝豪纯电动汽车高低压部件检测方法与数据

下面以吉利帝豪 EV300/EV450 纯电动汽车为例，介绍吉利帝豪纯电动汽车各控制系统的控制单元针脚与检测数据。

1. 动力电池及管理系统

（1）动力电池管理系统 BMS 控制单元

✉ 提示：如果使用诊断仪对车辆进行诊断，尝试诊断进入 BMS 系统，如果诊断仪显示 BMS 系统由于不工作无法通信，进入其他系统读取故障码，可以读取到其他如整车控制器 VCU 等相关系统与 BMS 系统通信丢失的故障码，由此可判断 BMS 系统没有工作，需要进一步检查相关电源、搭铁、通信或 BMS 自身故障。

1）BMS 控制单元电源和搭铁检测。BMS 控制单元的电源、搭铁和通信电路图如图 5-1-29 所示，控制单元 BMS 线束插接器 CA49 针脚如图 5-1-30 所示。

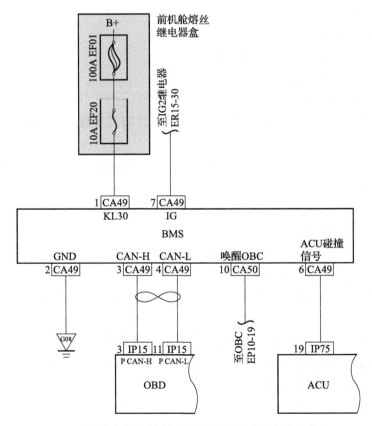

图 5-1-29　BMS 电源、搭铁和通信电路图

OBD—诊断接口　ACU—辅助控制模块　OBC—车载充电机

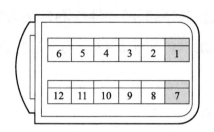

图 5-1-30　BMS 线束插接器 CA49 针脚图

根据 BMS 控制单元电路图和插接器针脚图，按以下步骤进行电源和搭铁的检测诊断：

①检查蓄电池电压。

a. 操作点火开关使电源模式至 OFF 状态。

b. 用万用表测量蓄电池正负极之间的电压，电压标准值为 11~14 V。

c. 确认测量值是否符合标准，如不符合标准检查充电系统或对蓄电池充电。

②检查 BMS 熔丝。

a. 操作点火开关使电源模式至 OFF 状态。

b. 拔下熔丝 EF20，检查熔丝是否熔断。如果熔断，检修熔丝线路，更换额定容量熔丝，熔丝额定容量为 10A。

③检查 BMS 电源线路。

a. 操作点火开关使电源模式至 OFF 状态。

b. 断开 BMS 线束插接器 CA49。

c. 操作点火开关使电源模式至 ON 状态。

d. 用万用表测量 BMS 线束插接器 CA49 的 1 号针脚和车身可靠搭铁之间的电压，电压标准值为 11~14 V。

e. 用万用表测量 BMS 线束插接器 CA49 的 7 号针脚和车身可靠搭铁之间的电压，电压标准值为 11~14 V。

f. 确认测量值是否符合标准，如不符合修理或更换线束。

④检查 BMS 搭铁线路。

a. 操作点火开关使电源模式至 OFF 状态。

b. 断开 BMS 线束插接器 CA49。

c. 用万用表测量 BMS 线束插接器 CA49 的 2 号针脚和车身可靠搭铁之间的电阻，标准电阻 < 1Ω。

d. 确认测量值是否符合标准，如不符合修理或更换线束。

2）BMS 通信线路检测。BMS 通信线路电路图参考图 5-1-29，诊断接口 IP15 通信（P-CAN）针脚如图 5-1-31 所示。

①操作点火开关使电源模式至 OFF 状态。

②断开 BMS 线束插接器 CA49。

③用万用表测量 BMS 线束插接器 CA49 针脚 4 和诊断接口 IP15 针脚 11 之间的电阻，电阻标准值 < 1Ω。

④用万用表测量 BMS 线束插接器 CA49 针脚 3 和诊断接口 IP15 针脚 3 之间的电阻，电阻标准值 < 1Ω。

⑤确认测量值是否符合标准，如不符合修理或更换线束。

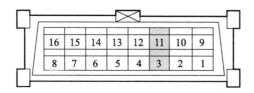

图 5-1-31　诊断接口 IP15 通信（P-CAN）针脚图

如果通过以上检测，确定电源、搭铁和通信线路均没有问题，可判断 BMS 的电池控制单元自身故障，应进行更换。

（2）动力电池高压线束绝缘电阻检测

BMS 系统具备绝缘监控功能，通过监控高压回路与车身搭铁之间的绝缘电阻判断动力电池是否存在漏电故障。

如果读到的故障码是"P21F02B 高压继电器断开的前提下，绝缘故障（最严重）"，说明是高压继电器闭合之前就监控到绝缘电阻过低，在 BMS 自身诊断正常情况下可以判断发生漏电的位置为高压继电器之前的高压回路、相关采样线路或单体电池本身。针对此故障可以通过维修开关处，分别测量两接口与车身搭铁之间的绝缘电阻是否正常，如果绝缘电阻过低说明电池内部漏电，需分解动力电池组进行进一步的测量判断故障点，如果绝缘电阻正常，判断 BMS 自身故障。

⚠ **警告**：对于吉利帝豪纯电动汽车，后期车型取消了维修开关，因此高压继电器之前的高压回路、相关采样线路或单体电池模组本身的绝缘电阻测量，需要断开动力电池组才可以进行。

1）**确认高压电路切断**。图 5-1-32 是动力电池高压母线线束插接器 EP41 针脚图。

①操作点火开关使电源模式至 OFF 状态。

②断开蓄电池负极电缆。

③拆卸维修开关（没有装备维修开关的车型除外）。

④断开动力电池高压线线束插接器 EP41。

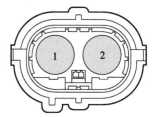

图 5-1-32　动力电池高压母线线束插接器 EP41 针脚图

⑤等待 5min。

⑥用万用表检测 EP41 针脚 1 与针脚 2 之间的电压，标准电压 ≤ 5V。

📝 **注意**：检修时必须佩戴绝缘手套。如果针脚 1 与针脚 2 距离较近，严禁万用表针头短接和触碰任何非目标测量金属部件。

2）**动力电池外部负载高压线束绝缘电阻检测**。

①将绝缘测试仪的档位调至 1000V。

②用绝缘测试仪测量动力电池高压线线束插接器 EP41 的 1 号针脚与车身搭铁之间的绝缘电阻，标准电阻≥2MΩ。

③用绝缘测试仪测量动力电池高压线线束插接器 EP41 的 2 号针脚与车身搭铁之间的绝缘电阻，标准电阻≥2MΩ。

3）动力电池直流充电线束绝缘电阻检测。图 5-1-33 是动力电池直流充电线束插接器 EP33 的针脚图。

①拆卸动力电池高压线线束插接器 EP33。

②将绝缘测试仪的档位调至 1000V。

③用绝缘测试仪测量动力电池高压线线束插接器 EP33 的 1 号针脚与车身搭铁之间的绝缘电阻，标准电阻≥20MΩ。

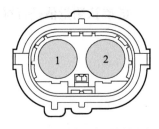

图 5-1-33 动力电池直流充电线束插接器 EP33 针脚图

④用绝缘测试仪测量动力电池高压线线束插接器 EP33 的 2 号针脚与车身搭铁之间的绝缘电阻，标准电阻≥20MΩ。

2. 驱动电机及控制器

（1）电机控制器

1）电机控制器电源和搭铁检测。电机控制器电源和搭铁电路图如图 5-1-34 所示，控制器线束插接器 EP11 针脚如图 5-1-35 所示。

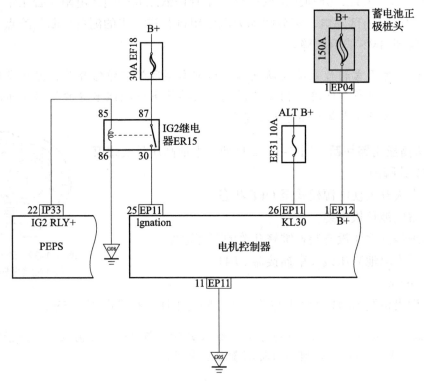

图 5-1-34 电机控制器电源和搭铁电路图

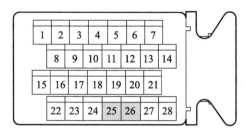

图 5-1-35　电机控制器线束插接器 EP11 针脚图

①检查蓄电池电压。

a. 操作点火开关使电源模式至 OFF 状态。

b. 用万用表测量蓄电池电压，标准电压为 11~14V。

c. 确认测量值是否符合标准，如不符合为蓄电池充电或更换蓄电池。

②检查电机控制器熔丝 EF18、EF31 和蓄电池正极的熔丝是否熔断。

a. 操作点火开关使电源模式至 OFF 状态。

b. 拔下熔丝 EF31 检查熔丝是否熔断，熔丝额定容量为 10A。

c. 拔下熔丝 EF18 检查熔丝是否熔断，熔丝额定容量为 30A。

d. 拔下蓄电池正极柱头熔丝检查熔丝是否熔断，熔丝额定容量为 150A，检修熔丝线路。

③测量电机控制器电源电压。

a. 操作点火开关使电源模式至 OFF 状态。

b. 断开电机控制器线束插接器 EP11。

c. 操作点火开关使电源模式至 ON 状态。

d. 用万用表测量电机控制器线束插接器 EP11 针脚 25 和车身搭铁之间的电压值，标准电压为 11~14V 。

e. 用万用表测量电机控制器线束插接器 EP11 针脚 26 和车身搭铁之间的电压值，标准电压为 11~14V。

f. 确认测量值是否符合标准，如不符合进一步检查线路，修理或更换线束。

④检查电机控制器搭铁线路。

a. 操作点火开关使电源模式至 OFF 状态。

b. 断开电机控制器线束插接器 EP11。

c. 用万用表测量电机控制器线束插接器 EP11 针脚 11 和车身搭铁之间的电阻，标准电阻 < 1Ω。

d. 确认测量值是否符合标准，如不符合进一步检查线路，修理或更换线束。

2）电机控制器通信线路检测。电机控制器通信线路电路图如图 5-1-36 所示。

①检查电机控制器的通信屏蔽线路。

a. 操作点火开关使电源模式至 OFF 状态。

b. 断开电机控制器线束插接器 EP11。

c. 用万用表测量电机控制器线束插接器 EP11 针脚 10 与车身可靠搭铁之间的电阻，电阻标准值 < 1Ω。

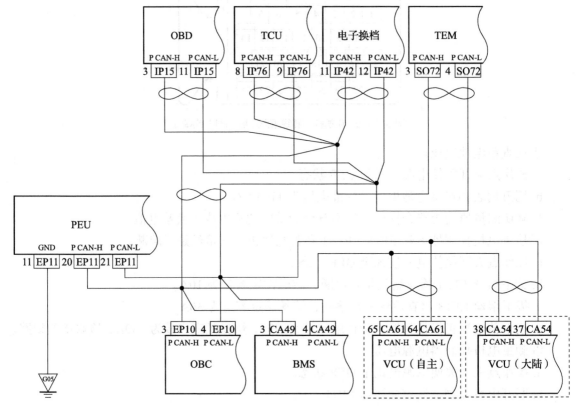

图 5-1-36　电机控制器通信线路电路图

d. 确认测量值是否符合标准，如不符合，修理或更换线束。

②检查电机控制器的通信线路。

a. 操作点火开关使电源模式至 OFF 状态。

b. 断开电机控制器线束插接器 EP11。

c. 用万用表测量电机控制器线束插接器 EP11 针脚 21 和诊断接口 IP15 针脚 11 之间的电阻，电阻标准值 < 1Ω。

d. 用万用表测量电机控制器线束插接器 EP11 针脚 20 和诊断接口 IP15 针脚 3 之间的电阻，电阻标准值 < 1Ω。

e. 确认测量值是否符合标准，如不符合，修理或更换线束。

如果通过以上检测，确定电源、搭铁和通信线路均没有问题，可判断电机控制器自身故障，应进行更换。

（2）电机角度传感器检测与标定

1）**电机角度传感器检测**。电机角度传感器旋变信号电路如图 5-1-37 所示。

①检测电机旋变的正弦、余弦、励磁电阻值。 电机旋变的正弦、余弦、励磁电阻正常值如下：余弦（14.5±1.5）Ω；正弦（13.5±1.5）Ω；励磁（9.5±1.5）Ω。

②检测驱动电机旋变信号屏蔽线路。

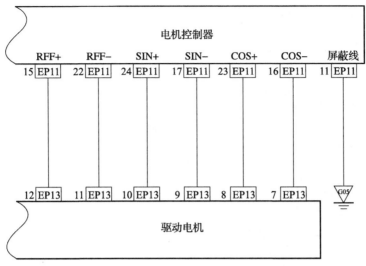

图 5-1-37 电机角度传感器旋变信号电路图

a. 操作点火开关使电源模式至 OFF 状态。

b. 拆卸维修开关。

c. 操作点火开关使电源模式至 ON 状态。

d. 断开电机控制器线束插接器 EP11。

e. 用万用表测量电机控制器线束插接器 EP11 的 10 号端子与车身搭铁之间的电阻，标准电阻 < 1Ω。

f. 确认测量值是否符合标准，如不符合，修理或更换线束。

③检测驱动电机余弦旋变信号线路。

a. 操作点火开关使电源模式至 OFF 状态。

b. 拆卸维修开关。

c. 操作点火开关使电源模式至 ON 状态。

d. 断开驱动电机线束插接器 EP13。

e. 断开电机控制器线束插接器 EP11。

f. 用万用表按图 5-1-38 所示方法进行测量。

g. 确认测量值是否符合标准，如不符合，修理或更换线束。

④检测驱动电机正弦旋变信号线路。

a. 操作点火开关使电源模式至 OFF 状态。

b. 断开蓄电池负极电缆。

c. 拆卸维修开关。

d. 操作点火开关使电源模式至 ON 状态。

e. 断开驱动电机线束插接器 EP13。

f. 断开电机控制器线束插接器 EP11。

g. 用万用表按图 5-1-39 所示方法进行测量。

h. 确认测量值是否符合标准，如不符合，修理或更换线束。

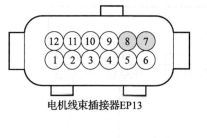

电机线束插接器EP13

测量位置A	测量位置B	测量标准值
EP13-7	EP11-16	标准电阻：<1Ω
EP13-8	EP11-23	
EP13-7	EP13-8	标准电阻：10kΩ 或更高
EP13-7	车身接地	
EP13-8	车身接地	
EP13-7	车身接地	标准电压：0V
EP13-8	车身接地	

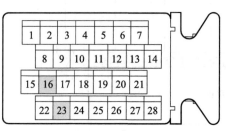

电机控制器线束插接器EP11

图 5-1-38　电机余弦旋变信号线路检测

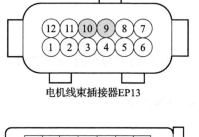

电机线束插接器EP13

测量位置A	测量位置B	测量标准值
EP13-9	EP11-17	标准电阻：<1Ω
EP13-10	EP11-24	
EP13-9	EP13-10	标准电阻：10kΩ 或更高
EP13-9	车身接地	
EP13-10	车身接地	
EP13-9	车身接地	标准电压：0V
EP13-10	车身接地	

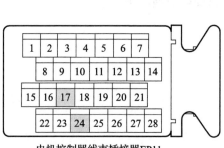

电机控制器线束插接器EP11

图 5-1-39　电机正弦旋变信号线路检测

⑤检测驱动电机励磁旋变信号线路。

a. 操作点火开关使电源模式至 OFF 状态。

b. 断开蓄电池负极电缆。

c. 拆卸维修开关。

d. 操作点火开关使电源模式至 ON 状态。

e. 断开驱动电机线束插接器 EP13。

f. 断开电机控制器线束插接器 EP11。

g. 用万用表按图 5-1-40 所示方法进行测量。

h. 确认测量值是否符合标准，如不符合，修理或更换线束。

电机线束插接器EP13

测量位置A	测量位置B	测量标准值
EP13-11	EP11-22	标准电阻：<1Ω
EP13-12	EP11-15	
EP13-11	EP13-12	标准电阻：10kΩ 或更高
EP13-11	车身接地	
EP13-12	车身接地	
EP13-11	车身接地	标准电压：0V
EP13-12	车身接地	

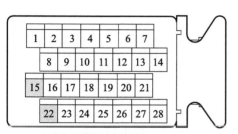

电机控制器线束插接器EP11

图 5-1-40　电机励磁旋变信号线路检测

⑥电机角度传感器信号检测。

a. 使用示波器检测励磁线圈交流信号波形，励磁线圈正常波形参考如图 5-1-41 所示。

b. 确认励磁线圈交流信号波形是否正常，如无信号或信号异常，更换电机控制器。

c. 使用示波器分别检测正弦和余弦感应线圈交流信号波形，正弦和余弦感应线圈正常波形参考如图 5-1-42 所示。

d. 确认感应线圈交流信号波形是否正常，如无信号或信号异常，更换驱动电机。

e. 诊断结束。

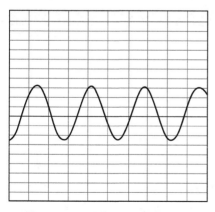

图 5-1-41　励磁线圈正常波形参考

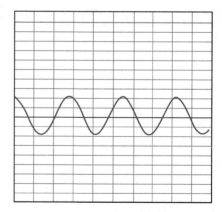

图 5-1-42　正弦、余弦感应线圈正常波形参考

2）**电机转子偏移角标定**。对于帝豪纯电动汽车车型，当电机角度传感器正常无故障，但电机转子偏移角没标定或出现偏差，可能读取到相关故障码（表 5-1-10），车辆被限制功率，需要重新做电机转子偏移角标定。

表 5-1-10　帝豪纯电动汽车驱动电机转子偏移角异常相关故障码

故障码	故障描述
P0C4E99	初始位置标定处于加速阶段，加速至阈值频率的时间超过时间阈值
P170000	初始位置标定处于初始阶段，标定停留时间超过时间阀值
P170100	停止位置设定（Off set）角不合理故障
P170200	停止位置设定（Off set）角状态无效故障

①使用诊断仪读取偏移角。

a. 操作点火开关使电源模式至 ON 状态。

b. 如图 5-1-43 所示，连接诊断仪读取电机当前转子偏移角，标准值为 41°±2°。

c. 检查读取偏移角是否在标准范围内，如不正常进行下一步重新标定。

②使用诊断仪标定偏移角。

a. 操作点火开关使电源模式至 ON 状态。

b. 如图 5-1-44 所示，连接诊断仪，根据电机铭牌上的标准值重新标定转子偏移角。

c. 确认标定完成。

图 5-1-43　电机转子偏移角数据读取　　　　图 5-1-44　电机转子偏移角标定

3. 整车动力控制系统

（1）整车控制器检测

整车控制器（Vehicle Control Unit，VCU）是纯电动汽车整车动力控制系统的核心控制模块。VCU 通过采集加速踏板、制动踏板、档位等信号来判定驾驶人的驾驶意图，通过监控车辆状态信息（动力电池状态、电机驱动系统状态、车速、温度等），向动力电池管理系统 BMS、电机控制器发送车辆的运行状态控制指令，同时控制其他高压、低压系统的工作模式，实现纯电动汽车整车动力控制系统的各项功能。其中控制整车高压系统上电、进入 READY 状态是 VCU 核心的控制功能之一。

图 5-1-45 是帝豪纯电动汽车整车控制器 VCU 进行高压上电控制相关的电气原理图。在正常情况下，使用有效钥匙进入车内，防盗认证正常通过，档位于 P 位状态，踩下制动踏板并按下一键起动开关(SSB),无钥匙起动与进入系统(PEPS)会控制低压点火电源(IGN)

接通。在满足起动条件后，PEPS 向 VCU 发送起动请求。VCU 控制高压相关的控制模块进行自检并满足起动条件下，指令全车各系统进入起动运行状态，动力电池输出高压电，整车将会进入 READY 状态（仪表指示），此时车辆高压系统上电，车辆进入了就绪状态。

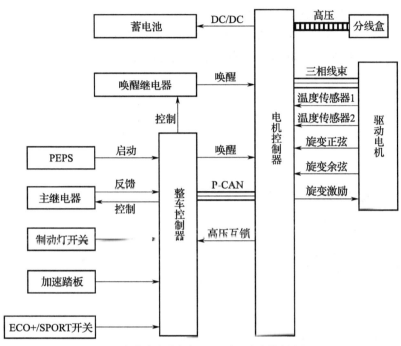

图 5-1-45　帝豪纯电动汽车 VCU 高压上电控制电气原理图

纯电动汽车如果发生高压不上电故障，正常进行相关上电操作后，仪表上 READY 指示灯不亮，部分故障会导致仪表内动力系统故障警告灯在内的各种相关警告灯点亮。

高压上电涉及多方面的控制，高压不上电故障的原因非常多。上电控制涉及的控制系统包括：整车控制器 VCU、无钥匙起动与进入 PEPS、动力电池管理系统 BMS、电机控制器 PEU/MCU、车载充电机 OBC 等相关系统的电源、搭铁、通信或硬件内部故障。

高压不上电故障诊断方法如下：

1）**使用诊断仪诊断**。检查低压电源系统正常后，应使用诊断仪对车辆进行诊断。首先使用诊断仪对整车控制器 VCU 进行诊断，如果诊断仪显示 VCU 系统不工作或无法通信，应对 VCU 进行检查。如果 VCU 能止常诊断，使用诊断仪读取 VCU 故障码。如果 VCU 无故障码，读取其他高压上电相关系统的故障码。通过故障码所指示方向进行故障方向和大概范围的判断，根据相关维修手册故障码检修指引，确定相关的检测与维修步骤。

2）**通过数据流进行故障判定**。部分起动控制条件方面故障，例如相应开关信号异常导致不能识别相关操作等，可能并不会产生故障码，对于此类无故障码故障，可以通过诊断仪读取相关开关信号数据流，同时进行相关操作并观察数据流的变化情况，判断相关信号是否异常。如果出现异常，制定相关部件的故障检测与维修步骤，以便进一步测量相关元件确定故障点。

3）故障检测与排除。根据制定的故障检测与维修步骤，使用相关仪器（万用表、绝缘测试仪、示波器等）进行检测确定故障点并进行排除。

（2）整车高压电路绝缘电阻检测

图 5-1-46 所示是帝豪纯电动汽车高压供电电路的电路图。纯电动汽车动力电池外部高压电路漏电故障，主要是相关高压部件中高压电路或高压线束与车身搭铁之间绝缘性能降低导致的，因此漏电故障的诊断主要是通过分段测量相关部件高压电路对车身搭铁之间的绝缘电阻值，并结合整车高压电路的结构布置，根据测量结果使用排除分离法进行判断。

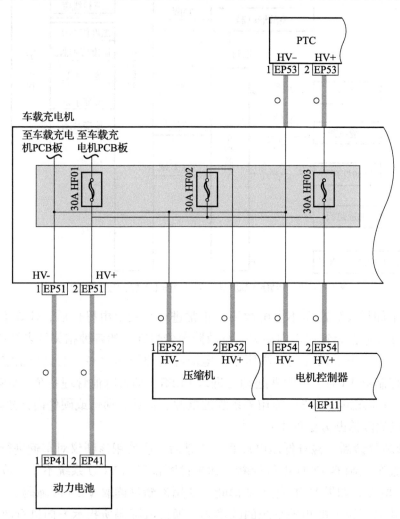

图 5-1-46　帝豪纯电动汽车高压供电电路的电路图

高压电路检测方法如下：

1）操作点火开关使电源模式至 OFF 状态（车辆下电）。

2）打开前机舱盖，拆掉盖板，拆下 12V 蓄电池的负极。

3）拆下手动维修开关。

4）检查易于接触或能够看到的高压系统部件（高压线束、高压插接件、电机控制器、车载充电机、PTC 加热器、空调压缩机等），以查明其是否有明显损坏或存在可能导致故障的情况。

5）检查分线盒高压线束插接器是否松动、内部是否有锈蚀的迹象。

6）根据高压供电电路结构，使用绝缘测试仪（测量电压 1000V）采用分段测量法，逐一测量各高压部件的绝缘电阻值，来进行故障排除。各高压部件绝缘电阻值判断标准见表 5-1-11。

7）对于不符合要求的高压部件或线束，需要更换新的部件。

表 5-1-11　帝豪纯电动汽车各高压部件绝缘电阻值判断标准

高压部件名称	测试端	正常电阻值 / MΩ
电机控制器	高压正极针脚与车身搭铁	≥ 2
	高压负极针脚与车身搭铁	≥ 2
电动空调压缩机	高压正极针脚与车身搭铁	≥ 10
	高压负极针脚与车身搭铁	≥ 10
车载充电机	高压正极针脚与车身搭铁	≥ 10
	高压负极针脚与车身搭铁	≥ 10
PTC 加热器	高压正极针脚与车身搭铁	≥ 20
	高压负极针脚与车身搭铁	≥ 20
驱动电机三相线束	U 相与车身搭铁	≥ 20
	V 相与车身搭铁	≥ 20
	W 相与车身搭铁	≥ 20
动力电池直流母线	高压正极针脚与车身搭铁	≥ 20
	高压负极针脚与车身搭铁	≥ 20
PTC 加热器高压线束	高压线束正极针脚与车身搭铁	≥ 20
	高压线束负极针脚与车身搭铁	≥ 20
电动空调压缩机高压线束	高压线束正极针脚与车身搭铁	≥ 20
	高压线束负极针脚与车身搭铁	≥ 20
电机控制器高压线束	高压线束正极针脚与车身搭铁	≥ 20
	高压线束负极针脚与车身搭铁	≥ 20

（3）整车高压互锁检测

1）**高压互锁线路**。高压部件及线束互锁功能是指当任何一个高压部件的高压线束插接器断开，或高压部件的外盖打开时，车辆就会自动断开动力电池的高压电输出，以防止高压电的输出造成触电意外的发生。对于纯电动汽车，高压部件及线束互锁功能是通过车辆高压互锁电路监控实现的。一旦某处插接器断开或高压部件外盖打开后，导致相关互锁电路断开，整车报高压互锁故障，控制断电，起到高压保护作用。

图 5-1-47 是帝豪纯电动汽车整车控制器 VCU 高压互锁电路原理图。具备高压互锁功

能的部件包括全车所有高压部件上可快速插拔的高压插接器、车载充电机检修盖和电机控制器检修盖。通过整车控制器 VCU 高压互锁、车载充电机 OBC 高压互锁、动力电池管理系统 BMS 高压互锁这三套互锁系统，实现这些部件的高压互锁功能。

VCU 高压互锁监控功能以 VCU 为监控模块，VCU 通过"HVIL OUT"针脚输出高压互锁信号（脉冲信号），PTC 加热器、电动压缩机和电机控制器形成的互锁电路传输互锁信号，最后回到 VCU 的"HVIL IN"针脚。VCU 通过"HVIL IN"针脚监控到正常的互锁信号判断 VCU 高压互锁电路正常，如果电路中任何相关插接器（高压或低压），或电机控制器开盖检测装置没有正确安装到位，将会导致互锁电路开路，报 VCU 互锁故障，控制 BMS 断电，起到高压保护作用。

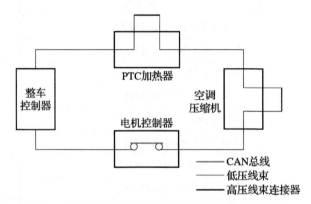

图 5-1-47　帝豪纯电动汽车 VCU 高压互锁电路原理图

图 5-1-48 是帝豪纯电动汽车 OBC 高压互锁电路原理图。车载充电机 OBC 高压互锁监控功能以 OBC 为监控模块，OBC 内部控制板输出高压互锁信号（直流电压信号），依次通过 OBC 检修盖互锁检测开关、高压母线插接器、慢充（220V 交流）插接器、低压插接器后接车身搭铁，正常情况下 OBC 内部控制板高压互锁信号输出端监控到电压为 0V，如果电路中任何相关插接器（高压或低压），或 OBC 开盖检测开关没有正确安装到位，将会导致互锁线路开路无法接车身搭铁，OBC 内部控制板高压互锁信号输出端监控到电压为输出参考电压（直流电压），报 OBC 互锁故障，控制 BMS 断电，起到高压保护作用。

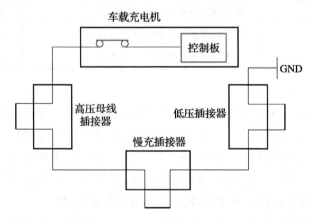

图 5-1-48　帝豪纯电动汽车车载充电机 OBC 高压互锁电路原理图

图 5-1-49 是帝豪纯电动汽车 BMS 高压互锁电路原理图。BMS 高压互锁监控功能以 BMS 为监控模块，BMS 上高压母线插接器、快充插接器、手动维修开关 MSD 互锁监控分别是单独的互锁电路，但互锁监控工作原理与 VCU 互锁监控类似，BMS 内部线路输出端输出高压互锁信号，通过相关高压插接器后回到 BMS 高压互锁信号输入端进行监控，一旦互锁电路故障导致互锁信号接收异常，报 BMS 相关互锁故障，BMS 断开高压电，起到高压保护作用。

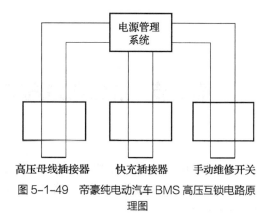

图 5-1-49　帝豪纯电动汽车 BMS 高压互锁电路原理图

2）**高压互锁检测**。纯电动汽车高压互锁故障，属于高压不上电故障的其中之一原因，一般现象为正常进行相关上电操作后，仪表上 READY 指示灯不亮，仪表内动力系统故障警告灯点亮。

对于吉利帝豪纯电动汽车，由于具有三套（VCU、OBC、BMS）独立的高压互锁监控装置，故障原因可能是 VCU 高压互锁故障、OBC 高压互锁故障或 BMS 高压互锁故障。故障诊断与排除步骤如下：

①读取故障码。如果发生高压互锁故障，使用诊断仪读取相关系统（VCU、OBC、BMS）故障码，可读取到具体的互锁故障码，根据具体互锁故障码所指示，先确定是哪一套互锁系统出现问题，再针对具体的互锁系统进行下一步诊断检测。

②故障检测。以 VCU 互锁故障为例，具体检测步骤如下：

a. 操作起动开关使电源模式至 OFF 状态，断开低压蓄电池。

b. 等待 5min 后断开维修开关（无维修开关车型，断开动力电池输出母线插接器）。

c. 检查互锁电路相关部件插接器是否松动，如果松动没有安装到位，重新安装到位。

d. 断开 VCU 插接器，使用万用表电阻档在 VCU 高压互锁信号输出和输入针脚处测量互锁电路是否正常导通。如不正常，进一步分段检测查找确定线路开路位置，检修更换相关线束或高压部件。

e. 使用万用表电阻档测量互锁电路线路是否对车身搭铁短路。如线路对车身搭铁短路，进一步分段检测查找确定线路对车身搭铁短路故障点，检修更换相关线束或高压部件。

f. 接上 VCU 插接器，接上低压蓄电池，打开点火开关至 ON 档，使用万用表电压档测量互锁信号电压是否正常（正常平均电压约 5V）或使用示波器测量互锁信号波形。如果所测互锁信号异常，进一步检查互锁线路是否对电源或其他信号线路短路。

g. 通过以上检测，如果确定高压互锁电路正常（无断路、短路），更换 VCU。

纯电动汽车电子控制单元及高压部件针脚功能和参考值

第二节　混合动力汽车高低压部件检测方法与数据

本节以比亚迪秦、丰田卡罗拉双擎混合动力汽车为例，介绍混合动力汽车的高压、低压部件检测方法与数据，更多详细技术资料请扫描二维码查阅，或查阅相关车型维修手册及其他技术资料。

一、比亚迪秦混合动力汽车高低压部件检测方法与数据

1. 动力电池及动力电池管理系统

（1）动力电池结构组成

动力电池是混合动力汽车主要动力能源之一，它为整车驱动和其他用电器提供电能。不同车型动力电池结构组成基本相同，但电量（容量）有区别。例如，比亚迪秦 DM 车型有高电量、低电量两种动力电池组，高电量的动力电池组由 5 个动力电池模组、总共 144 节串联而成，额定总电压为 518V，总电量为 17kW·h；低电量的动力电池组由 4 个动力电池模组、总共 128 节串联而成，额定总电压 460V，总电量为 15kW·h，两种电量的动力电池组均带有冷却系统。此外动力电池内部还包含通信转换模块、动力电池模组连接铜片、采样通信线、托盘、密封罩、漏电传感器、高压配电箱。

图 5-2-1 是比亚迪秦动力电池及管理系统（电池管理控制器）位置，图 5-2-2 是动力电池组内电池模组布置图，图 5-2-3 是动力电池模组连接方式（以高电量为例），图 5-2-4 是动力电池高压线束，图 5-2-5 是动力电池高压维修开关位置。

图 5-2-1　比亚迪秦高压部件位置

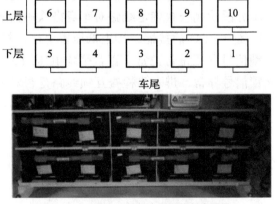

图 5-2-2　动力电池组内电池模组布置图

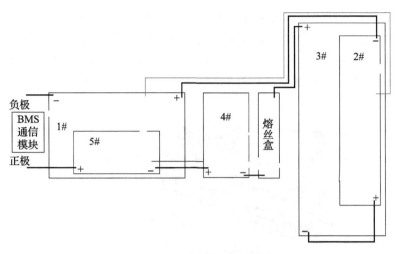

图 5-2-3　动力电池模组连接方式

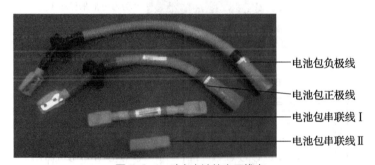

图 5-2-4　动力电池的高压线束

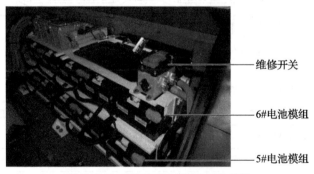

图 5-2-5　动力电池高压维修开关位置

（2）动力电池管理系统针脚

比亚迪秦混合动力汽车采用级联式电池管理系统，由 1 个电池管理控制器（BMC）、1 个 BMS 通信转换模块和 11/10 个电池信息采集器（BIC）及 1 套采样通信线组成。电池管理控制器的主要功能有充放电管理、接触器控制、功率控制、电池异常状态报警和保护、SOC/SOH 计算、自检以及通信功能等；电池信息采集器的主要功能有电池电压采样、温度采样、电池均衡、采样线异常检测等；BMS 通信转换模块的主要功能是将电池信息采集器的数据发送给BMC，采样通信线的主要功能是连接BMS通信转换模块和电池信息采集器，实现二者之间的通信及信息交换信息采集器及其他部件位于动力电池组内部。图5-2-6是电池信息采集器采样线的位置及实物图。电池管理控制器位于前排乘客座椅下方，图5-2-7是比亚迪秦（DM）电池管理器插接器针脚图，插接器针脚内容与检测数据（针脚与搭铁之间）见表5-2-1。

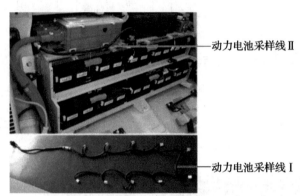

图 5-2-6　动力电池采样线的位置及实物图

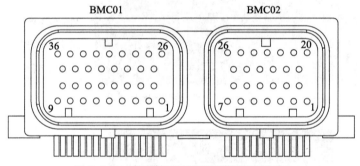

图 5-2-7　比亚迪秦电池管理器插接器针脚图

表 5-2-1　比亚迪秦电池管理器插接器针脚与检测数据

针脚号	针脚名称	检测条件	正常数据	备注
BMC01-1	电池子网 CAN-H	ON 档 /OK 档 / 充电	2.5 ~ 3.5V	
BMC01-2	电池子网屏蔽线（搭铁）	始终	小于 1V	
BMC01-3	通信转换模块供电 +12V	ON 档 /OK 档 / 充电	9 ~ 16V	
BMC01-7	分压 / 负极接触器供电	ON 档 /OK 档 / 充电	9 ~ 16V	
BMC01-8	仪表充电指示灯信号	车载充电时	小于 1V	
BMC01-9	分压接触器控制（拉低）	分压接触器吸合时	小于 1V	
BMC01-10	电池子网 CAN-L	ON 档 /OK 档 / 充电	1.5 ~ 2.5V	
BMC01-12	通信转换模块供电（搭铁）	始终	小于 1V	
BMC01-15	主 / 预充接触器供电	ON 档 /OK 档 / 充电	9 ~ 16V	

（续）

针脚号	针脚名称	检测条件	正常数据	备注
BMC01-18	霍尔供电 -15V	ON 档 /OK 档 / 充电	-16 ~ -9V	
BMC01-19	霍尔屏蔽线（搭铁）	始终	小于 1V	
BMC01-21	预充接触器控制（拉低）	预充过程中	小于 1V	
BMC01-22	主接触器控制（拉低）	整车上高压电	小于 1V	
BMC01-26	电流霍尔采样信号	ON 档	0 ~ 4.2V	
BMC01-27	霍尔供电 +15V	ON 档 /OK 档 / 充电	9 ~ 16V	
BMC01-28	常电	ON 档 /OK 档 / 充电	9 ~ 16V	
BMC01-29	负极接触器控制（拉低）	负极接触器吸合时	小于 1V	
BMC02-1	常电	ON 档 /OK 档 / 充电	9 ~ 16V	
BMC02-2	车身（搭铁）	始终	小于 1V	
BMC02-3	碰撞信号	工作时	约 -15V	
BMC02-4	高压互锁输出 1	ON 档 /OK 档 / 充电	PWM 脉冲信号	
BMC02-5	高压互锁输入 1	ON 档 /OK 档 / 充电	PWM 脉冲信号	
BMC02-8	双路电	ON 档 / 充电	11 ~ 14V	
BMC02-9	整车 CAN 终端电阻并入端 1	ON 档 /OK 档 / 充电	2.5 ~ 3.5V	
BMC02-10	高压互锁输出 2	ON 档 /OK 档 / 充电	PWM 脉冲信号	
BMC02-11	高压互锁输入 2	ON 档 /OK 档 / 充电	PWM 脉冲信号	
BMC02-14	整车 CAN 终端电阻并入端 2	ON 档 /OK 档 / 充电	1.5 ~ 2.5V	
BMC02-16	整车 CAN-H	ON 档 /OK 档 / 充电	2.5 ~ 3.5V	
BMC02-17	整车 CAN-L	ON 档 /OK 档 / 充电	1.5 ~ 2.5V	
BMC02-20	慢充电感应信号	车载充电时	小于 1V	
BMC02-21	车身（搭铁）	始终	小于 1V	
BMC02-22	充电指示灯信号	车载充电时	小于 1V	
BMC02-23	整车 CAN 屏蔽线（搭铁）	始终	小于 1V	
其他针脚	空脚			

2. 高压配电箱总成

（1）高压配电箱结构组成

比亚迪秦混合动力汽车的高压配电箱位于行李舱动力电池支架右上方（图 5-2-8），它的功能是将动力电池的高压直流电分配给整车高压电器使用，其上游是动力电池，下游包括驱动电机控制器及 DC 总成、PTC 暖风加热器、电动空调压缩机、漏电传感器，也将车载充电器的高压直流电分配给动力电池（图 5-2-9）。

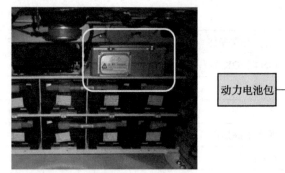

图 5-2-8　比亚迪秦高压配电箱位置

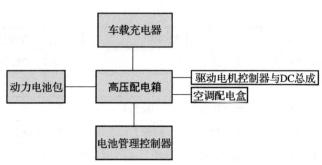

图 5-2-9　比亚迪秦高压配电箱高压分配

高压配电箱的外部有高压针脚（端子）、低压线束、漏电传感器、空调熔丝、车载充电熔丝，图 5-2-10 是比亚迪秦高压配电箱外部结构图（各方向）。高压配电箱的内部有各类型接触器、霍尔电流传感器、熔丝，图 5-2-11 是高压配电箱内部结构图。

图 5-2-10　比亚迪秦高压配电箱外部结构

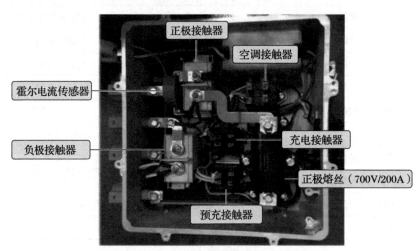

图 5-2-11　比亚迪秦高压配电箱内部结构

（2）高压配电箱高压、低压针脚

图 5-2-12 是高压配电箱与电源管理器及其他低压电路连接原理图，采用双路电供电；图 5-2-13 是比亚迪秦高压配电箱外部高压插接器内容；图 5-2-14 是高压配电箱低压控制插接器（编号 K54）针脚图，插接器针脚内容与检测数据（针脚与搭铁之间）见表 5-2-2。

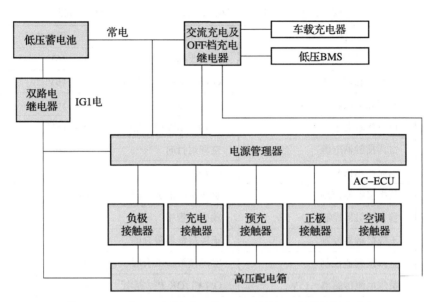

图 5-2-12　高压配电箱与电源管理器及其他低压电路连接原理图

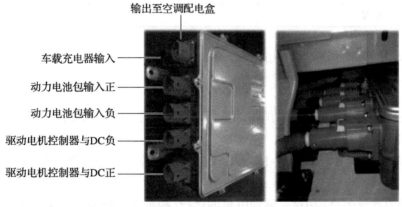

图 5-2-13　比亚迪秦高压配电箱外部高压插接器

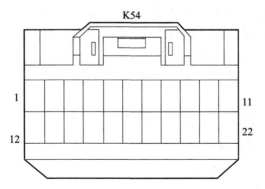

图 5-2-14　比亚迪秦高压配电箱低压控制插接器针脚

表 5-2-2　比亚迪秦高压配电箱低压控制插接器针脚与检测数据

针脚号	针脚名称	检测条件	正常数据	备注
1	预充接触器电源	ON 档 /OK 档 / 充电	9 ~ 16V	
3	正极接触器电源	ON 档 /OK 档 / 充电	9 ~ 16V	
4	交流充电接触器电源	车载充电时	9 ~ 16V	
5	负极接触器电源	ON 档 /OK 档 / 充电	9 ~ 16V	
7	空调接触器电源	空调运行时	9 ~ 16V	
9	电流霍尔信号	ON 档	0 ~ 4.2V	
10	负极接触器控制	负极接触器吸合时	小于 1V	
13	预充接触器控制	预充过程中	小于 1V	
14	正极接触器控制	正极接触器吸合时	小于 1V	
17	空调接触器控制	空调接触器吸合时	小于 1V	
19	霍尔电流传感器 +15V	ON 档 /OK 档 / 充电	9 ~ 16V	
20	交流充电接触器控制	车载充电时	小于 1V	
21	霍尔电流传感器 –15V	ON 档 /OK 档 / 充电	–16 ~ –9V	
其他针脚	空脚			

3. 驱动电机控制器与 DC 总成

（1）驱动电机控制器与 DC 总成结构组成

比亚迪秦混合动力汽车的驱动电机控制器与 DC/DC 变换器集成为一个总成，安装在前机舱左侧（图 5-2-15）。

1）驱动电机控制器。图 5-2-16 是驱动电机控制器控制原理图。驱动电机控制器的功能如下：

①作为动力系统的总控中心，驱动电机的运行，根据工况控制电机的正反转、功率、扭矩、转速等，协调发动机管理系统工作（通过 CAN 通信系统）。

②硬件采集电机的旋变、温度，以及制动、加速踏板开关（位置）信号。

③通过 CAN 通信系统采集制动踏板位置、档位信号、驻车开关信号、起动命令、电池管理控制器等相关数据、控制器的故障信息。

④内部处理的信号有直流侧母线电压、交流侧三相电流、IGBT 温度、电机的三相绕组电阻值。

2）DC/DC 变换器。图 5-2-17 是 DC/DC 变换器控制原理图，它的功能如下：

①在纯电模式下，DC/DC 变换器的功能替代了传统燃油发动机上的 12V 发电机，与低压蓄电池并联给各用电器提供低压电源。DC/DC 变换器在高压输入端接触器吸合后便开始工作，输出电压标称 13.5V。

②发动机运转时带动发电机发出 13.5V 直流电，经过 DC/DC 变换器升压变换为 500V 直流电给动力电池充电。

图 5-2-15 比亚迪秦驱动电机控制器与 DC 总成安装位置

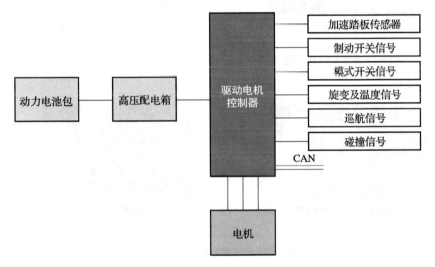

图 5-2-16 驱动电机控制器控制原理图

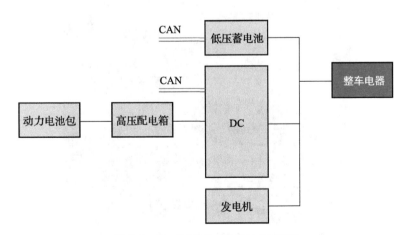

图 5-2-17 DC/DC 变换器控制原理图

（2）驱动电机控制器与 DC 总成高压、低压针脚

图 5-2-18 是驱动电机控制器与 DC 总成高压直流输入和三相交流输出针脚位置，图 5-2-19 是低压针脚位置。

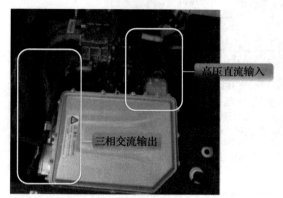

a）高压导线插接器位置

b）带高压互锁针脚的插接器

c）高压直流输入针脚

d）三相交流输出针脚

图 5-2-18　驱动电机控制器与 DC 总成高压针脚

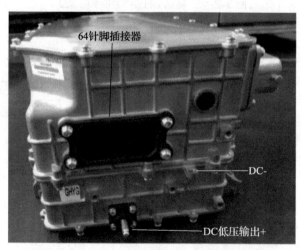

图 5-2-19　驱动电机控制器与 DC 总成低压针脚

4. 充电系统

（1）充电连接装置及交流充电口总成

1）充电连接装置。比亚迪秦混合动力汽车采用交流（慢充）充电系统，图5-2-20是充电连接装置（充电枪），连接供电端三芯插头，充电连接装置上的控制盒点亮"READY"指示灯，同时"CHARGE"指示灯闪烁。

2）交流充电口总成。交流充电口总成又称"慢充口"，位于行李舱门上，用于将外部交流充电设备的交流电源连接到车辆充电回路上。车辆外部通过充电连接装置连接到交流充电设备，车辆内部通过高压电缆连接车载充电器上。图5-2-21是比亚迪秦混合动力汽车交流充电口总成及开启开关位置，充电口的针脚符合国家标准。

图5-2-20　充电连接装置

图5-2-21　比亚迪秦混合动力汽车交流充电口总成及开启开关位置

（2）车载充电器

比亚迪秦混合动力汽车车载充电器（On-Board Charger，OBC）位于行李舱右侧，作用是将交流充电口传递过来的交流电源转换为高压直流电为动力电池充电。图5-2-22是车载充电器外形，图5-2-23是车载充电器插接器（编号K55）针脚图，插接器针脚内容与检测数据（针脚与搭铁之间）见表5-2-3。

图5-2-22　车载充电器外形及插接器针脚

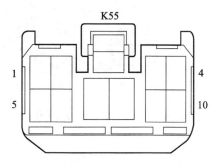

图5-2-23　车载充电器插接器针脚图

表 5-2-3　比亚迪秦车载充电器插接器针脚与检测数据

针脚号	针脚名称	检测条件	正常数据	备注
3	CAN-L	ON 档 /OK 档 / 充电	1.5 ~ 2.5V	
4	仪表充电指示灯信号	车载充电时	小于 1V	
7	搭铁	始终	小于 1V	
8	持续 10A 电流	车载充电时	电流值	
9	CAN-H	ON 档 /OK 档 / 充电	2.5 ~ 3.5V	
10	充电感应信号	车载充电时	小于 1V	
其他针脚	空脚			

二、丰田卡罗拉双擎混合动力汽车高低压部件检测方法与数据

1. 动力电池及动力电池管理系统

下面以丰田卡罗拉双擎混合动力汽车常见的故障为例，介绍混合动力汽车动力电池及管理系统（BMS，丰田汽车公司称 HV 蓄电池 ECU、动力电池智能单元、蓄电池电压传感器或蓄电池传感器模块）故障症状、故障原因、检测方法与数据。

（1）动力电池及管理系统的故障症状与故障原因

1）故障症状。动力电池是混合动力汽车的重要组成部分，其内部或管理系统存在故障将导致混合动力控制系统失效，甚至是车辆无法行驶。未起动车辆前，会导致车辆不能正常起动；或高速运行的车辆会导致车辆降低运行功率。

如图 5-2-24 所示，动力电池及管理系统故障会导致仪表故障警告灯点亮，蜂鸣器鸣响，并根据相关故障等级和类型在仪表显示屏上显示警告信息。

图 5-2-24　卡罗拉双擎混合动力汽车动力电池及管理系统的仪表故障信息

2）故障原因。混合动力汽车动力电池及管理系统常见的故障原因如下：
①动力电池管理系统供电、通信线路或控制器本身故障。
②动力电池组内部单体电池电压故障，如监测到单体电池电压过高或过低。

③动力电池组冷却系统故障，造成温度过高或过低。

④动力电池组高压输出电路故障，如 HV 高压继电器接线盒总成故障。

⑤动力电池及管理系统相关传感器故障，如电压传感器、电流传感器、温度传感器等。

（2）动力电池 ECU 检测方法与数据

如果动力电池 ECU 出现故障，故障信号会发送到混合动力车辆控制 ECU（简称 HCU，也称混合动力控制单元——HV ECU），HCU 控制仪表相关警告灯点亮，并执行失效保护控制，车辆不能正常起动。部分故障会导致动力电池 ECU 无法工作，无法与 HCU 通信，HCU 同样控制仪表相关警告灯点亮，并执行失效保护控制，车辆不能正常起动。

1）**读取故障码**。使用诊断仪进入混合动力车辆控制 ECU，读取动力电池 ECU 相关的故障码，通过故障码所指示方向进行故障诊断方向和大概范围的判断，再根据相关维修手册的故障码检修指引，确定相关的检测与维修步骤。

2）**动力电池 ECU 供电检测**。供电故障应参考相关电路图进行检测，图 5-2-25 是动力电池 ECU 控制电路图。

①检查动力电池 ECU 相关供电熔丝。检查发动机舱 1 号继电器盒 IGCT No.2 熔丝（10A）是否熔断，如果熔断，检修线路确保无短路后更换熔丝，发动机舱 1 号继电器盒位置如图 5-2-26 所示。

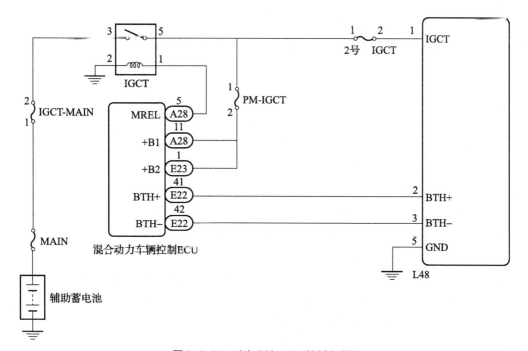

图 5-2-25　动力电池 ECU 控制电路图

图 5-2-26 发动机舱 1 号继电器盒

②执行高压安全断电操作。按照标准流程进行高压中止与检验操作（断开辅助蓄电池负极桩、断开手动维修开关、验电等）。

③拆卸相关部件饰板。拆卸阻碍接触到动力电池 ECU 的车辆相关部件，包括后排座椅总成、行李舱前装饰板、3 号 HV 蓄电池屏蔽板等。

④检测动力电池 ECU 工作电压。重新安装辅助蓄电池桩头，操作点火开关至电源 "ON" 状态，测量动力电池 ECU 的 L48 连接器 1 号针脚（IGCT）与 5 号针脚（GND）之间电压是否正常（辅助蓄电池电压），测量针脚如图 5-2-27 所示。如果测量电压正常，则更换动力电池 ECU，如果电压不正常，检查供电和搭铁线路。

正常电压值：11~14V（辅助蓄电池电压）。

⑤如果以上检查均正常，则需要更换动力电池 ECU。

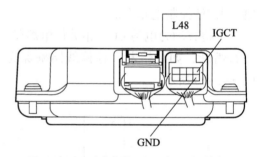

图 5-2-27 动力电池 ECU 电压测量针脚图

（3）动力电池冷却系统部件检测方法与数据

下面以丰田卡罗拉双擎混合动力汽车动力电池冷却系统的冷却鼓风机（内部是冷却风扇）不能正常工作为例，介绍混合动力汽车动力电池冷却系统部件检测方法与数据。

动力电池冷却系统的冷却鼓风机不能正常工作（冷却风扇不转）会导致动力电池温度过高，仪表提示动力电池冷却系统相关故障码。冷却鼓风机不工作的常见原因包括：冷却鼓风机总成供电故障（电源或搭铁故障）、混合动力车辆控制 ECU 控制指令信号（SIO）线路故障、动力电池 ECU 故障或混合动力车辆控制 ECU 故障。

冷却鼓风机检测方法与数据如下。

1）诊断仪检测。 冷却鼓风机不工作的故障，可能会有相关故障码，使用诊断仪进入混合动力车辆控制 ECU，读取动力电池冷却系统相关的故障码，通过故障码所指示方向进行故障方向和大概范围的判断，确定相关的检测与维修步骤。

如果使用诊断仪检查数据流，可以判断是否存在动力电池温度高的故障。

使用诊断仪的主动测试功能驱动冷却鼓风机的冷却风扇，如果驱动失败，且不能从数据流中读取冷却风扇电机的转速，可判断为冷却风扇驱动控制方面或冷却鼓风机总成故障。

2）冷却鼓风机线路检测。图 5-2-28 是冷却鼓风机总成控制电路图。冷却鼓风机总成内部的冷却风扇通过混合动力车辆控制 ECU 控制。混合动力车辆控制 ECU 的针脚 MREL 接通 IGCT 继电器时，向动力电池冷却鼓风机总成供电，混合动力车辆控制 ECU 根据动力电池温度传感器的温度信号确定所需的冷却鼓风机转速，通过发送控制指令信号（SIO）到电池冷却鼓风机总成调节鼓风机的转速，鼓风机实际转速通过监视信号（FPO）传输到动力电池 ECU，动力电池 ECU 通过串行数据通信线路发送鼓风机转速反馈信号到混合动力车辆控制 ECU 对鼓风机转速进行闭环精确控制。

冷却鼓风机线路检测步骤如下。

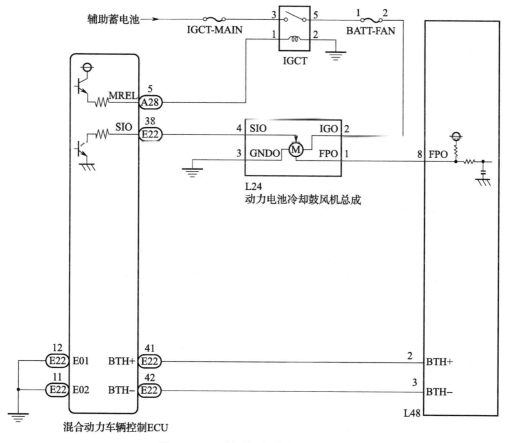

图 5-2-28　冷却鼓风机总成控制电路图

①检查冷却鼓风机熔丝。检查发动机舱 1 号继电器盒中电池冷却鼓风机（冷却风扇）BATT-FAN 熔丝（10A）是否熔断，如果熔断，检修线路确保无短路后更换熔丝。

如果熔丝正常，应根据以下步骤检测冷却鼓风机总成供电电路。

②执行高压安全断电操作。按照标准流程进行高压中止与检验操作（断开辅助蓄电池负极桩、断开手动维修开关、验电等）。

③拆卸相关部件饰板。拆卸行李舱的相关饰板，保证能够接触到冷却鼓风机总成（图 5-2-29）。

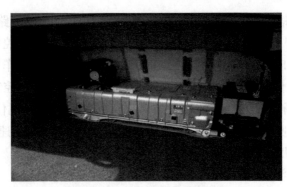

图 5-2-29　冷却鼓风机总成位置

④测量冷却鼓风机供电电压。重新安装辅助蓄电池，操作点火开关至电源"ON"状态，测量冷却鼓风机 L24 连接器 2 号针脚（IGO）与 3 号针脚（GNDO）之间电压是否正常（辅助蓄电池电压）。测量针脚参考图 5-2-30。如果电压不正常，检查供电和搭铁线路。

正常电压值：11~14V（辅助蓄电池电压）。

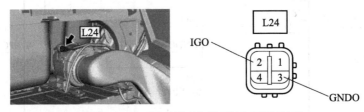

图 5-2-30　动力电池冷却鼓风机电压测量针脚

⑤检查冷却鼓风机控制信号 SIO 线路。操作点火开关至电源"OFF"状态，断开混合动力车辆控制 ECU 连接器 E22 和电池冷却鼓风机连接器 L24，检查 SIO 线路导通性能和是否对车身搭铁。测量针脚参考图 5-2-31。如果不正常，检修相关线路。

正常电阻值：

L24-4（SIO）与 E22-38（SIO）之间电阻值：< 1Ω。

L24-4（SIO）与车身搭铁及其他针脚之间电阻值：≥ 10kΩ。

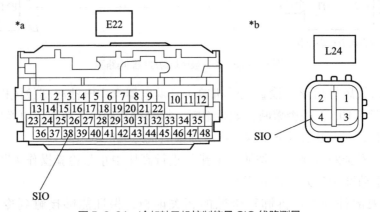

图 5-2-31　冷却鼓风机控制信号 SIO 线路测量

⑥检查冷却鼓风机控制信号 SIO 输出信号。连接上混合动力车辆控制 ECU 连接器 E22 和冷却鼓风机连接器 L24，操作点火开关至电源"ON"状态，使用诊断仪执行冷却鼓风机（冷却风扇）主动测试，同时用示波器测量 SIO 线路输出波形。参考图 5-2-32 测量针脚。如果不正常，更换混合动力车辆控制 ECU。

⑦如果通过以上检测，冷却鼓风机供电正常，使用诊断仪执行主动测试，确定主动测试期间 SIO 信号输出波形正常的情况下，鼓风机冷却风扇依然不转，更换冷却鼓风机总成。

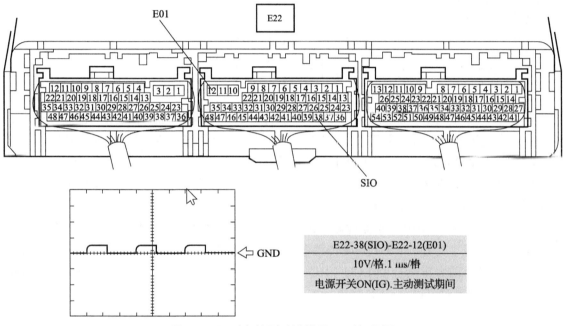

图 5-2-32　冷却鼓风机控制信号 SIO 波形测量

2. 电机及控制器

（1）电机及控制器的故障症状与故障原因

以丰田卡罗拉双擎混合动力汽车为例，混合动力汽车电机（包括发电机 MG1 和驱动电机 MG2）及控制器（丰田汽车也称为逆变器或变频器）发生故障，将导致车辆不能正常行驶，常见的故障症状和原因如下。

1）故障症状。 混合动力汽车电机系统发生故障会有以下症状：

①电机及控制器故障会导致仪表主警告灯点亮，蜂鸣器鸣响，并根据相关故障等级和类型在仪表显示屏上显示相关警告信息，部分故障发动机故障灯也会点亮。图 5-2-33 是仪表显示相关

图 5-2-33　卡罗拉双擎混合动力汽车驱动电机及控制器的仪表故障信息

警告信息的说明。

②电机及控制器故障会导致车辆降低运行功率或暂停动力输出，部分严重的故障甚至会导致混合动力系统停止，车辆无法上电进入"READY"状态。

2）故障原因。混合动力汽车电机及控制器的故障原因如下：

①电机及电机控制器温度过高或温度传感器故障。

②电机角度传感器（也称为旋变传感器、旋转变压器、解角器等）故障。

③混合动力车辆控制 ECU（简称 HCU，也称混合动力控制单元 HV ECU）与电机控制器之间的通信和切断信号线路故障。

④电机控制器硬件或软件故障。

⑤电机（包括发电机 MG1 和驱动电机 MG2）故障。

（2）电机及控制器冷却系统部件检测方法与数据

对于丰田混合动力汽车，电机及电机控制器通过独立的冷却系统进行冷却，冷却系统由冷却液泵、冷却风扇、散热器和相关冷却水管组成。如果电机或电机控制器温度过高，仪表会点亮主警告灯，蜂鸣器鸣叫，同时提示"混合动力系统过热，降低输出功率"。

混合动力系统过热的主要故障原因包括：冷却系统冷却循环异常、冷却液泵或线路故障、电机温度传感器或线路故障、电机控制器故障（内部温度传感器、内部电路故障导致温度过高等）、混合动力车辆控制 ECU 故障。

1）电机及控制器温度传感器检测。混合动力驱动桥总成（变速驱动单元）内集成 2 个电机温度传感器（发电机 MG1 温度传感器和驱动电机 MG2 温度传感器），2 个电机温度传感器均与混合动力车辆控制 ECU（HCU）连接，HCU 根据电机温度传感器信号计算电机的温度，当温度过高时，HCU 将降低电机的输出功率，让电机尽快冷却。另外，HCU 检测电机温度传感器是否出现线路故障和传感器故障。图 5-2-34 是驱动电机 MG2 温度传感器电路图，图 5-2-35 是发电机 MG1 温度传感器电路图。

电机控制器通过集成在内部的温度传感器，直接监测计算自身的温度。混合动力车辆控制 ECU（HCU）与电机控制器通信获得电机控制器的温度信息。当温度过高时，HCU 将降低驱动电机的输出功率，让电机控制器尽快冷却。

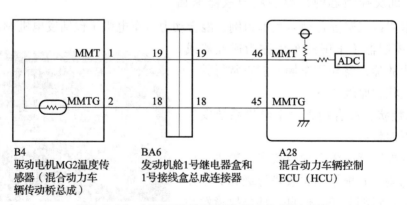

图 5-2-34　丰田混动汽车驱动电机温度传感器电路图

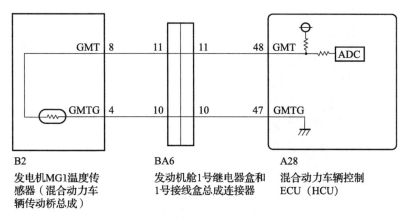

图 5-2-35　丰田混动汽车发电机温度传感器电路图

采集温度的传感器均是负温度系数的热敏电阻传感器，电机温度越低，热敏电阻的阻值越大，电机温度越高，热敏电阻的阻值越小。对于电机及控制器温度传感器，可以采用诊断仪器及万用表检测。

①诊断仪检测。电机及控制器温度传感器诊断仪检测方法与数据如下：

a. 读取电机冷却系统相关的故障码。诊断仪进入混合动力控制系统（诊断菜单名称：Hybird Control），可读取电机温度传感器和电机冷却系统冷却液泵相关故障码；进入电机控制器（诊断菜单名称：Motor Generator），可读取电机控制器温度异常相关故障码。故障码的含义见诊断仪的显示或参考维修手册。

b. 读取电机冷却系统相关的数据流。使用诊断仪进入相应系统（Hybird Control 或 Motor Generator），通过对数据流的分析，进一步缩小故障范围或确定故障点。

例如，怀疑驱动电机 MG2 温度传感器过高，可以读取 MG2 温度数据流进行故障分析。

正常情况下 MG2 温度数据如下：

在 25℃的环境温度下停放车辆 1 天：25℃。

在 25℃的环境温度下行驶时：25~120℃。

如果电机冷却系统无异常，仅 MG2 温度显示不正常，需要检查 MG2 温度传感器和相关线路。相关测量检测方法与一般的热敏电阻类温度传感器测量方法一致，具体测量步骤和检测标准参考维修手册相关说明。

> ✉ 提示：当读取到故障码"P0A2A15：驱动电机"A"温度传感器对辅助蓄电池短路或断路"，诊断仪显示的数据是 –40℃。
> 当读取到故障码"P0A2A11：驱动电机"A"温度传感器电路对搭铁短路"，诊断仪显示的数据是 215℃。

②万用表检测（驱动电机 MG2）。驱动电机 MG2 温度传感器检测方法与数据如下：

a. 点火开关置于"OFF"状态，断开辅助蓄电池负极。

b. 如图 5-2-36 所示，断开 MG2 温度传感器插接器 B4。

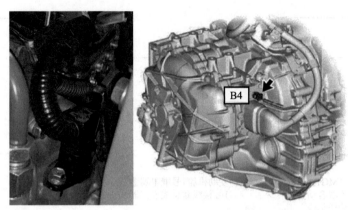

图 5-2-36　驱动电机 MG2 温度传感器插接器位置

c. 使用万用表检测驱动电机 MG2 温度传感器电阻值，通过电阻值是否符合相应温度下的标准范围可判断 MG2 温度传感器是否正常。图 5-2-37 所示为针脚 B4-1（MMT）和 B4-2（MMTG）之间，在不同的温度下的电阻值变化曲线。

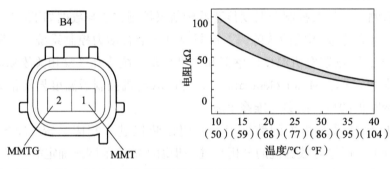

图 5-2-37　驱动电机 MG2 温度传感器电阻检测

③万用表检测（发电机 MG1）。发电机 MG1 温度传感器检测方法与数据如下：

a. 点火开关置于"OFF"状态，断开辅助蓄电池负极。

b. 如图 5-2-38 所示，断开 MG1 温度传感器插接器 B2。

c. 使用万用表检测发电机 MG1 温度传感器电阻值，通过电阻值是否符合相应温度下的标准范围可判断 MG1 温度传感器是否正常。如图 5-2-39 所示，针脚 B2-8（GMT）和 B2-4（GMTG）之间在不同的温度下的电阻值变化曲线。

2）冷却液泵检测。 冷却液泵由混合动力车辆控制 ECU（HCU）控制和监测，HCU 根据相关温度信息控制冷却液泵工作。图 5-2-40 是冷却液泵电路图。对于冷却液泵，可以采用诊断仪器及万用表检测。

①诊断仪检测。使用诊断仪进入混合动力控制系统，使用主动测试功能，观察冷却液泵是否工作，如冷却液泵不工作，进一步检查冷却液泵的电源搭铁和控制信号。

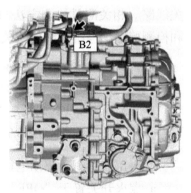

图 5-2-38　发电机 MG1 温度传感器插接器位置

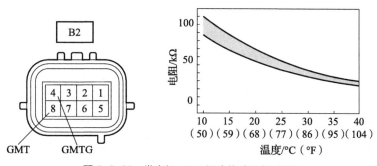

图 5-2-39　发电机 MG1 温度传感器电阻测量

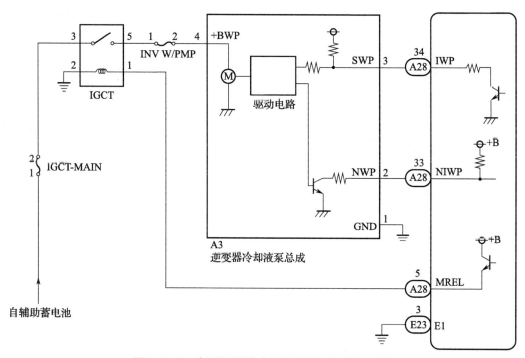

图 5-2-40　丰田混动汽车电机冷却系统冷却液泵电路图

IWP— 冷却液泵驱动占空比　NIWP— 冷却液泵转速信号

②冷却液泵供电检测。

a. 点火开关置于"ON"状态，使用万用表测量冷却液泵供电电压是否正常（与辅助蓄电池电压一致，12V 左右），如不正常检修供电和搭铁线路。

b. 测量针脚：冷却液泵 A3 插接器 4 号针脚（+BWP）与 1 号针脚（GND），测量针脚如图 5-2-41 所示。

③冷却液泵驱动信号相关检测。

a. 点火开关置于"OFF"状态，断开辅助蓄电池负极。

b. 断开混合动力车辆控制 ECU 插接器 A28 和冷却液泵插接器 A3，按照图 5-2-42 方法，测量相关电阻值，判断冷却液泵驱动信号线路（IWP-SWP）是否正常。

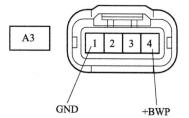

图 5-2-41　丰田混动汽车冷却液泵 A3
插接器电源搭铁针脚图

正常电阻值：

A28-34（IWP）与 A3-3（SWP 之间）电阻值小于 1Ω。

A28-34（IWP）或 A3-3（SWP）与车身搭铁及其他针脚之间电阻值 10kΩ 或更大。

c.插上冷却液泵插接器 A3，保持混合动力车辆控制 ECU 插接器 A28 断开状态，从发动机室 1 号继电器盒上拆下 IGCT 继电器（图 5-2-43），短接 IGCT 继电器座上 3 号和 5 号针脚，重新安装辅助蓄电池负极，以给冷却液泵供电。按照图 5-2-44，测量此时 A28 插接器 34 号针脚（IWP）与 E23 插接器 3 号针脚（E1）之间的电压，正常情况下为 11-14V（辅助蓄电池电压），如果测量的电压异常，可判断冷却液泵内部电路故障。

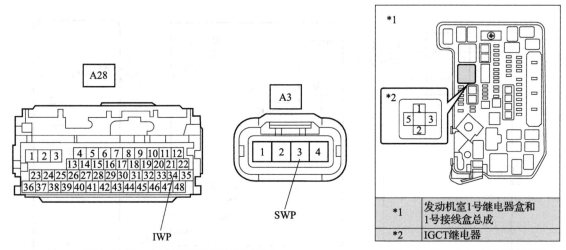

图 5-2-42　冷却液泵驱动信号线路检测　　　　　图 5-2-43　IGCT 继电器位置图

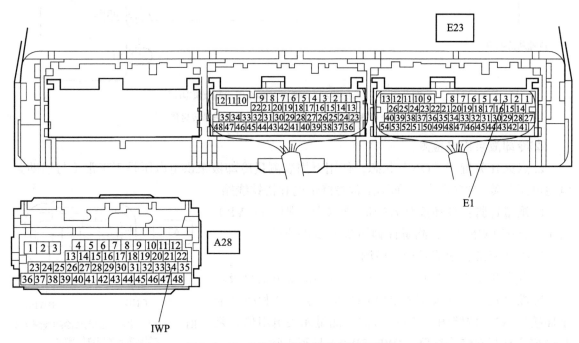

图 5-2-44　冷却液泵驱动信号针脚电压测量

d. 点火开关置于"OFF"状态，插上混合动力车辆控制 ECU 插接器 A28。

e. 点火开关置于"ON"状态，测量冷却液泵驱动信号波形，测量方法如图 5-2-45 所示。针脚 A28-34（IWP）与 E23-3（E1）之间的正常波形占空比在 3%~9% 范围内，如果波形异常，判断混合动力车辆控制 ECU 故障，无法输出冷却液泵驱动信号。

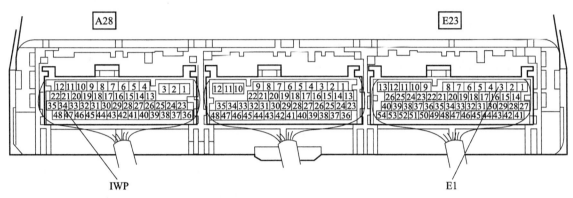

图 5-2-45　冷却液泵驱动信号波形测量

（3）电机角度传感器检测方法与数据

混合动力汽车电机角度传感器的工作原理与纯电动汽车基本一致，用于检测电机转子磁极的位置，确保混合动力控制系统对发电机 MG1 和驱动电机 MG2 的准确控制。

1）电机角度传感器故障症状和原因分析

①故障症状。如果系统监控到电机角度传感器故障，仪表会点亮主警告灯，蜂鸣器鸣叫，同时显示"混合动力系统故障"警告信息，部分相关故障发动机故障灯也会点亮；车辆不能正常驱动（驱动电机 MG2 角度故障）；或发动机不能被正常起动（发电机 MG1 角度故障）。

②故障原因分析。电机角度传感器故障主要原因包括：电机角度传感器线路故障、电机角度传感器故障、电机内部故障、电机控制器故障。

2）电机角度传感器检测

对于电机角度传感器，可以采用诊断仪器及万用表检测。

①诊断仪读取故障码。使用诊断仪进入电机控制器（诊断菜单名称：Motor Generator）读取相关故障代码。根据相关维修手册故障码检修指引，确定相关的检测与维修步骤。

②诊断仪读取数据流。使用诊断仪进入电机控制器（诊断菜单名称：Motor Generator）读取相关电机角度传感器相关的数据流，数据流应该显示出电机的转动角度。通过对数据流的分析，进一步确定故障原因。

③万用表检测电机角度传感器。

a. 执行高压安全断电操作。按照标准流程进行高压中止与检验操作（断开辅助蓄电池负极桩头、断开手动维修开关、验电等）。

b. 断开电机控制器（逆变器）插接器 B27，如图 5-2-46 所示。

图 5-2-46　断开逆变器插接器 B27

c. 如图 5-2-47 所示，连接辅助蓄电池负极，点火开关置于"ON"状态，测量电机控制器插接器 B27 上 MG2 电机角度传感器相关针脚与车身搭铁之间的电压。电压测量值都应低于 1V。如果相关电压异常，判断线路存在对其他线路短路故障，进一步检修线路线束。

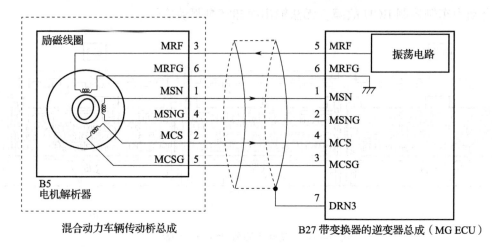

图 5-2-47　MG2 电机角度传感器相关线路测量

d. 点火开关置于"OFF"状态，如图 5-2-48 所示，在电机控制器插接器 B27 上测量电机角度传感器相关针脚间电阻值，根据相关测量结果，判断电机角度传感器 3 组线圈电阻是否正常，电机角度传感器间线路是否存在开路或相互短路的可能。如果测量结果异常进一步检查线束或电机角度传感器。

正常电阻值（断路检查）：

B27-5（MRF）与 B27-6（MRFG）之间电阻值 9.5~15.5Ω（励磁线圈）。

B27-1（MSN）与 B27-2（MSNG）之间电阻值 15.0~27.0Ω（感应线圈 S）。

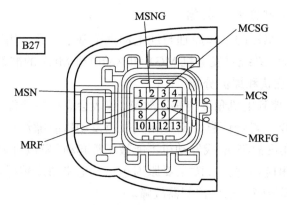

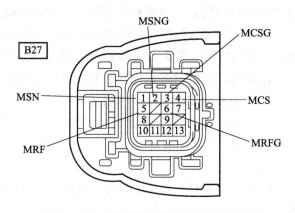

图 5-2-48　电机角度传感器相关针脚间电阻值

B27-4（MCS）与 B27-3（MCSG）之间电阻值 14.0~26.0Ω（感应线圈 C）。

正常电阻值（短路检查）：

B27-5（MRF）或 B27-6（MRFG）与车身搭铁及其他针脚之间电阻值 ≥ 1MΩ。

B27-1（MSN）或 B27-2（MSNG）与车身搭铁及其他针脚之间电阻值 ≥ 1MΩ。

B27-4（MCS）或 B27-3（MCSG）与车身搭铁及其他针脚之间电阻值 ≥ 1MΩ。

e. 如图 5-2-49 所示，断开 MG2 电机角度传感器插接器 B5。

f. 如图 5-2-50 所示，直接测量电机角度传感器各针脚间电阻值，如果异常，判断电机角度传感器故障。

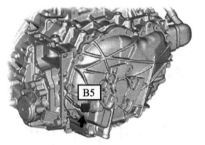
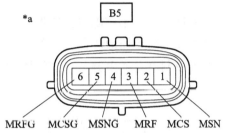

图 5-2-49 驱动电机 MG2 电机角度传感器插接器 B5　　图 5-2-50 电机角度传感器各针脚间电阻检查

正常电阻值（断路检查）：

B5-1（MSN）与 B5-4（MSNG）之间电阻值 15.0~27.0Ω（感应线圈 S）。

B5-2（MCS）与 B5-5（MCSG）之间电阻值 14.0~26.0Ω（感应线圈 C）。

B5-3（MRF）与 B5-6（MRFG）之间电阻值 9.5~15.5Ω（励磁线圈）。

正常电阻值（短路检查）：

B5-1（MSN）与车身搭铁及除 B5-4（MSNG）外的其他针脚之间电阻值 ≥ 1MΩ。

B5-2（MCS）与车身搭铁及除 B5-5（MCSG）外的其他针脚之间电阻值 ≥ 1MΩ。

B5-3（MRF）与车身搭铁及除 B5-6（MRFG）外的其他针脚之间电阻值 ≥ 1MΩ。

B5-4（MSNG）与车身搭铁及除 B5-1（MSN）外的其他针脚之间电阻值 ≥ 1MΩ。

B5-5（MCSG）与车身搭铁及除 B5-2（MCS）外的其他针脚之间电阻值 ≥ 1MΩ。

B5-6（MRFG）与车身搭铁及除 B5-3（MRF）外的其他针脚之间电阻值 ≥ 1MΩ。

（4）电机控制器总成检测方法与数据

丰田卡罗拉双擎混合动力汽车采用与 MG ECU（电机转速、方向的控制单元）、逆变器（直流转交流）、增压变换器和 DC/DC 变换器集成于一体的紧凑、轻量化的电机控制器总成。电机控制器总成如图 5-2-51 所示。

1）电机控制器总成故障症状和原因分析：

①故障症状。电机控制器总成相关联的控制系统比较多，根据不同的故障，车辆会有不同的故障现象，典型的现象如仪

图 5-2-51 卡罗拉双擎混合动力汽车电机控制器总成

表会点亮主警告灯，蜂鸣器鸣叫，同时显示相关警告信息，部分相关故障发动机故障灯也会点亮；驱动电机输出功率降低或无法运转，车辆不能正常驱动甚至不能起动。

②故障原因分析。电机控制器总成故障主要原因包括：电机控制器总成低压电源和搭铁不良、电机控制器总成通信线路故障、电机控制器总成本身的故障。

2）**电机控制器总成检测**。对于电机控制器总成，可以采用诊断仪器及万用表检测。

①诊断仪读取故障码。使用诊断仪读取电机控制器总成相关故障码，其中电机控制器总成自身的故障，大部分的故障均会产生相关的故障码，同时故障指示可能的原因故障点均在电机控制器总成内部，因此根据相关故障码直接可以判断电机控制器总成故障进行更换。

部分故障点可能不在电机控制器自身，如供电、通信、电流异常、冷却系统等相关故障，需要根据相关维修手册故障码检修指引，确定相关的检测与维修步骤。

②电机控制器总成电源与搭铁线路检测。图 5-2-52 是电源与搭铁诊断电路图。

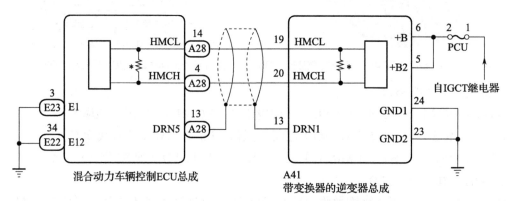

图 5-2-52　卡罗拉双擎电机控制器总成电源与搭铁电路图

a. 执行高压安全断电操作。按照标准流程进行高压中止与检验操作（断开辅助蓄电池负极桩头、断开手动维修开关、验电等）。

b. 如图 5-2-53 所示，断开电机控制器低压插接器 A41。

c. 参考图 5-2-54，测量电机控制器搭铁线路 GND1 和 GND2 是否正常，如果电阻值异常，检修相关线束。

正常电阻值：

A41-24（GND1）与车身搭铁之间电阻值 < 1Ω。

A41-23（GND2）与车身搭铁之间电阻值 < 1Ω。

d. 连接辅助蓄电池负极，点火开关置于 "ON" 状态。

图 5-2-53　断开电机控制器低压插接器 A41

e. 参考图 5-2-55，分别测量电机控制器低压供电线路 +B 和 +B2 与车身搭铁之间的电压是否正常（与辅助蓄电池电压一致，12V 左右），如果异常，检修相关熔丝和线束。

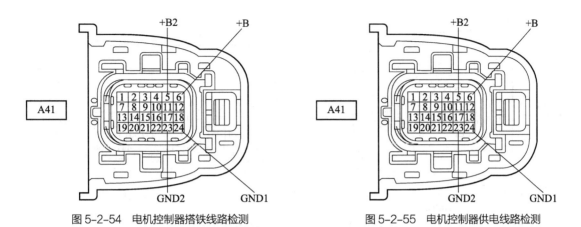

图 5-2-54　电机控制器搭铁线路检测　　　　　图 5-2-55　电机控制器供电线路检测

f. 以上测试均正常，判断电机控制器总成电源和搭铁正常。

③电机控制器总成通信线路检测。图 5-2-56 是电机控制器通信线路电路图。

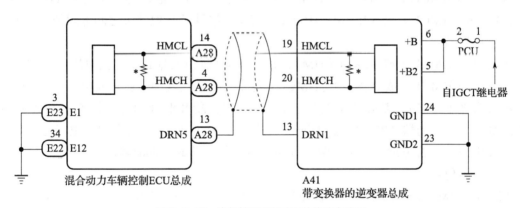

图 5-2-56　电机控制器总成通信线路电路图

a. 执行高压安全断电操作。按照标准流程进行高压中止与检验操作（断开辅助蓄电池负极桩头、断开手动维修开关、验电等）。

b. 断开电机控制器低压插接器 A41。

c. 如图 5-2-57 所示，断开混合动力车辆控制 ECU 插接器 A28。

d. 参考图 5-2-58，首先在断电的情况下测量电机控制器通信线路 HMCH 和 HMCL 是否存在断路、对车身搭铁短路的问题；然后连接辅助蓄电池负极，

图 5-2-57　断开混合动力车辆控制 ECU 插接器 A28

点火开关置于"ON"状态，在通电的情况下，测量电机控制器通信线路 HMCH 和 HMCL 是否与电源或其他带电压线路短路；如果检测结果异常，检修相关线束。

正常电阻值（断路检查）：

A41-20（HMCH）与 A28-4（HMCH）之间电阻值 < 1Ω。

A41-19（HMCL）与 A28-14（HMCL）之间电阻值 < 1Ω。

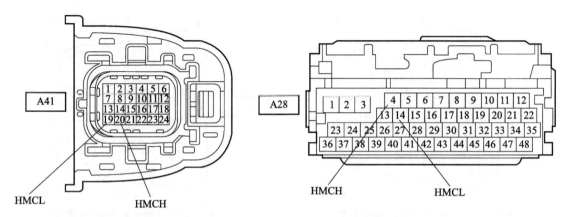

图 5-2-58　电机控制器总成通信线路检测

正常电阻值（短路检查）：

A41-20（HMCH）或 A28-4（HMCH）与车身搭铁及其他针脚之间电阻值 ≥ 10kΩ。

A41-19（HMCL）或 A28-14（HMCL）与车身搭铁及其他针脚之间电阻值 ≥ 10kΩ。

正常电压值：

A41-20（HMCH）或 A28-4（HMCH）与车身搭铁及其他针脚之间电压值 < 1V。

A41-19（HMCL）或 A28-14（HMCL）与车身搭铁及其他针脚之间电压值 < 1V。

e. 参考图 5-2-59，点火开关置于"OFF"状态，断开混合动力车辆控制 ECU 插接器 A28，测量电机控制器 A28 插接器上通信线路 HMCH 与 HMCL 间电阻（电机控制器总成内的终端电阻）是否正常，如果异常，判断电机控制器总成内部故障。

正常电阻值：

A28-4（HMCH）与 A28-14（HMCL）之间电阻值：80~170Ω。

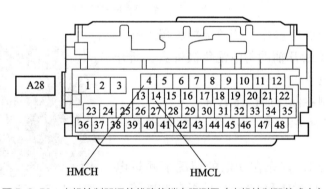

图 5-2-59　电机控制器通信线路终端电阻测量（电机控制器总成内）

f. 参考图 5-2-60，测量混合动力车辆控制 ECU 上电机控制器通信线路 HMCH 与 HMCL 间电阻（混合动力车辆控制 ECU 内终端电阻）是否正常，如果异常，判断混合动力车辆控制 ECU 内部故障。

正常电阻值：

A28-4（HMCH）与 A28-14（HMCL）之间电阻值：80~170Ω。

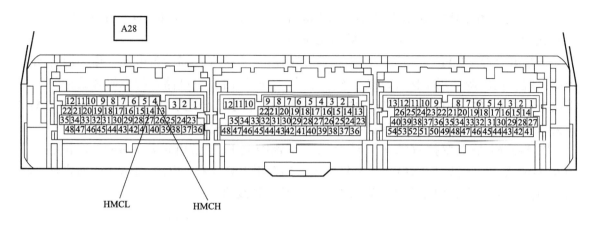

HMCL　　　　HMCH

图 5-2-60　电机控制器通信线路终端电阻测量（混合动力车辆控制 ECU 内）

3. 整车动力控制系统

（1）整车动力控制系统的故障症状与故障原因

1）**故障症状**。如图 5-2-61 所示，丰田卡罗拉双擎混合动力汽车整车动力控制系统故障会导致仪表主警告灯点亮，蜂鸣器鸣响，并根据相关故障等级和类型在仪表显示屏上显示相关警告信息，部分故障发动机故障灯也会点亮。未起动车辆前，会导致车辆不能正常起动，车辆无法上电进入"READY"状态；高速运行的车辆会导致车辆降低运行功率，部分严重的故障甚至会导致混合动力系统停止，车辆无法行驶。

图 5-2-61　卡罗拉双擎混合动力汽车整车动力控制系统故障仪表指示

2）**故障原因**。混合动力汽车整车动力控制系统常见的故障原因如下：

①混合动力车辆控制 ECU 不工作，或相关传感器及线路故障。

②动力电池继电器盒中 SMR 继电器故障。

③混合动力系统高压绝缘故障。

④混合动力系统高压互锁故障。

（2）混合动力车辆控制 ECU 检测方法与数据

1）**混合动力车辆控制 ECU 故障症状和原因分析**。混合动力车辆控制 ECU 供电异常，会导致 ECU 不工作，无法通信，仪表主警告灯和发动机故障灯点亮，显示混合动力系统故障，蜂鸣器鸣响，且车辆不能正常起动。

2）混合动力车辆控制 ECU 检测。如果混合动力车辆控制 ECU 的电源、搭铁线路正常，但 ECU 不工作或无法通信，可以判断 ECU 损坏。

①常电电源（BATT）检测。常电电源（BATT）直接来自辅助蓄电池，作为混合动力控制系统备用电源，用于保证即使电源状态为"OFF"时，也可储存故障码和数据帧。如果仅是电源 BATT 异常，如出现对地短路或断路故障，系统会记录相关故障码。电源 BATT 相关故障码为：P056014 – 系统电压（BATT）电路对搭铁短路或断路。

图 5-2-62 是卡罗拉双擎车型混合动力车辆控制 ECU 常电电源（BATT）电路图，图 5-2-63 是常电电源（BATT）检查针脚图。用万用表测量常电电源（BATT）对搭铁针脚 E1 间电压是否正常，如异常则检修搭铁、相关熔丝及线路线束。

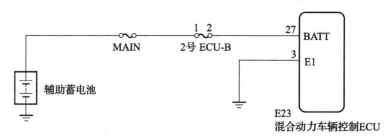

图 5-2-62　卡罗拉双擎混合动力车辆控制 ECU 常电电源 BATT 电路图

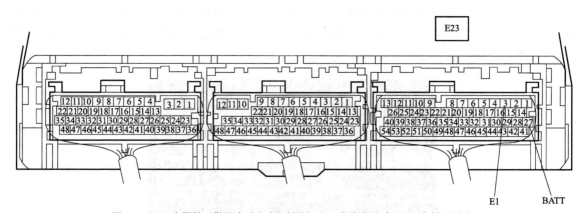

图 5-2-63　卡罗拉双擎混合动力车辆控制 ECU 常电电源（BATT）检测针脚

正常电压值：

E23-27（BATT）与 E23-3（E1）之间的电压：11~14V（辅助蓄电池电压）。

②主电源（+B1、+B2）检测。图 5-2-64 是卡罗拉双擎车型混合动力车辆控制 ECU 是主电源（+B1、+B2）电路图，图 5-2-65 是主电源（+B1、+B2）检查针脚图，图 5-2-66 是 IGCT 继电器及相关熔丝位置说明。

电源置于"ON"状态，分别测量主电源 +B1、+B2 对车身搭铁之间电压是否正常，如异常检修 IGCT 继电器、PM-IGCT 熔丝及相关线路线束。

正常电压值：

A28-11（+B1）与车身搭铁之间的电压：11~14V（辅助蓄电池电压）。

E23-1（+B2）与车身搭铁之间的电压：11~14V（辅助蓄电池电压）。

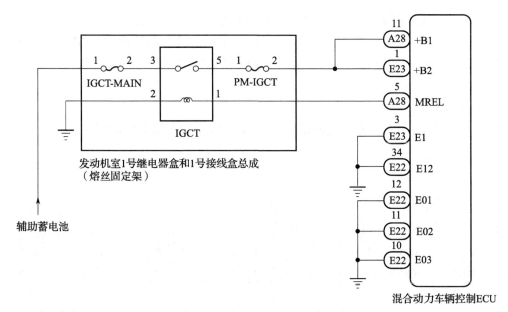

图 5-2-64 混合动力车辆控制 ECU 主电源电路图

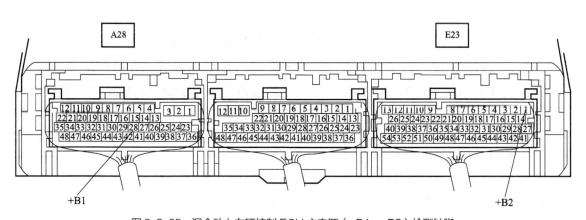

图 5-2-65 混合动力车辆控制 ECU 主电源（+B1、+B2）检测针脚

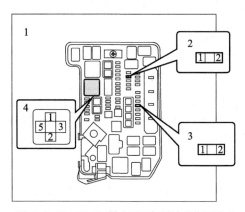

图 5-2-66 IGCT 继电器及相关熔丝位置说明

1—发动机舱 1 号继电器盒和 1 号接线盒总成　2—IGCT-MAIN 熔丝　3—PM-IGCT 熔丝　4—IGCT 继电器

③混合动力车辆控制 ECU 继电器 IGCT 控制线路（MREL）检测。

电源置于"ON"状态，参考图 5-2-67，测量 IGCT 继电器控制线路 MREL 对车身搭铁之间电压是否正常，如异常进一步检修相关线路线束；如果线路正常判断混合动力车辆控制 ECU 故障。

正常电压值：

A28-5（MREL）与车身搭铁之间的电压：11~14V（辅助蓄电池电压）。

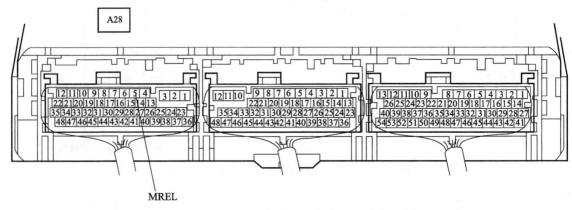

图 5-2-67　IGCT 继电器控制线路（MREL）检测针脚

④混合动力车辆控制 ECU 搭铁检测。电源置于"OFF"状态，断开混合动力车辆控制 ECU 插接器 E22 和 E23，参考图 5-2-68，分别测量混合动力车辆控制 ECU 各个搭铁针脚与车身搭铁之间电阻值是否正常，如异常检修相关线路线束。

正常电阻值：

E23-3（E1）与车身搭铁之间的电阻值 < 1Ω。

E22-34（E12）与车身搭铁之间的电阻值 < 1Ω。

E22-12（E01）与车身搭铁之间的电阻值 < 1Ω。

E22-11（E02）与车身搭铁之间的电阻值 < 1Ω。

E22-10（E03）与车身搭铁之间的电阻值 < 1Ω。

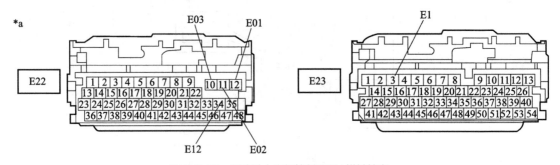

图 5-2-68　混合动力车辆控制 ECU 搭铁检查

（3）混合动力系统绝缘状态检测方法与数据

1）混合动力系统绝缘故障症状和原因分析。 对于混合动力汽车，如果发生混合动力系统绝缘故障，仪表主警告灯点亮，显示混合动力系统故障，蜂鸣器鸣响，且车辆不能进入"READY"状态，无法正常起动。如果发生混合动力系统绝缘故障，混合动力系统会记录相关故障代码。

混合动力系统通过动力电池 ECU 检测高压回路与车身搭铁之间绝缘电阻值是否符合标准来判断是否发生绝缘故障。只要在检测过程中绝缘电阻过低就会记录故障码 P0AA649，提示混合动力系统发生绝缘故障（无具体区域指向性）。系统通过高压回路的不同状态下（SMR 继电器闭合前后、电机控制器（即带转换器的逆变器总成）控制发电机 MG1 或驱动电机 MG2 前后、电动压缩机工作前后）的绝缘电阻对比，可以准确判断发生绝缘故障的区域，并记录相应具有具体区域指向性的故障码（P1C7C49、P1C7D49、P1C7E49、P1C7F49）。

2）混合动力系统高压部件绝缘状态检测。图 5-2-69 是卡罗拉双擎混合动力系统高压系统电路图。表 5-2-4 是丰田卡罗拉双擎混合动力汽车高压部件绝缘电阻标准值。

⚠ 警告：进行高压部件绝缘状态检测，必须严格遵守正确的操作步骤！

拆解或装配高压配件时，必须先执行标准高压中止与检验步骤！

在进行高压相关操作前，维修人员必须穿戴好劳保用品，戴好绝缘手套，穿好高压绝缘鞋。在戴绝缘手套前，必须要检查绝缘手套是否有破损的地方，确保手套无绝缘失效。

在安装和拆卸过程中，应防止制动液、洗涤液等液体进入或飞溅到高压部件上。

表 5-2-4　丰田卡罗拉双擎混合动力汽车高压部件绝缘电阻

高压部件名称	测试端	标准值
整车高压回路	高压正极针脚与车身搭铁	≥ 1MΩ
	高压负极针脚与车身搭铁	≥ 1MΩ
电机控制器总成	高压正极针脚与车身搭铁	≥ 1MΩ
	高压负极针脚与车身搭铁	≥ 1MΩ
MG1 发电机 + 三相线束	U 相与车身搭铁	≥ 100MΩ
	V 相与车身搭铁	≥ 100MΩ
	W 相与车身搭铁	≥ 100MΩ
MG2 驱动电机 + 三相线束	U 相与车身搭铁	≥ 100MΩ
	V 相与车身搭铁	≥ 100MΩ
	W 相与车身搭铁	≥ 100MΩ
动力电池 ECU	维修开关连接 1 号针脚与车身搭铁	≥ 10MΩ
	维修开关连接 2 号针脚与车身搭铁	≥ 10MΩ
动力电池继电器接线盒总成 +HV 地板底部线束	HV 地板底部线束正极针脚与车身搭铁	≥ 10MΩ
	HV 地板底部线束负极针脚与车身搭铁	≥ 10MΩ

（续）

高压部件名称	测试端	标准值
电动空调压缩机	高压正极针脚与车身搭铁	≥2MΩ
	高压负极针脚与车身搭铁	≥2MΩ
空调压缩机高压线束	压缩机线束正极针脚与车身搭铁	≥10MΩ
	压缩机线束负极针脚与车身搭铁	≥10MΩ

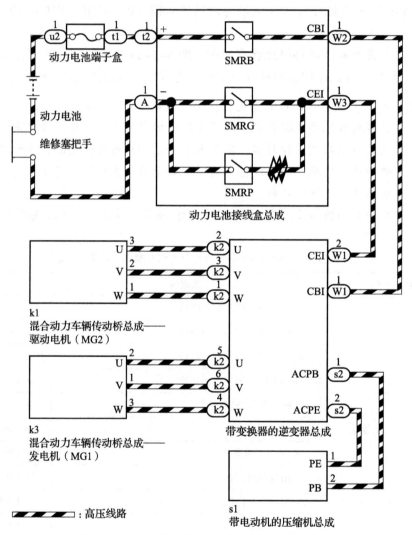

图5-2-69 卡罗拉双擎混合动力系统高压系统电路图

①驱动电机MG2及相关电缆绝缘状态检测。

a. 检查并确认手动维修开关未安装。

b. 从电机控制器上断开电机电缆（图5-2-70）。

图 5-2-70 断开电机控制器上电机电缆

c. 连接辅助蓄电池负极，电源状态置于"ON"状态，档位挂入 N 位，举升车辆。

d. 参考图 5-2-71，使用绝缘测试仪（500V 档位），测量 K2 插接器上驱动电机 MG2 各相位与车身搭铁之间绝缘电阻，保持测量状态的同时转动车辆 2 圈，观察整个测量过程测量电阻值是否正常，如果异常，断开驱动电机 MG2 一侧的电缆连接，进一步检查驱动电机 MG2 或相关电缆绝缘性能。

正常绝缘电阻值：

K2-2（U）与车身搭铁和屏蔽搭铁之间的绝缘电阻值 ≥ 100MΩ。

K2-3（V）与车身搭铁和屏蔽搭铁之间的绝缘电阻值 ≥ 100MΩ。

K2-1（W）与车身搭铁和屏蔽搭铁之间的绝缘电阻值 ≥ 100MΩ。

e. 参考图 5-2-72，使用绝缘测试仪（500V 档位），测量 K2 插接器上发电机 MG1 各相位与车身搭铁之间绝缘电阻，保持测量状态的同时转动车辆 2 圈，观察整个测量过程测量电阻值是否正常，如果异常，断开发电机 MG1 一侧的电缆连接，进一步检查发电机 MG1 或相关电缆绝缘性能。

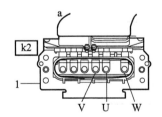

图 5-2-71 测量驱动电机 MG2 各相位与车身搭铁之间的绝缘电阻

1— 屏蔽搭铁　a— 驱动电机 MG2 的电缆（电机控制器侧）

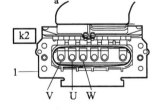

图 5-2-72 测量发电机 MG1 各相位与车身搭铁之间绝缘电阻

1— 屏蔽搭铁　a— 发电机 MG1 的电缆（电机控制器侧）

正常绝缘电阻值：

K2-5（U）与车身搭铁和屏蔽搭铁之间的绝缘电阻值 ≥ 100MΩ。

K2-6（V）与车身搭铁和屏蔽搭铁之间的绝缘电阻值 ≥ 100MΩ。

K2-4（W）与车身搭铁和屏蔽搭铁之间的绝缘电阻值≥100MΩ。

②电机控制器绝缘状态检测。

a.检查并确认手动维修开关未安装。

b.从电机控制器上断开电机电缆。

c.从电机控制器上断开空调线束插接器S2（图5-2-73）。

d.从电机控制器上断开HV地板底部线束插接器W1（图5-2-74）。

图5-2-73　断开空调线束插接器S2　　　图5-2-74　断开HV地板底部线束插接器W1

e.参考图5-2-75，使用绝缘测试仪（500V档位），测量没有连接高压线束的电机控制器高压接口针脚与车身搭铁之间绝缘电阻，如果异常，判断电机控制器绝缘故障。

正常绝缘电阻值：

W1-1（CBI）与车身搭铁之间的绝缘电阻值≥1MΩ。

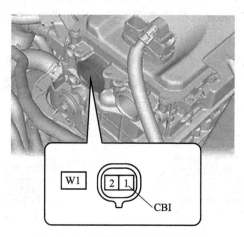

图5-2-75　测量电机控制器绝缘电阻

③动力电池绝缘状态检测。

a.检查并确认手动维修开关未安装。

b.拆卸后排座椅总成、行李舱前装饰板、3号动力电池屏蔽板。

c.断开动力电池熔丝盒上高压插接器u2（图5-2-76）。

d.断开动力电池ECU插接器y1（图5-2-77）。

图 5-2-76　断开动力电池熔丝盒插接器 u2

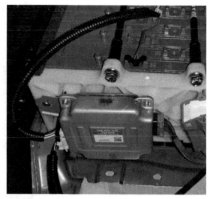

图 5-2-77　断开动力电池 ECU 插接器 y1

　　e. 参考图 5-2-78, 使用绝缘测试仪（500V 档位）, 分别测量维修开关接口处高压针脚 1 与车身搭铁之间绝缘电阻, 如果异常, 判断动力电池绝缘故障。

　　正常绝缘电阻值：

　　针脚 1 与车身搭铁之间的绝缘电阻值 ≥ 10MΩ。

　　④动力电池继电器接线盒总成和 HV 地板底部线束绝缘状态检测。

图 5-2-78　测量动力电池绝缘电阻

　　a. 检查并确认手动维修开关未安装。

　　b. 从电机控制器上断开 HV 地板底部线束插接器 W1（图 5-2-79）。

　　c. 参考图 5-2-80, 使用绝缘测试仪（500V 档位）, 分别测量 HV 地板底部线束插接器 W1 针脚 1（CBI）、针脚 2（CEI）与车身搭铁之间绝缘电阻, 如果绝缘电阻正常, 判断动力电池继电器接线盒总成高压输出部分线路及 HV 地板底部线束绝缘状态正常; 如果绝缘电阻异常, 判断动力电池继电器接线盒总成（连接高压输出侧线路）或 HV 地板底部线束绝缘故障, 需进一步检测动力电池继电器接线盒总成或 HV 地板底部线束。

　　正常绝缘电阻值：

　　W1-1（CB1）与车身搭铁和屏蔽搭铁之间的绝缘电阻值 ≥ 10MΩ。

　　W1-2（CE1）与车身搭铁和屏蔽搭铁之间的绝缘电阻值 ≥ 10MΩ。

图 5-2-79　电机控制器线束插接器 W1

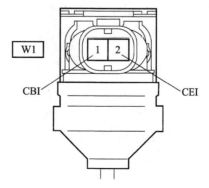

图 5-2-80　继电器接线盒线路绝缘电阻测量

d. 参考图 5-2-81，拆卸 HV 蓄电池右侧盖分总成。

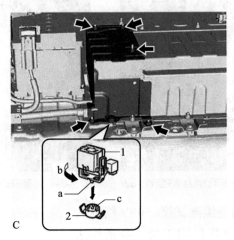

图 5-2-81　动力电池右侧盖分总成拆卸

1— 手动维修开关　2— 动力电池盖锁扣　a— 突出部分　b— 转动　c— 按钮

e. 从动力电池接线盒总成上断开 HV 地板底部线束插接器 W2 和 W3（图 5-2-82）。

f. 参考图 5-2-83，确保 HV 地板底部线束无连接高压部件的状态下，使用绝缘测试仪（500V 档位），分别测量 HV 地板底部线束插接器上 2 高压针脚（CBI 和 CEI）与车身搭铁（线束上屏蔽搭铁）间绝缘电阻，如果异常，判断 HV 地板底部线束绝缘故障。

正常绝缘电阻值：

W2-1（CBI）与车身搭铁之间的绝缘电阻值 ≥ 10MΩ。

W3-1（CEI）与车身搭铁之间的绝缘电阻值 ≥ 10MΩ。

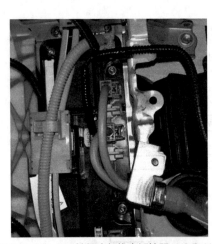

图 5-2-82　HV 地板底部线束插接器 W2 和 W3

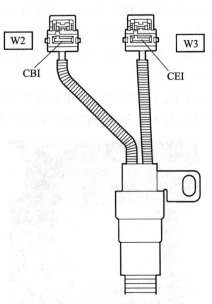

图 5-2-83　HV 地板底部线束绝缘电阻测量

g. 从动力电池接线盒总成上断开高压电缆插接器 A 和 t2（图 5-2-84）。

h.参考图 5-2-85，使用绝缘测试仪（500V 档位），分别测量动力电池继电器接线盒总成上针脚 A、针脚 t2 与车身搭铁之间绝缘电阻，如果异常，判断动力电池继电器接线盒总成（连接动力电池侧线路）绝缘故障。

图 5-2-84　HV 动力电池高压电缆插接器 A 和 t2

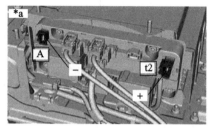

图 5-2-85　动力电池继电器接线盒总成（连接动力电池侧线路）绝缘电阻测量

正常绝缘电阻值：

t2-1（+）与车身搭铁之间的绝缘电阻值 ≥ 10MΩ。

A-1（-）与车身搭铁之间的绝缘电阻值 ≥ 10MΩ。

（4）混合动力系统高压互锁电路检测方法与数据

1）混合动力系统高压互锁故障症状和原因分析。对于混合动力汽车，如果发生高压互锁故障,仪表主警告灯点亮,显示混合动力系统故障,蜂鸣器鸣响,且车辆不能进入"READY"状态，无法正常起动。

如果车辆是在行驶状态，只会通过仪表报警，车辆不会马上切断高压继电器，但车辆停止运行退出"READY"状态后，将不能再进入"READY"状态。

2）混合动力系统高压互锁电路检测。以丰田卡罗拉双擎混合动力车型为例，车辆具有两套独立的高压互锁监控电路装置，分别是高压系统互锁和 PCU（动力控制总成）互锁，高压系统互锁电路如图 5-2-86 所示，PCU 互锁电路如图 5-2-87 所示。

①诊断仪读取故障码。如果任意一套高压互锁监控装置发生混合动力系统互锁故障，系统都会记录相关故障码，根据具体互锁故障码所指示，先确定是哪一套互锁系统出现问题，再针对具体的互锁系统进行下一步诊断检测。

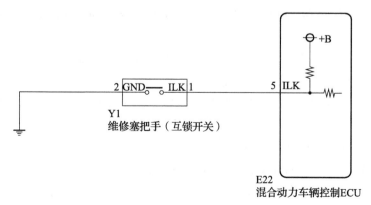

图 5-2-86　卡罗拉双擎高压系统互锁电路图

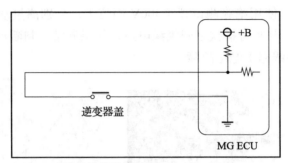

带变换器的逆变器总成

图 5-2-87　卡罗拉双擎 PCU 互锁电路图

②万用表检测高压系统互锁电路。

a. 电源置于"OFF"状态，断开低压辅助蓄电池。

b. 佩戴绝缘手套，检查手动维修开关是否松动或没安装到位。

c. 等待 5min 后断开维修开关，检查互锁插接器是否正常，确保针脚无松动退针等现象。维修开关上的互锁插接器位置如图 5-2-88 所示。

d. 检查维修开关上的互锁插接器针脚（短接片，图 5-2-89）是否正常，无变形破损。

图 5-2-88　维修开关上的互锁插接器　　　图 5-2-89　维修开关上互锁插接器检查

e. 断开维修开关安装座上互锁插接器 y1，安装辅助蓄电池负极，电源状态置于"ON"档。参考图 5-2-90，测量互锁插接器 y1 上互锁信号 ILK 针脚与车身搭铁之间电压是否正常，如果异常检查混合动力车辆控制 ECU 至维修开关互锁插接器 y1 相关线路线束。

正常电压值：

Y1-1（ILK）与车身搭铁之间的电压：11~14V（辅助蓄电池电压）。

f. 电源状态置于"OFF"档，断开辅助蓄电池负极，参考图 5-2-91，测量互锁插接器 y1 针脚 2（GND）与车身搭铁之间的电阻是否正常，如果异常检查相关线路线束。

正常电阻值：

Y1-2（GND）与车身搭铁之间的电阻值 < 1Ω。

③ PCU 互锁装置检测。对于 PCU 互锁监控电路，监控的模块 MG ECU 及相关线路均内置于电机控制器总成内，因此如果出现 PCU 互锁故障，检查电机控制器到电机高压插接器处的控制器端盖互锁装置是否正常，如果无异常即可判断电机控制器总成故障，电机控

制器总成只能作为单独部件整体更换。具体检测流程如下：

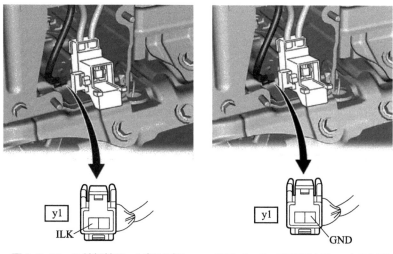

图 5-2-90　互锁插接器 y1 电压测量　　　图 5-2-91　互锁插接器 y1 电阻测量

a. 电源模式置于"OFF"状态，断开低压辅助蓄电池。

b. 如图 5-2-92 所示，从电机控制器总成上拆下控制器盖。

c. 检查电机控制器盖上 PCU 互锁连接针脚（短接片，见图 5-2-93 中箭头）是否正常，控制器盖是否存在变形破损而导致互锁连接异常的状况。如果异常更换控制器盖。

图 5-2-92　电机控制器盖拆卸

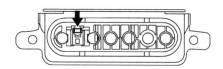

图 5-2-93　电机控制器盖互锁连接装置检查

混合动力汽车电子控制单元及高压部件针脚功能和参考值

第六章
汽车电控系统设定及其他操作程序

在汽车电控系统维修中，如果因蓄电池电源中断、更换电子控制单元、电控系统工作条件变化等原因，需要利用专用仪器设备或人工根据特定操作程序，进行电控系统的设定、编程、编码与匹配等操作，否则电控系统不能正常工作。本章介绍汽车电控系统设定、编程、编码与匹配的操作程序，包括：发动机电控系统设定及其他操作程序；底盘电控系统设定及其他操作程序；车身电控系统设定及其他操作程序。

第一节　发动机电控系统设定及其他操作程序

一、电子节气门设定

✉ **提示**：在中断电子节气门体电源、更换或清洗电子节气门体、更换发动机控制单元等操作后，可能会出现发动机怠速转速偏高或偏低等现象，需要执行电子节气门设定操作。不同车型对操作名称、操作流程有区别。

✉ **提示**：由于篇幅限制，以下内容仅以部分车型为例介绍，详细操作流程及更多详细技术资料请扫描二维码查阅，或查阅相关车型维修手册及其他技术资料。

1. 大众 / 奥迪汽车电子节气门设定

利用诊断仪器进入"04- 基本设定（Basic setting）"，根据仪器提示操作，输入通道号 001 或 060 或 098（根据车型）可完成电子节气门的基本设定。界面显示区域如图 6-1-1 所示，观察显示区 4（Text4），仪器根据设定结果分别显示"ADP Running（正在执行自适应）"或"ADP ERROR（自适应错误）"或"ADP OK（自适应成功）"。

Basic setting			
xx.x	x.x%	Idling	Text
1	2	3	4

图 6-1-1　大众 / 奥迪电子节气门设定仪器显示区

2. 上汽通用汽车电子节气门怠速设定及曲轴位置偏差设定

✉ **提示**：以下内容适用上汽通用大部分车型，如执行程序后怠速转速仍不能恢复正常，请采用上汽通用专用设备根据仪器操作提示执行。

（1）电子节气门怠速设定程序

1）操作条件：发动机控制模块（ECM）设定（上汽通用公司也称"读入"）节气门体的怠速位置，以确保正确的怠速转速。每当更换 ECM 或电子节气门体时，ECM 必须设定怠速位置。运行怠速设定程序的条件如下：

①未设置故障码（DTC）P0121、P0122、P0123、P0221、P0222、P0223、P0638、P2100、P2101、P2105、P2107 和 P2119。

②发动机转速低于 40 r/min。

③车速为 0 km/h（静止）。

④加速踏板开度位置小于 14.9%。

⑤蓄电池电压高于 10 V。

⑥发动机冷却液温度介于 5~85℃之间，进气温度介于 5~60℃之间。

⑦如果设置了 P2176 以外的节气门位置（TP）传感器或其他节气门执行器控制（TAC）系统的故障码（DTC），请勿执行此程序。当设置了故障码时，发动机 ECM 不会执行怠速设定程序，请先根据故障码提示排除故障。

2）怠速设定程序：

①故障诊断仪清除故障码。

②关闭点火开关 30s。

③接通点火开关，但发动机关闭（不运转）60s。

④关闭点火开关。

⑤接通点火开关，但保持发动机关闭（不运转）。

⑥起动发动机，检查怠速转速是否正常。

3）电子节气门怠速设定（别克君越、君威车型）：

①接通点火开关，但关闭发动机，使用故障诊断仪执行"模块设置中怠速设定重新设置"，根据诊断仪提示操作。

②发动机怠速时，监测"Throttle Body Idle Airflow Compensation（节气门体怠速空气流量补偿）"参数。节气门体怠速空气流量补偿值应等于 0%，发动机应以一个正常的怠速速度运转。

③清除故障码，并返回仪器诊断界面。

（2）曲轴位置系统偏差设定

使用故障诊断仪，选择"Crankshaft Position System Variation Learn（曲轴位置系统偏差设定）"程序，并执行以下操作：

1）操作条件：

①关闭发动机舱盖。

②用车轮楔块楔住驱动轮。

③设置驻车制动器。

④切勿踩下制动器踏板。

⑤关闭空调（A/C）。

⑥必须将车辆挂入驻车档或空档。

2）起动发动机，使发动机运行在工作温度下。

3）在进行该程序期间，根据引导，踩住制动踏板。

4）加速到节气门全开，当燃油切断发生时再松开。

注意：在执行设定程序时，一旦发动机开始减速，立即释放节气门。在设定程序结束后，发动机回到驾驶人控制并响应节气门位置。

5）故障诊断仪显示"Learn In Progress（正在设定）"。

6）故障诊断仪显示"Learned Successful（设定成功）"。

7）确认故障码（DTC）P0315 运行并通过此点火周期。

如果故障码（DTC）P0315 在此点火周期失败或未运行，或出现了另一个故障码，则参见"故障码（DTC）列表 – 车辆"以获取关于已设置故障码的信息。

8）一旦"曲轴位置偏差设定"程序成功已完成。为了将曲轴位置偏差值储存在发动机控制模块（ECM）中，应关闭点火开关并确认车辆所有系统已关闭。这可能需要花费 2 min 时间。

3. 丰田汽车电子节气门设定

（1）丰田凯美瑞 2.4L 发动机电子节气门设定

✉ **提示：** 其他丰田车型也可以参照本流程操作。

当清洗过凯美瑞 2.4L 发动机的电子节气门系统后，如果怠速偏高，在确定节气门体及发动机相关无故障的前提下，设定程序如下：

1）关闭点火开关（OFF）。

2）拔下发动机舱内熔丝盒中的 EFI 和 ETCS 熔丝，1min 后装回。

3）起动发动机，如果怠速转速仍然偏高，检查怠速控制系统。

（2）丰田卡罗拉发动机电子节气门设定

1）方法 1：

①打开点火开关（ON），等待 20s。

②踩加速踏板到底保持 10s 左右，松开加速踏板。

③关闭点火开关，拔出点火钥匙。

④等待 15~20s 后，起动车辆，检查怠速转速是否正常。如不正常则重复操作步骤，仍不正常则检查怠速控制系统。

2）方法 2：

①打开点火开关（ON），等待 30s。

②关闭点火开关，拔出点火钥匙。

③等待 15~20s 后，起动车辆，检查怠速转速是否正常。如不正常则重复操作步骤，仍不正常则检查怠速控制系统。

4. 日产汽车电子节气门设定

✉ **提示：** 以下内容适用日产天籁（NISSAN TEANA），其他日产系列电子节气门车型可以参照执行。

对于日产车系装备电子节气门系列车型，如果断开过 ECM 或加速踏板位置传感器、节气门体的插接器，应执行下述加速踏板释放位置设定（日产汽车公司也称"学习"）、节气门关闭位置设定、怠速空气量设定操作，否则怠速转速将不正确。

（1）加速踏板释放位置设定

1）**说明：** "加速踏板释放位置设定"操作通过检测加速踏板位置传感器输出信号，设定加速踏板完全释放时的位置。在每次断开加速踏板位置传感器或 ECM 的线束后，必须进行此操作。

2）**操作步骤：**

①确认加速踏板完全释放。

②将点火开关转到 ON 位置，等待至少 2s。

③将点火开关转到 OFF 位置，等待至少 10s。

④将点火开关转到 ON 位置，等待至少 2s。

⑤将点火开关到 OFF 位置，等待至少 10s。

（2）节气门关闭位置设定

1）**说明：** "节气门关闭位置设定"操作通过检测节气门位置传感器输出信号，设定节气门完全关闭时的位置。在每次断开电子节气门控制执行器或 ECM 的线束接头后，必须进行此操作。

2）**操作步骤：**

①确认加速踏板完全释放。

②将点火开关转至 ON 位置。

③将点火开关转到 OFF 位置，等待至少 10s。

④此时通过节气门的动作声音来确认节气门动作超过 10s。

（3）怠速空气量设定

1）**说明：** "怠速空气量设定"目的是使发动机转速保持在规定范围内的怠速进气量。在发生了下列情况后，必须进行此操作；

①每次更换电子节气门控制执行器或 ECM 后。

②怠速或点火正时在规定范围以外时。

③如果加速踏板位置传感器电路有故障，将无法开启诊断模式。

2）**准备工作。** 进行"怠速空气量设定"前，确认满足下列所有条件。即使是瞬间，如果有任何一个条件不满足，设定操作将被取消。

①蓄电池电压：大于 12.9V（怠速时）。

②发动机冷却液温度：70~100℃。

③ PNP（变速器档位）开关：ON。

④电气负荷开关（空调、前照灯、后窗除雾器）：OFF。

⑤转向盘：中间位置（正直向前位置）

⑥车速：停止

⑦自动变速器（A/T）：已预热

⑧对于使用 CONSULI- Ⅱ 诊断仪的 A/T 车型，行驶车辆直到"A/T"系统"DATA MONITOR"（数据监控）模式中的"FLUID TEMP SE"（油液温度传感器）显示数值低于0.9V。

对于不使用 CONSULI- Ⅱ 诊断仪的 A/T 车型，行驶车辆 10min。

3）操作步骤。

✉ 提示：以下操作以不使用 CONSULI- Ⅱ 诊断仪为例，如果使用 CONSULI- Ⅱ 诊断仪，请根据仪器提示操作。

✉ 提示：以下操作最好用时钟准确地计时。

以下步骤可参照图 6-1-2 执行。

①进行"加速踏板释放位置设定"和"节气门关闭位置设定"的操作。

②起动发动机暖机至正常工作温度。

③检查并确认在"准备工作"列出的所有项目的情况都正常。

④关闭点火开关，等待至少 10s。

⑤确定加速踏板完全释放，将点火开关转到 ON 位置，等待 3s。

⑥在 5s 内迅速重复以下操作 5 次。

a. 完全踩下加速踏板。

b. 完全释放加速踏板。

⑦等待 7s，完全踩下加速踏板，并保持此状态约 20s，直到仪表故障指示灯（MIL）停止闪烁并开始变亮。

⑧故障指示灯（MIL）点亮后 3s 之内，完全释放加速踏板。

⑨起动发动机，并保持怠速运转一段时间（至少保持 20s 以上）。

⑩ 使发动机高速运转 2~3 次，确认怠速和点火正时都符合规定。

怠速转速：（700 ± 50）r/min

点火正时：（15° ± 5°）BTDC

如果怠速和点火正时不在规定范围内，"怠速空气量设定"将无法成功完成，请执行以下步骤：

①检查并确认节气门完全关闭。

②检查 PCV 阀是否正常。

③检查节气门下游有没有空气泄漏。

④如果上述三项检查正确后，检查发动机各部件及其安装情况，并排除故障。

⑤如果发动机起动后，发生发动机熄火或怠速转速不正确，务必排除故障，并再次执行"怠速空气量设定"。

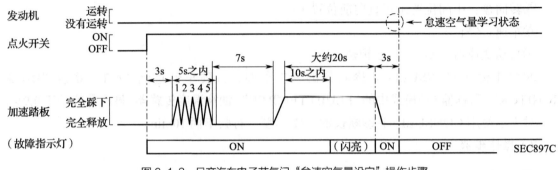

图 6-1-2　日产汽车电子节气门"急速空气量设定"操作步骤

二、发动机防起动钥匙系统匹配

发动机防起动钥匙系统也称发动机停机系统，是为防止车辆被盗而设计的。本系统使用防盗控制单元（收发器钥匙 ECU）总成来存储经授权的点火钥匙的钥匙代码。如果试图使用未经授权的钥匙起动发动机，则防盗控制单元将向发动机控制单元发送信号以禁止供油和点火、从而有效地禁止发动机工作。

> **提示：** 在中断车辆防盗系统电源、更换或增加车辆钥匙、更换发动机控制单元、更换防盗控制单元等操作后，可能会出现防盗系统触发，发动机不能起动的现象，需要执行防盗系统匹配操作。不同车型对操作名称、操作流程有区别。

> **提示：** 由于篇幅限制，以下内容仅以部分车型为例介绍，详细操作流程及更多详细技术资料请扫描二维码查阅，或查阅相关车型维修手册及其他技术资料。

1. 大众 / 奥迪汽车防起动钥匙系统匹配

大众汽车的防起动钥匙系统，通常也称为大众防盗器系统，采用的是西门子公司提供的防盗器（Immobilizer）系统。Immobilizer 系统属于控制发动机起动授权的电子防盗器。到目前为止，已经历了 5 个发展阶段，即：第一代的固定码传输防盗器（Immobilizer Ⅰ）、第二代的可变码传输防盗器（Immobilizer Ⅱ）、第三代的两级可变码传输防盗器（Immobilizer Ⅲ）、第四代的网络式防盗器（Immobilizer Ⅳ）以及第五代网络式防盗器（Immobilizer Ⅴ）。由于装备第一代、第二代、第三代防盗器的车型已经老旧（防起动钥匙匹配程序请查阅电子数据资源），以下只介绍第四代、第五代防盗器。

（1）大众 / 奥迪汽车第四代防盗器

从 2008 年起，大众 / 奥迪汽车的高端车型开始逐步的装配第四代防盗器。第四代防盗器不是一个单独的控制单元，而是一项功能（防盗控制单元是舒适系统中的一个集成部分）。

如图 6-1-3 所示，位于德国大众总部的 FAZIT（车辆信息和核心识别工具）中央数据库是第四代防盗器的核心部分，必须通过大众专用的测试仪 VAS5051 及后代产品，通过网络进入 FAZIT 获得车辆的防盗数据，否则无法完成防盗器的匹配。

第四代防盗器相比与第三代防盗器，有如下改进：

1）第四代防盗器控制系统结构组成包括：无钥匙进入 / 起动控制单元（集成了防盗器控制单元）、发动机控制单元、转向柱锁控制单元和遥控防盗钥匙。

2）第四代防盗器与发动机控制单元之间的数据通过动力 CAN 总线进行传输，数据传输的安全性得到提高。

3）大众 / 奥迪汽车不同品牌之间的防盗器数据传输协议并不相同。防盗器部件在大众 / 奥迪不同品牌的某些车型之间可以互用，但一旦完成匹配，就不能在其他品牌的防盗器系统内使用。

4）由于每一辆车的防盗数据是储存在大众总部的 FAZIT 中央数据库，而不是存储在车辆上的防盗控制单元内；并且进 FAZIT 数据库只能通过大众专用的测试仪，所有钥匙供应 / 更换过程中的安全性得到提高。

5）防盗器内的控制单元自动对准，无需手动输入安全 PIN。

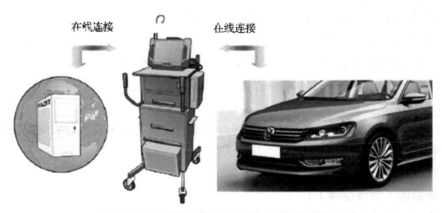

图 6-1-3 防盗数据存放在 FAZIT 的第四代防盗器

（2）大众 / 奥迪汽车第五代防盗器

作为第四代防盗器的升级版，第五代系统在维修服务来看与第四代系统基本一致。配置了第五代防盗器的车辆，在防盗系统执行任何操作之前也必须先通过诊断仪与 FAZIT 数据库建立在线连接。但是在使用诊断仪进行有关防盗器方面的工作程序极大地简化，如更换防盗器部件以后的匹配操作步骤已更倾向于自动化，而且为了简化操作，一些询问步骤已经删除。

第五代防盗器控制系统结构组成方面，舒适系统控制单元 J393 是防盗器主控单元，在该控制单元内集成了智能进入起动控制单元 J518，数据总线诊断接口 J533 和电子点火锁 E415 仅用于传输防盗信息。在新款奥迪 A5 中，电子转向柱锁控制单元 J764 与以往车型一样固定在转向柱上。如果电子转向柱锁发生故障，必须整体更换转向柱，转向柱锁由两个旋入式螺栓连接到转向柱上。

2. 上汽通用汽车防盗系统编程

（1）别克君威、君越防盗系统编程

📧 **提示：** 以下程序适用君威、君越等车型，如匹配不成功，请检查防盗系统是否存在故障，或参照维修手册。

1）注意事项：

①现有设定的钥匙（车辆所有的钥匙）存在与否都可使用此程序。需要编程的所有钥匙必须位于车辆上。

②此程序将花费多于 15min 来完成。

③每辆车总共可设定 8 把钥匙。

④此程序只能设定车辆钥匙信息。此程序不会设定车身控制模块（BCM）和发动机控制模块（ECM）之间的任何防盗模块信息。

⑤如果蓄电池电压过低，则执行程序前给蓄电池充电。

2）添加钥匙（带遥控器）：

①将故障诊断仪连接至车辆并进入维修编程系统。

②确保车辆上所有用电装置都已关闭。

③选择维修编程系统应用程序并按屏幕上的指示进行操作。

④选择"Reprogram ECU（重新编程电子控制单元）"。

⑤选择"IMMO 防盗模块设定"。

⑥选择"Program Transponder or Remote Keys（编程无线电频率收发器或遥控钥匙）"功能。

⑦遵照屏幕说明操作。

⑧使用故障诊断仪，清除所有故障码。

3）更换钥匙（带遥控器）：

①将故障诊断仪连接至车辆并进入维修编程系统。

②确保车辆上所有用电装置都已关闭。

③选择维修编程系统应用程序并按屏幕上的指示进行操作。

④选择"Reprogram ECU（重新编程电子控制单元）"。

⑤选择"IMMO 防盗模块设定"。

⑥选择"Program Transponder or Remote Keys（编程无线电频率收发器或遥控钥匙）"功能。

📝 **注意：** 设定程序期间，维修编程系统会多次指示将点火开关置于 RUN 位置。继续维修编程系统端子之前确保车辆确实处于运行模式。如果点火开关未置于 RUN，则模式设定程序会失败。

　钥匙槽位于中央控制台存储区的后部。钥匙必须平置于存储区后部，并放置于槽内，按钮朝向车辆前部，钥匙环位于顶部。如果大的钥匙环致使钥匙不能平置于存储区的后部，则拆下钥匙环并将钥匙置于槽内。无法将钥匙平置于槽内将无法编程。

⑦遵照屏幕说明操作。

⑧完成维修编程系统后，按下并保持点火模式开关15s。

⑨使用故障诊断仪，清除所有故障码。

（2）别克英朗防盗系统编程

✉ 提示：以下程序适用英朗等车型，如匹配不成功，请检查防盗系统是否存在故障，或参照维修手册。

1）添加、更换发射器（钥匙）：车辆钥匙需要编程或所有车辆钥匙需要更换 / 编程时，应使用该程序。

✉ 提示：使用故障诊断仪，清除所有故障码。

①将故障诊断仪连接至车辆并访问维修编程系统。

②在发动机关闭的情况下，将点火开关置于 ON 位置。

③确保车辆上所有用电装置都已关闭。

④选择维修编程系统应用程序并按屏幕上的指示进行操作。

⑤选择"Reprogram ECU（重新编程电子控制单元）"。

⑥选择"IMMO Immobilizer Learn（IMMO 防盗模块设定）"功能。

⑦选择"Program Transponder & Remote Keys（编程无线电频率收发器和遥控钥匙）"功能。

⑧输入安全码并按屏幕上的指示进行操作。

⑨在约 11min 后、并且在将点火开关置于 OFF 位置 1min 后，设定第一个钥匙。屏幕会显示"Learn Additional Key（设定其他钥匙）"？选择"YES（是）"，直至设定所有的现有车辆钥匙。

⑩对所有钥匙编程后，显示"Programming Complete（编程完成）"。

2）防盗模块系统部件的编程：该程序将设定防盗功能。以下编程功能将花费 15 min以上的时间。如果蓄电池电压过低，则在对控制模块编程前对其充电。

✉ 提示：编程防盗功能前，必须对车身控制模块（BCM）和 / 或发动机控制模块（ECM）进行编程。

①将故障诊断仪连接至车辆并访问维修编程系统。

②在发动机关闭的情况下，将点火开关置于 ON 位置。

③确保车辆上所有用电装置都已关闭。

④选择维修编程系统应用程序并按屏幕上的指示进行操作。

⑤选择"Reprogram ECU（重新编程电子控制单元）"。

⑥选择"IMMO Immobilizer Learn（IMMO 防盗模块设定）"功能。

⑦选择编程防盗模块功能。如果两个模块都被更换，则在下一个屏幕上选择相应的控制模块。如果只有一个控制模块被更换，则选择"Use Existing Transponder Keys（使

用现有无线电频率收发器钥匙）"。如果两个控制模块都被更换，则选择"Use New Transponder Keys（使用新的无线电频率收发器钥匙）"。

⑧遵照屏幕说明操作。"Use Existing Transponder Keys（使用现有无线电频率收发器钥匙）"：在约 11min 后、并且在将点火开关置于 OFF 位置 1min 后，屏幕将显示"Programming Complete（编程完成）"。

⑨遵照屏幕说明操作。"Use New Transponder Keys（使用新的无线电频率收发器钥匙）"：在约 11min 后并且在将点火开关置于 OFF 位置 1min 后，设定第一个钥匙。屏幕会显示"Learn Additional Key（设定其他钥匙）"？选择"YES（是）"，直至设定所有的现有车辆钥匙。

⑩对所有钥匙编程后，显示"Programming Complete（编程完成）"。

3. 丰田汽车防盗系统匹配

✉ 提示：以下程序适用丰田汽车大部分车型，如匹配不成功，请检查防盗系统是否存在故障，或参照维修手册。

（1）遥控器注册（匹配）

1）重要提示：

①更换车门控制发射器或车门控制接收器时，应注册识别码。

②如果要在注册新识别码的同时仍需保留已注册的识别码，应使用添加模式。添加发射器时，使用该模式。如果注册码数量超过 6 个，则以前注册的代码将会按顺序相应地被清除，先从最早注册的代码开始。

③使用改写模式清除所有以前注册的代码并仅注册新的识别码，更换新的发射器或车门控制接收器时，使用该模式。

④使用确认模式确认在注册另识别码前已注册的识别码数量。

⑤使用禁止模式清除所有已注册的代码，并取消遥控门锁功能，当发射器丢失时使用该模式。

⑥注册程序必须按顺序连续地进行。

⑦车辆应置于以下条件下：

a. 钥匙未插入点火锁芯。

b. 仅驾驶人侧车门打开。

2）模式选择： 执行下列操作以选择所需的模式。

① 5s 内将钥匙在点火开关中插入并拔出两次，结束时拔出。

②在以上操作之后，关闭和打开驾驶人侧车门两次，结束时打开，随后将钥匙插入点火锁芯，然后拔出，在 40s 内完成该步骤。

③在以上操作之后，关闭和打开驾驶人侧车门两次，结束时打开，然后将钥匙插入点火锁芯并关闭车门，该步骤在 40s 内完成。

④如图 6-1-4 所示，以约 1s 时间间隔，将点火开关从 LOCK 位置转到 ON 位置然后

转回到 LOCK 位置 1 到 5 次，以选择一种模式，然后将钥匙从点火锁芯中拔出，该步骤在 40s 内完成，如果点火开关 ON-LOCK 操作次数为 0、4、6 或更多，不会有选择何种模式的响应。

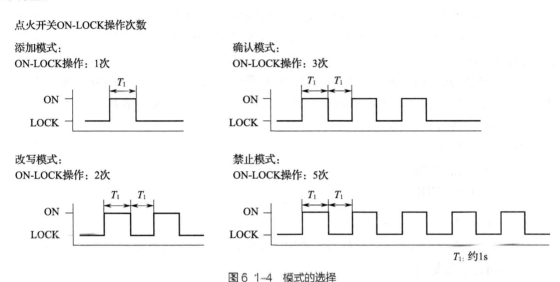

图 6-1-4 模式的选择

⑤如图 6-1-5 所示，选择了一种模式后，主车身 ECU 会在 5s 内自动执行电动车门 LOCK-UNLOCK 操作，以通知已选择的模式。

✉ 提示：在确认模式下，对于每个已注册的识别码会发生一次 LOCK-UNLOCK 操作，例如已注册了 2 个识别码，就会出现两次 LOCK-UNLOCK 操作；在确认模式和禁止模式下，一旦 LOCK-UNLOCK 操作出现响应，注册程序将会结束。

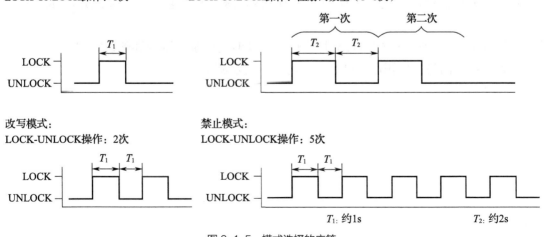

图 6-1-5 模式选择的应答

3）注册新的识别码（添加模式或改写模式）：

①程序 A：选定了添加模式或改写模式后 45s 内，同时按下发射器开关上的锁止和解锁开关 1~1.5s，然后按下其中一个开关操作 1s。

②程序 B：松开发射器开关 5s 内，如果正确完成了发射器的识别码注册，会自动执行 LOCK-UNLOCK 操作一次；如果 LOCK-UNLOCK 操纵进行两次，则识别码注册失败，再次执行注册程序。

4）**多个遥控器注册**：如果多个发射器需要注册，在前一个注册后的 45s 内重复以上的程序 A 和 B。一次可注册 6 个识别码；只要符合下列条件，注册模式结束：

①识别码注册后经过 40s。

②所有车门打开。

③钥匙插入点火锁芯。

④已注册 6 个识别码。

（2）丰田汽车防盗钥匙复制

丰田车系防盗钥匙有两款：黑色为主钥匙，通常只有一把，灰色为副钥匙，可以有多把。

1）**主钥匙增加复制：**

①插入主钥匙到点火开关，并在 15s 内，踩、放加速踏板 5 次。

②踩、放制动踏板六次。

③拔下主钥匙，并在 10s 内插入另外一把要复制同步设定的主钥匙。

④踩、放加速踏板一次，SECURITY 指示灯应闪烁。

⑤等待大约 1min，SECURITY 指示灯应熄灭，则表示完成同步设定。

⑥若想再复制另一把钥匙，则在 10s 内重复步骤 3-5。

2）**副钥匙增加复制：**

①插入主钥匙，并在 15s 内踩、放加速踏板 4 次。

②踩、放制动踏板 5 次，拔下主钥匙。

③在拔下主钥匙 10s 之内，插入欲复制的副钥匙到点火开关。

④在插入欲复制副钥匙到点火开关的 10s 内，踩、放加速踏板一次，SECURITY 指示灯应闪烁。

⑤等待 1min 左右，SECURITY 灯应熄灭，此时完成复制副钥匙的设定程序。

⑥若要再复制另一把钥匙，则在 10s 内，重复步骤①～⑤。

第二节 底盘电控系统设定及其他操作程序

✉ **提示**：由于篇幅限制，以下内容仅以部分车型为例介绍电子制动控制系统和轮胎充气压力监控系统的编码、设定程序，详细操作流程及更多详细技术资料请扫描二维码查阅，或查阅相关车型维修手册及其他技术资料。

一、电子制动控制系统编码与设定

1. 大众/奥迪汽车电子制动控制系统编码与设定

（1）ABS/ASR/ESP 控制单元编码

1）控制单元编码条件。对于大众/奥迪系列车型，如果更换了 ABS/ASR/ESP 的控制单元或控制单元内存储下述故障：ABS/EDS 变速器电气连接；CAN 总线中没有来自变速器控制单元的信号；控制单元编码错误，那么必须按发动机和变速器型号给控制单元编码。

✉ **提示**：当诊断仪器内存有服务站代码时，才能进行编码。

2）控制单元编码操作：

①利用诊断仪器显示出旧控制单元版本号（备件号），就会出现 5 位数编码；如果旧控制单元损坏或编码错误，则通过维修手册或其他技术资料查询控制单元正确的编码。

②利用诊断仪器进入 ABS/ASR/ESP 的控制单元，根据仪器提示，选择功能项"07"（控制单元编码），输入正确的编码。

③利用诊断仪器显示新控制单元版本号，确认是否编码成功。

（2）ESP 电子车身稳定系统设定

以下是一汽大众车型 ESP 系统的设定（标定）程序，其他大众/奥迪车型可以参考本程序或维修手册。

1）操作说明。更换了转向盘转角传感器及 ESP 控制单元后，必须进行标定工作，即传感器学习转向盘正前方位置。若转向盘转角传感器 G85 底部检查孔内的黄点清晰可见，则表明传感器在零点位置。更换了制动压力传感器、侧向/纵向加速度传感器，也需要做调整工作。偏航传感器自动校准。

以下为诊断仪器 04 功能"基本设定"中的通道号：

60- 转向盘转角传感器零点调整；

63- 侧向加速度传感器零点调整；

66– 制动压力传感器零点调整；

69– 纵向加速度传感器零点调整（四轮驱动）。

2）转向盘转角传感器零点调整。 转向盘转角传感器安装在转向柱上，转向开关与转向盘之间，与安全气囊螺旋电缆集成为一体，为光电式传感器。设定程序如下：

①连接诊断仪器进入"03"（ABS 控制单元）地址。

②选择功能项"11"（登录），输入 40168（做多项调整时，只需登录 1 次）。

③起动车辆，在平坦路面试车，以不超过 20km/h 车速行驶。

④如果转向盘是正中位置（若不在正中位置则调整），不要再调整转向盘，不要关闭点火开关。

⑤检查 08 数据流读取功能下 004 通道第一显示区 0°（±4.5°）。

⑥选择"04"功能项"基本设定"，输入通道号"060"并按确认键，此时 ABS 警告灯将闪烁。

⑦选择功能项"06"退出，ABS 和 ESP 警告灯亮约 2s。

⑧结束。

3）侧向加速度传感器零点调整。 侧向加速度传感器安装在转向柱下方偏右侧，与横摆角速度传感器一体。设定程序如下：

①将车停在水平面上。

②连接 VAG1551 或 VAS5051 进入 03 地址。

③选择功能项"11"（登录），输入 40168。

④选择"04"功能项"基本设定"，输入通道号"060"并按确认键，此时 ABS 警告灯将闪烁。

⑤选择功能项"06"退出。

⑥ ABS 和 ESP 警告灯点亮约 2s。

> ✉ **提示：** 若仪器显示该功能不能执行，说明登录有误；若显示基本设定关闭，说明超出零点平衡允许公差。读取 08 数据流（004 通道第二显示区静止时 ±1.5；将转向盘转至止点，以 20km/h 车速左／右转弯，测量值应均匀上升）及清除故障记忆。然后重新进行零点平衡。

4）制动压力传感器零点调整。 制动压力传感器安装在制动主缸上，为电容型传感器，有些车型安装两个传感器。设定程序如下：

①不要踩制动踏板。

②连接 VAG1551 或 VAS5051 进入"03"（ABS 控制单元）地址。

③进入功能项"08"（阅读测量数据块），输入 005 通道号，检查第一显示区就为 ±700kPa。

④选择功能项"11"（登录），输入 40168。

⑤选择"04"功能项"基本设定"，输入通道号"060"并按确认键，此时 ABS 警告灯将闪烁。

⑥选择功能项"06"退出。

⑦ ABS 和 ESP 警告灯点亮约 2s。

✉ **提示**：若仪器显示该功能不能执行，说明登录有误；若显示基本设定关闭，说明超出零点平衡允许公差。读取 08 数据流（005 通道）及清除故障记忆。然后重新进行设定。

5）ESP 检测。ESP 检测用于检查信号的可靠性（侧向加速传感器、横摆角速度传感器、制动压力传感器），拆卸或更换 ESP 部件后，必须进行 ESP 检测。

①连接诊断仪器，打开点火开关，进入"03"（ABS 控制单元）地址。

②进入"04"（基本设定），选择 093 通道，按 Q 确认。

③显示屏显示 ON，ABS 警告灯点亮。

④拔下自诊断座的连接线，起动发动机。

⑤用力踩下制动踏板（制动力应大于 3.5MPa），直到 ESP 警告灯闪烁。

⑥以 15~30km/h 的车速试车，时间不超过 50s，行车时应保证 ABS、EDS、ASR、ESP 系统不起作用。

⑦转弯并保证转向盘转角大于 90°。

⑧ ABS 警告灯和 ESP 警告灯熄灭，则 ESP 检测顺利完成。

若 ABS 警告灯不熄灭，说明 ESP 检测未顺利完成；若 ABS 警告灯不灭且 ESP 警告灯亮起，应查询故障存储器。

2. 上汽通用汽车底盘电控系统设定

下面是上汽通用君威、君越车型底盘电控系统的设定（读入）程序，其他上汽通用车型可以参考本程序或维修手册。

（1）电子稳定系统 VSES 设定

1）转向盘转角传感器对中。使用故障诊断仪，按以下步骤完成转向盘转角传感器对中程序：

①通过转向盘使前轮对准向前。

②设置驻车制动器，或将变速器置于驻车档位置。

③将故障诊断仪连接至数据链路连接器（诊断座）。

④点火开关置于 ON 位置，发动机关闭。

⑤在"转向盘转角传感器模块配置/重新设置功能"列表中，选择"转向盘转角传感器重新设置"。

⑥按故障诊断仪的说明完成读入程序。

⑦在"转向盘转角传感器模块配置/重新设置功能"列表中，选择"转向盘转角传感器读入"。

⑧按故障诊断仪的说明完成读入程序。

⑨从"电子制动控制模块配置/重新设置功能"列表中选择"转向盘转角传感器读入"。

⑩按故障诊断仪的说明完成读入程序，并清除可能设置的任何故障码。

✉ **提示**：如果车辆装备有电子动力转向，则执行相关读入程序（参见"动力转向控制模块的校准"）。

2）车辆横向偏摆率传感器设置。使用故障诊断仪，按以下步骤完成车辆横向偏摆率传感器读入程序：

①将车辆停在水平地面上。

②设置驻车制动器，或将变速器置于驻车档位置。

③将故障诊断仪连接至数据链路连接器（诊断座）。

④点火开关置于 ON 位置，发动机关闭。

⑤从"多轴加速度传感器模块配置/重新设置功能"列表中选择"横向偏摆率传感器重新设置"。

⑥按故障诊断仪的说明完成校准程序。

⑦从"多轴加速度传感器模块配置/重新设置功能"列表中选择"横向偏摆率传感器读入"。

⑧按故障诊断仪的说明完成校准程序。

⑨从"电子制动控制模块配置/重新设置功能"列表中选择"横向偏摆率传感器读入"。

⑩按故障诊断仪的说明完成校准程序，并清除可能设置的任何故障码。

3）制动压力调节阀压力传感器的校准。使用故障诊断仪，按以下步骤完成"Brake Pressure Sensor Calibration（制动压力传感器的校准）"程序：

①设置驻车制动器，或将变速器置于驻车档位置。

②松开制动踏板。

③将故障诊断仪连接至数据链路连接器（诊断座）。

④点火开关置于 ON 位置，发动机关闭。

⑤从"电子制动控制模块配置/重新设置功能"列表中选择"制动压力传感器校准"。

⑥按故障诊断仪的说明完成校准程序，清除可能设置的任何故障码。

4）制动踏板位置读入程序。制动踏板位置传感器读入程序如下：

①安装故障诊断仪。

②用故障诊断仪监测发动机控制模块是否有故障码。如果设置了其他故障码，根据故障诊断码的内容检修，排除故障后清除故障码。

③按顺序选择以下指令，选中故障诊断仪"制动踏板位置传感器读入"指令：

模块诊断——发动机控制模块——配置/重置功能——读入功能——Brake Pedal Position Sensor Learn（制动踏板位置传感器读入）。

④在点火开关置于 ON 位置、发动机关闭、变速器置于驻车档（P）且制动踏板置于完全松开位置时，选择"Learn（读入）"。

⑤确认"Brake Pedal Position Sensor（制动踏板位置传感器）"和"Brake Pedal Position Sensor Learned Home Position（制动踏板位置传感器读入初始位置）"之差在 0.1V 之内。

⑥选择"Exit（退出）"。

（2）自动变速器自适应值读入程序

1）注意事项：

①如果程序执行期间遇到所需的条件未满足，"变速器自适应值读入"可能会异常中断，程序需要从起点处重新开始运行。

②当"变速器自适应值读入"程序完成时，变速器将保持在空档状态。

2）操作程序：

①按顺序选择以下指令，选中故障诊断仪"变速器自适应值读入"指令：模块诊断——变速器控制模块——配置/重置功能——变速器自适应值读入。

②使用故障诊断仪执行"变速器自适应值读入"程序。程序执行时，故障诊断仪数据显示将提供操作说明。必要时按照故障诊断仪的说明操作。

③一旦程序完成，关闭发动机并将变速器控制模块断电，将与故障诊断仪失去通信。

④重新起动发动机，完成"变速器自适应值读入"程序。

3. 丰田车辆稳定控制系统 VSC 传感器零点校准

以下是丰田汽车车辆稳定系统 VSC 的偏转率传感器、减速度传感器零点校准程序，如果校准失败，请检查 VSC 系统是否存在故障或查阅维修手册。

（1）零点校准条件

当移动过偏转率传感器，减速度传感器或 VSC 系统 ECU 时，必须进行偏转率传感器和减速度传感器的零点校准，否则故障警告灯点亮并记忆相关故障码。零点校准条件如下。

1）要确保车辆停在水平地面上（坡度在 1% 之内）。

2）当获取零点时，不要使车辆倾斜，运动或晃动以免带来振动，并保持停车状态（不要起动发动机）。

（2）零点校准程序

1）清除偏转率和减速度传感器零点：

①将变速杆移至 P 位。

②停车状态下将点火开关置于 ON 位置。

③用专用工具（跨接线）在 8s 内，反复断开和连接诊断座 DLC3 端子 TS 和 CG（图 6-2-1）共 4 次，检查 TRC OFF 指示灯是否点亮，点亮则指示存贮的零点被删除。

④将点火开关置于 OFF。

> ✉ **提示**：如果在第 4 步中点火开关没有置于 OFF 仍然在 ON 位置，偏转率传感器零点校准也能完成，这时 TRC OFF 指示灯点亮约 15s 然后开始闪烁（正常码）。

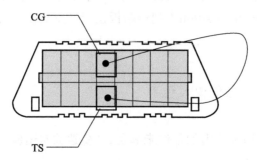

图 6-2-1　丰田汽车诊断座 DLC3 端子 TS 和 CG

2）偏转率传感器零点校准：

①断开 DLC3 端子 TS 和 CG 之间的连接。

②将点火开关置于 ON，车辆处于停止状态，变速杆在 P 位。

③点火开关置于 ON 后，检查 TRC OFF 指示灯是否亮 15s。

④确认 TRC OFF 指示灯维持闪烁 2s 熄灭后，将点火开关置于 OFF 位置。

3）减速度传感器零点校准：

> ✉ **提示**：完成步骤 2 后（偏转率传感器零点校准），VSC 警告灯熄灭。这时如果没有完成步骤 3（减速度传感器零点校准）车辆便开动，将检测到减速度传感器零点校准故障，同时 VSC 警告灯将亮起来，因此，必须完成步骤 2 后紧接着完成步骤 3。

①用跨接线连接 DLC3 端子 TS 和 CG。

②将点火开关置于 ON 位置，车辆变速杆在 P 位，车辆静止。

③将点火开关置于 ON 后，检查 VSC 警告灯是否亮 4s，然后开始以 0.13s 的间隔快速闪烁。

④确认 TRC OFF 指示灯闪烁 2s 后，将点火开关置于 OFF 位置。

⑤拆去专用工具（跨接线）以断开 DLC3 端子 TS 和 CG 的连接。

二、轮胎充气压力监控系统复位

1. 奥迪汽车轮胎充气压力监控系统复位

下面是奥迪 A6L 汽车轮胎充气压力监控系统说明及复位程序，其他大众/奥迪车型可以参考本程序或维修手册。

（1）轮胎充气压力监控系统说明

如果轮胎充气压力监控系统不工作，显示屏上便会出现轮胎符号或文字信息（图 6-2-2），这可能是以下原因造成的：

图 6-2-2　轮胎充气压力监控警告信息

1）如果监控系统监控过程结束时出现这条信息，说明该系统无法识别到汽车上所安装的车轮，其原因可能是一个或多个车轮未安装车轮传感器。

2）一个车轮传感器或其他组件可能已失灵。

3）监控系统识别到汽车内车轮多于 4 个，例如装带了冬季用车轮时。

4）更换车轮后未激活监控功能。

5）使用防滑链时该系统的功能可能因防滑链的屏蔽特性而受影响。

6）轮胎充气压力监控系统可能因无线电干扰而无法工作。

7）相同频率的发射设备（例如随车携带的无线耳机或对讲机），可能通过其强电磁场暂时性干扰该系统。

8）排除各种可能的故障后再次激活监控功能。

✉ 提示：必要时（轮胎充气压力不足）按油箱盖板内侧贴签上的数据校正轮胎充气压力。

（2）轮胎充气

1）存储轮胎充气压力。每次更改规定压力后都必须启动存储轮胎充气压力功能。

存储后，轮胎充气压力监控系统测量当前的轮胎充气压力，并将其存储为新的规定压力。

①按压 "CAR" 功能按钮。

②在汽车菜单中选择 "Systems（系统）"。

③选择 "Tire pressure monitoring（轮胎气压监控系统）"。

④选择 "Store curr.tirepressures（存储轮胎气压）"。

⑤根据屏幕提示进行，完成后系统熄灭警告信息。

2）更换车轮后重新激活轮胎充气压力。对于装备轮胎充气压力监控系统的车辆，更换车轮时必须对调换过的车轮重新执行学习（激活）过程。选择该功能后，轮胎充气压力监控系统便会记忆新的车轮轮胎充气压力。这个学习记忆过程的时间最长需 5min。在此期间，不会显示轮胎的充气压力和温度，因为车轮的传感器首先必须重新学习和重新编排位置。在记忆过程中，轮胎充气压力监控系统只能执行部分工作。只有轮胎充气压力低于允许的最低规定压力时，才会发出警告。涉及的车轮可能会是一个或多个。如果是这种情况，便会出现警告符号，同时带有说明文字轮胎压力。

①按压"CAR"功能按钮。

②在汽车菜单中选择"Systems（系统）"。

③选择"Tire pressure monitoring（轮胎气压监控系统）"。

④选择"Initialize wheels（调换车轮）"。

⑤根据屏幕提示进行，完成后系统熄灭警告信息。

2. 上汽通用汽车轮胎充气压力监控系统复位

下面是上汽通用汽车部分车型轮胎充气压力监控系统说明及复位程序，其他上汽通用车型可以参考本程序或维修手册。

（1）利用车轮转速传感器监控轮胎充气压力的车型

早期别克 GL8 及 1999 年—2008 年款君威（别克 WG\WL\WK）车系，轮胎气压监控系统利用车轮转速传感器监控轮胎充气压力。当车辆行驶时，轮胎气压监控系统接收四个轮速传感器的车轮转速信号进行综合分析。当某一个轮胎的气压太高或不足时，轮胎的直径就会变大或变小，车轮的转速也相应产生变化。监控系统将车轮转速的变化情况同预先储存的标准值比较，就能轮胎气压太高或不足，从而点亮轮胎气压不足"LOW TIRE"指示灯。

1）**轮胎气压不足"LOW TIRE"指示灯点亮条件**。当出现以下情况之一时，"LOW TIRE"指示灯将点亮：

①轮胎之一气压不足或太高。

②轮胎压力发生变化或轮胎经过调换，但未重新设置轮胎压力监控系统。

③车辆行驶中高速转向或某一轮胎打滑导致监控系统判断错误。

④监控系统元件损坏或线路不良。

2）**轮胎压力监控系统复位**。轮胎气压不足（LOW TIRE）指示灯亮时，应首先检查四个轮胎的压力和规格是否正确。在完成相应的维修保养后，可按下熔丝继电器盒内的复位按钮 RESET（重新设定），轮胎气压监控系统即复位，"LOW TIRE"指示灯熄灭。当复位按钮被按下后，车身控制模块（BCM）接收到复位按钮的瞬时搭铁信号，产生并发送一条信号给电子制动控制模块/电子制动牵引控制模块（EBCM/EBTCM），电子制动控制模块/电子制动牵引控制模块又向仪表板（IPC）发送信号，仪表板（IPC）熄灭"LOW TIRE"指示灯。此时，轮胎气压监控系统将进入自动读出模式，重新读出轮胎尺寸，这一过程在车辆直线行驶 30min 以上才能完成。轮胎气压监控器复位程序如下：

①点火开关置于 RUN（运行）位置。

②找到复位按钮，按压并保持按钮大约 5s。

③"LOW TIRE"指示灯将亮且闪烁三次，然后熄灭。

（2）利用轮胎汽车传感器监控轮胎充气压力的车型

新款车型采用轮胎气压传感器监控轮胎充气压力。复位程序如下：

1）设置驻车制动器（仅手动变速器）。

2）将点火开关置于 ON 位置，使用故障诊断仪或驾驶员信息中心按钮启动轮胎气压传感器读入模式。若听到喇叭发出两声"唧唧"声，表示读入模式已经启用。左前转向信号也将点亮。

3）从左前轮胎开始，使轮胎气压监测专用工具的天线朝上，顶住靠近气门杆处轮辋的轮胎侧壁以启动天线。按下然后松开启动按钮。确保专用工具上的传输指示器指示正在传输传感器启动信号。等待喇叭发出"嗝啾"声。如果喇叭未发出"嗝啾"声，则用工具重复传感器启动程序。一旦喇叭发出"唧唧"声，传感器信息被读入，而要读入的下一个位置的转向信号灯将点亮。

4）喇叭发出鸣响且右前转向信号灯点亮后，剩下的 3 个传感器按以下顺序重复步骤 3）右前——右后——左后。

5）当左后传感器已被读入且喇叭也发出两次"唧唧"声后，读入过程完成且车身控制模块 BCM 也退出读入模式。

✉ 提示：启动一个特定传感器喇叭未发出"唧唧"声，这种情况可能是由于传感器信号受到另一个部件的阻挡，只需将车轮气门杆转动到不同的位置即可。

3. 丰田汽车轮胎充气压力监控系统复位

以下是丰田汽车部分车型轮胎充气压力监控系统说明及复位程序，其他丰田车型可以参考本程序或维修手册。

（1）一汽丰田皇冠、锐志轮胎充气压力监控系统复位

当更换轮胎或轮胎换位后，应对轮胎压力监控（警告）系统进行重新设定。设定前应检查轮胎压力并将其调整到规定值。

1）停车时，将点火开关转至 ON 位置。

2）按住轮胎压力警告重置开关 3s 或更长，直到轮胎压力警告灯以每 1s 间隔闪烁 3 次。

✉ 提示：如轮胎压力警告灯不闪烁，需要重新初始化，重复进行 1）和 2）步的操作。

3）车辆以 30km/h 或更高的速度行驶，从而完成制动防滑控制单元轮胎充气压力监控的初始化。

4）车辆行驶 20～60min，检查警告灯是否被点亮。

✉ 提示：车辆行驶时，若轮胎压力警告灯以 0.25s 的间隔闪烁，初始化可能失败，需重新进行初始化，即关闭点火开关重复进行 1）～3）的操作。

5）初始化完成后，制动防滑控制单元利用车轮速度传感器监视轮胎压力。

（2）广汽丰田汉兰达轮胎充气压力监控系统复位

1）复位方法：

①停车时，将点火开关转至 ON 位置。

②在轮胎气压监控系统 TPWS 指示灯亮时，按下复位"SET"键 1~2s。

③在 TPWS 指示灯熄灭之后松开复位"SET"键。

2）初始化方法：

①停车时，将点火开关转至 ON 位置。

②按住复位"SET"键直到 TPWS 指示灯以 3 次 /s 的频率闪烁。

③在 TPWS 指示灯闪过 3 次之后，松开按钮，然后再驾驶车辆行使一段时间，完成轮胎压力初始化设定。

第三节　车身电控系统设定及其他操作程序

✉ **提示：**由于篇幅限制，以下内容仅以部分车型为例介绍，详细操作流程及更多详细技术资料请扫描二维码查阅，或查阅相关车型维修手册及其他技术资料。

一、电动车窗、天窗防夹功能设定

1. 大众汽车电动车窗、天窗防夹功能设定

下面是一汽大众迈腾电动车窗、天窗防夹功能设定程序，其他大众/奥迪车型请参照用户手册、维修手册及相关技术资料。

（1）电动车窗防夹功能检查与设定

1）防夹功能检查

①点火开关置于 ON 位置时，完全打开车窗玻璃，在车窗完全关闭位置附近放置 4~10mm 厚的检查夹具。

②操作驾驶人侧车窗关闭功能，检查并确认车门玻璃在接触检查夹具后降下，车门玻璃下降至距离检查夹具 200~240mm 处。

③车窗玻璃下降时，验证不能用电动车窗主开关是玻璃升起。

2）防夹功能设定

①点火开关置于 ON 位置。

②完全关闭所有电动车窗和车门。

③向上拉起电动车窗升降器开关，并保持至少 1s，松开开关，然后再次向上拉起开关。

④车窗防夹功能设定完成。

⑤按顺序设定其他各个车窗的防夹功能，各个车窗都需要进行如上所述步骤设定。

（2）电动天窗防夹功能检查与设定

1）电动天窗的功能检查。天窗开关有两个位置：

1 档位置：能控制天窗的开启和关闭，可部分开启天窗、全开天窗或关闭天窗。

2 档位置：按一次这个按键天窗可自动开到最终位置，不需要长按。

如果需要打开天窗，应让车辆保持通电状态（点火开关 ON 位置）。车辆熄火后若未打开车门仍可操控天窗。功能检查如下：

①自动开启电动天窗。需要自动开启天窗时，只需把按钮拉至 2 档位置。

②关闭已打开的电动天窗。按压按钮的前端至 1 档位置；按压按钮至 2 档位置即执行电动天窗自动关闭。

2）电动天窗初始化设定。电动天窗如果因检修或断电等原因，会出现天窗无法自动关闭的现象，这是天窗控制单元判断天窗初始位置错误，需要对电动天窗系统进行初始化设定。初始化步骤如下：

①连接故障诊断仪器，查询包括舒适系统在内等电动天窗相关控制系统无任何故障码记录。如有请检修后清除故障码。

②手动将天窗关闭，确认好天窗电动机初始位置。

③打开点火开关到 ON 位置，将天窗按钮在关闭位置按住，等待 25~30s，天窗将置于最大倾斜位置。此时天窗玻璃会抖动一下，松开并再次按住天窗按钮，此时天窗将下落，开启关闭 1 个自动循环，天窗初始化完成。

④如果操作错误，初始化失败，天窗没有动作。应关闭点火开关 10s 或断开电源，重新按住以上步骤操作。

⑤不同车型的天窗初始化步骤略有区别，请参照维修手册及相关的技术资料。

2. 上汽通用汽车电动车窗、车窗防夹功能设定

下面是上汽通用汽车部分车型电动车窗、天窗防夹功能设定程序，其他上汽通用车型请参照用户手册、维修手册及相关技术资料。

（1）别克英朗电动车窗防夹功能设定

1）车窗升降器电动机功能设定：

①点火开关置于 ON 位置。

②在车窗升至最上位置时，按住电动车窗开关直至车窗完全打开，并在车窗完全打开后继续按住开关约 5s。

③拉起电动车窗开关直至车窗完全关闭，并在车窗完全关闭后继续按住开关约 5s。

2）重新读入车窗电动机位置：

①点火开关置于 ON 位置。

②使用故障诊断仪，选择"Module Diagnosis（模块诊断）"、"Body Control Module（车身控制模块）"、"Configuration/Reset Functions（配置/重新设置功能）"，并为需要重新读入程序的车窗电动机选择相应的"Clear Window Learn Values（清除车窗读入值）"。

③读入程序后，完全退出故障诊断仪读入程序，直至退出编程后电动车窗才会正常化和工作。

④在车窗升至最上位置时，按住电动车窗开关直至车窗完全打开，并在车窗完全打开后继续按住开关约 5s。

⑤拉起电动车窗开关直至车窗完全关闭，并在车窗完全关闭后继续按住开关约 5s。

（2）别克英朗电动天窗功能设定

1）提示。天窗电动机初始化过程中，"手动"表示第一个开关，"快速"表示第二个开关。

2）操作程序：

①确保车顶内衬上的电气线束连接至天窗电动机。

②将点火开关置于 RUN 位置（车身控制模块会自动下载 CAL 文件）。

③初始化（正常化）：按下手动关闭开关直到车窗达到硬止点并轻微向后移动，初始化之后允许"快速打开"但不允许"快速关闭"。

④读入程序：

a. 用快速或手动打开开关，将天窗打开至全开位置并释放开关。

b. 按住手动打开开关 10s 以上，不要释放开关，此时天窗将开始自动移动至全关闭位置。

⑤在此期间，有必要保持开关启动直到程序完成。

⑥确认天窗 / 遮阳板的操作正常。

⑦如果以下任一操作在初始化周期完成之前发生，则初始化过程未完成。

a. 天窗开关没有保持在关闭位置。

b. 点火开关和 / 或蓄电池已被拆下。

c. 车窗玻璃未到达关闭位置。

如果没有完全执行初始化，则该程序需要重新开始。

（3）新君威、君越天窗电动机功能设定

1）提示：

①每次从天窗上拆下天窗电动机 / 执行器时，应执行初始化程序。

②"手动"表示第一个开关，"快速"表示第二个开关。

2）操作程序：

①确保车顶内衬上的电气线束连接至天窗电动机。

②将点火开关置于 RUN 位置（车身控制模块会自动下载 CAL 文件）。

③初始化（正常化）– 按住"手动关闭开关"10 s，车窗将达到硬止点并轻微向后移动。

④按住手动打开开关并保持 10s 以上，不要释放开关，此时天窗将开始自动移动至全关闭位置。

⑤在此期间，有必要保持开关启动直到程序完成。

⑥确认天窗和遮阳板的操作。

⑦如果以下任一操作在初始化周期完成之前发生，则初始化过程未完成。

a. 天窗开关没有保持在关闭位置。

b. 点火开关和 / 或蓄电池已被拆下。

c. 车窗玻璃未到达关闭位置。

d. 如果没有完全执行初始化，则该程序需要重新开始。

3. 丰田汽车电动车窗、车窗防夹功能设定

下面是丰田汽车部分车型电动车窗、天窗防夹功能设定程序，其他丰田车型请参照用户手册、维修手册及相关技术资料。

（1）丰田卡罗拉电动车窗防夹功能检查与设定

1）防夹功能检查：

①点火开关置于 ON 位置时，完全打开车窗玻璃，在车窗完全关闭位置附近放置 4~10mm 厚的检查夹具（图 6-3-1）。

②操作驾驶人侧车窗关闭功能，检查并确认车门玻璃在接触检查夹具后降下，车门玻璃下降至距离检查夹具 200~240mm 处。

③车窗玻璃下降时，验证不能用电动车窗主开关是玻璃升起。

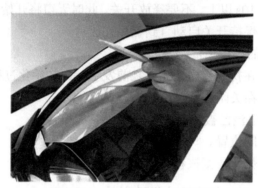

图 6-3-1 检查电动车窗防夹功能

2）防夹功能设定：

①点火开关置于 ON 位置。

②按下车窗玻璃升降开关，车窗降低底后保持 2~3s，听到一声"通"冲击声后，松开车窗玻璃升降开关。

③向上提车窗玻璃升降开关，车窗升到顶后保持 2~3s，听到一声"通"冲击声后，松开车窗玻璃升降开关，车窗防夹功能设定完成。

④按顺序设定各个车窗的防夹功能，各个车窗都需要进行如上所述步骤设定。

（2）丰田卡罗拉电动天窗防夹功能检查与设定

1）防夹功能检查：

①在电动天窗自动操纵工作时，如果有物体卡在车身和玻璃之间，则检查并确认天窗玻璃会从该物体接触之外起打开 218mm 的距离，如果打开距离不能达到 218mm，则完全打开。

②在 TILT UP/DOWN 功能正在操作且有物体卡在车身和天窗玻璃之间时，检查并确认电滑动天窗完全上倾。

2）电动天窗初始化设定：

①将点火开关置于 ON 位置。

②确保电动天窗完全关闭。

③按住 CLOSE/UP 开关直至完成下列操作过程：上倾——约 1s——下倾——滑动打开——滑动关闭。

④检查并确认滑动天窗停在完全关闭位置。

⑤完成初始化，检查并确认自动操纵功能运行正常。

（3）丰田皇冠电动车窗防夹功能设定

1）初始化设定条件：下列任一情况出现时，都必须重新初始化电动窗电动机操作（初始化脉冲传感器）：

①更换或拆装多路传输网络主开关、多路传输网络开关、多路与网络车门 ECU 线束、电动窗升降调节器电动机。

②更换与电动窗控制相关的熔丝或继电器。除非重新初始化电动窗升降调节器电动机，否则多路传输网络主开关的 AUTO 操作功能、防夹功能和遥控操作功能将不起作用。

③用各自的多路传输网络开关重新初始化电动窗开关升降调节器电动机，电动机不能用多路传输网络主开关的遥控操作来重新初始化。

④为防止强电流从导线中流过，不要同时初始化两个或更多的电动窗升降调节器电动机。

2）初始化设定方法：

①打开点火开关，将电动窗打开到半程，完全推上开关直到电动窗完全关闭，并在电动窗完全关闭之后将开关继续保持 1s 或更长时间。

②若自动功能仍不正常，则断开蓄电池负极桩头 10s 后再装上，重复步骤 1。

（4）丰田凯美瑞 2.4L 电动车窗防夹功能设定

1）初始化设定条件：当拆开电动车窗玻璃升降器和升降电动机或没有玻璃时动作玻璃升降器后，需要重新设置玻璃升降电动机（极限开关初始位置）。

2）初始化设定方法：

①拆下玻璃升降电动机，在玻璃升降电动机和玻璃升降器上做记号。

②插上玻璃升降电动机和电动玻璃升降开关的插接器。

③点火开关置于 ON 位置，操作电动玻璃升降开关，让玻璃升降电动机向上升方向空转 6 圈以上，但小于 10 圈（多于 4s）。

④把玻璃升降和升降电动机装在一起，在升降器低于中间点时装上电动机。

⑤在安装玻璃升降电动机时，对准玻璃升降电动机和玻璃升降的记号。

二、其他车身电控系统编码与设定

1. 大众／奥迪汽车安全气囊控制单元编码

（1）安全气囊控制单元编码条件

1）大众／奥迪车系更换新的安全气囊控制单元，需要进行控制单元编码。

2）新的安全气囊控制单元没有进行过编码，控制单元的初始编码为 0。

3）不同的控制单元编码具备不同的功能和配置。

4）未编码的控制单元会使安全气囊故障灯一直点亮，并产生故障码。

（2）安全气囊控制单元编码操作程序

1）使用诊断仪读取旧控制单元零件索引号和控制单元编码（CODING）。

2）使用诊断仪读取新控制单元零件号和控制单元编码（CODING）。

3）比较新旧控制单元编码是否一样，如不一样，或新控制单元编码为 00000，则需要对新控制单元进行控制单元编码（旧控制单元编码也为 00000 除外）。

4）诊断仪选取系统通道 15（安全气囊系统）。

5）选取功能通道 07（控制单元编码）。

6）修改新的控制单元编码。

7）如无旧控制单元编码号，可通过控制单元零件索引号，查阅维修资料，查找与零件号匹配的控制单元编码。

8）若出现更换新的安全气囊控制单元无法进行编码，诊断仪显示"车辆系统不存在"的故障码，则需要检查安全气囊控制单元是否正确安装。

9）编码完成后，读取和清除故障码，检查安全气囊故障灯是否正常。

2. 奥迪/大众汽车氙气前照灯自动调节照程装置设定

（1）系统简介

部分一汽奥迪 A6、大众 CC 等车型装备有气体放电前照灯，只用于近光控制，为了防止照射角度的变化造成眩目，该气体放电灯具有照程自动调节装置，该装置可保证近光灯光束保持不变，并且可根据车上载荷的变化而改变倾斜度。气体放电前照灯自动调节装置的组成包括前照灯照程调节控制单元 J431、安装于前后桥左侧的水平传感器 G76 和 G78、前照灯照程调节伺服电动机 V48 和 V89 等。在使用中，驾驶人不能通过手动调整来改变前照灯的照程，必须通过基本设定来完成调整，如果行驶中此自动调节装置发生故障，前照灯就停在此时的位置上，随后再起动车辆时，伺服电动机将其移动至上止点，驾驶人就会知道调节装置发生故障。图 6-3-2 是前照灯自动调节照程系统结构组成示意图。

（2）奥迪 A6 前照灯照程调节装置基本设定

调整前照灯的调节螺栓之前，必须对前照灯照程调节装置基本设定，否则，会损坏前照灯壳体内的照程调节装置。

1）设定前应具备的条件：

①前照灯玻璃完好、清洁。

②反光镜和灯泡正常。

③轮胎压力正常。

④车辆和前照灯校正仪已校准。

⑤前照灯倾斜度已调好，前照灯上部的护板上压印有倾斜度(%)，应按此值调节前照灯，该值相当于 10m 照射距离。例如倾斜度为 1.2% 换算成 12m。

⑥放松驻车制动器，档位在 N 位。

⑦车上无人员，不要移动车辆（包括车门开关，调整靠背和上下车）。

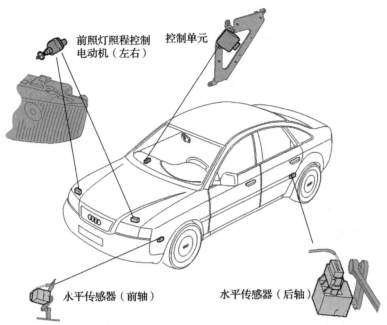

图 6-3-2 奥迪 A6 前照灯自动调节照程系统结构组成示意图

⑧确认左前及左后水平传感器及其他部件正确安装。

✉ **提示**：前照灯先手工调整，车速跑到 90km/h 一段时间，氙气前照灯系统会自动适应调整，再用仪器进行以下基本设定操作。

2）基本设定操作：

①连接诊断仪器，点火开关置于 ON 位置，选择"前照灯范围控制 55"屏幕显示功能选择界面。

②选择"系统基本调整 04"屏幕显示"输入显示组号"。

③按"00"和"1"键，按"确认"键，显示屏显示"请等待"；显示屏显示运动调整位置，此过程持续 20s，接着显示"调节前照灯"。

④进行前照灯调整，将新检测屏（不带 15° 调整线），放于车前 10m 处，检查内容有：打开近光灯，检查水平的亮暗；是否在垂直方向通过中央点；检查光束是否在垂直的右侧。如果检查结果不符合要求，应进行调整，调整时要用十字旋具转动相应的滤花小轮。

⑤调整后按"确认"，再次选择"系统基本调整"功能，按"确认"。

⑥按"00"和"2"，按"确认"，屏幕显示"已学习调整位值"。

⑦按"确认"，选择"查询故障存储值"功能，检查有无故障储存。

⑧若无故障，退出，关闭点火开关，断开诊断仪连接。

（3）大众 CC 前照灯照程调节装置基本设定

1）设定前先检查调整设定条件：

①轮胎气压正常、散光玻璃没有损坏或脏污、反光罩及灯泡正常。

②正确的车辆载荷：汽车空载，驾驶人位置坐一人。

③将车辆推动几米或在车身前后按压几次使弹簧正确回位。

④读取测量数据块 002 组数据，一、二区电压分别表示前后水平传感器信号电压，车辆在水平位置时应为 2 ～ 3 V，并随按压车身而变化。如果电压不在此范围之内，可能该传感器有故障或车身未处于水平位置，基本设定将无法进行，同时屏幕显示"暂不能执行此功能"。

2）设定方法：

①使用灯光调整仪对灯光照射角度进行调整。

②带有前照灯照程手动调节装置的车辆，调节滚轮需设置在"0"位。

③可用内六角调节调整螺钉以调整前照灯照射角度。

④连接诊断仪器，选择"前照灯控制（HLC）"，清除故障码。

⑤选择"基本调整"，屏幕显示"输入显示组号"，通过上下左右键输入组号 001，并"确认"。

⑥再次选择"基本调整"功能，按"确认"，输入组号 002，并"确认"，屏幕显示"已学习调整位值"。

⑦按"确认"，选择"读取故障码"功能，检查有无故障储存。若无故障，即设定完成。

3. 奥迪 Q7 电子指南针设定

（1）数字式指南针的车内后视镜说明

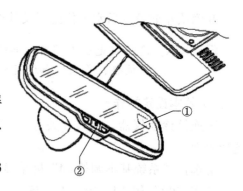

奥迪 Q7 在车内后视镜中集成了一个指南针，它通过磁场来准确设定"北"。在指南针显示屏（图 6-3-3 中的①）上，数字方式显示方位：N（北）、NE（东北）、E（东）、SE（东南）、S（南）、SW（西南）、W（西）、NW（西北）。按钮（图 6-3-3 中的②）用于激活、设定和校准数字式指南针。

注意事项：

1）不要将遥控器或其他电气装置放在车内后视镜附近，以防止导致数字式指南针方位指示失误。

图 6-3-3　奥迪 Q7 车内后视镜

2）同样，不要让带金属件的物品（如有金属框架的太阳镜、含有金属的装饰件或吉祥物）出现在车内后视镜附近。

（2）操作步骤

1）关闭和接通数字式指南针：

①关闭数字式指南针：按住按钮②至少 3s，直至显示屏①上的方位方向显示消失。

②接通数字式指南针：按住按钮②至少 3s，直至显示屏①上的方位显示又出现。

2）校准当前的数字式指南针。 在下述情况下需要校准数字式指南针：

①指南针的方位指示不准确了。

②显示的是 C，而不是方位符号，或干脆没有显示。

③在特殊情况下也可能需要校准指南针，例如蓄电池负极长时间断开，或者安装了新的音响设备。

校准方法：

①打开点火开关，指南针显示屏①上应该出现"C"。

②如果并没有出现"C"，请按住按钮②至少9s，直至指南针显示屏①上出现"C"。

③以大约10 km/h的车速转2~3圈，直至指南针显示屏①上显示出方位。

④确保在完成校准后激活车内后视镜的自动防眩目功能。

⑤关闭点火开关，校准完成。

3）校准新的数字式指南针：

①打开点火开关，指南针显示屏①上应该出现"C"。

②如果并没有出现"C"，请按住按钮②至少9s，直至指南针显示屏①上出现"C"。

③以大约10 km/h的车速转2~3圈，直至指南针显示屏①上显示出方位。

④点火开关保持接通状态，按住按钮②至少6s，直至"Z"和一个代表磁偏转区的数字出现。

⑤反复按压按钮②，直至出现所希望的磁偏转区的数字（从世界地图上获取相应的磁偏转区的数字）。

⑥数秒钟后，显示内容就从相应的磁偏转区数字切换到方位。

⑦确保在完成校准后激活车内后视镜的自动防眩目功能。

⑧关闭点火开关，校准完成。

4）设定磁偏转区。经过长途行驶后，可能需要设定另一个磁偏转区，也就是说你的车辆离预设的磁偏转区已经超过两个区了，需要设定磁偏转区。

①打开点火开关。

②按住按钮②至少6s，直至"Z"和一个代表磁偏转区的数字出现

③反复按压按钮②，直至出现所希望的磁偏转区的数字（从世界地图上获取相应的磁偏转区的数字）。

④数秒钟后，显示内容就从相应的磁偏转区数字切换到方位。

⑤确保在完成校准后激活车内后视镜的自动防眩目功能。

⑥关闭点火开关，设定完成。

 欧洲车系电控系统设定及其他操作程序

 美洲车系电控系统设定及其他操作程序

 亚洲车系电控系统设定及其他操作程序

附录　汽车维修电工其他必备知识和技能

序号	名称	序号	名称
1	汽车照明系统	12	汽车智能进入与起动系统
2	汽车信号系统	13	汽车安全气囊系统
3	刮水器和洗涤器系统	14	汽车定速巡航控制系统
4	汽车仪表系统	15	汽车自动空调系统
5	汽车音响系统	16	汽车轮胎压力监测系统
6	汽车电动车窗系统	17	汽车泊车辅助系统
7	汽车电动后视镜	18	汽车总线系统
8	汽车电动座椅	19	卤素前照灯的认识与更换方法
9	汽车中控门锁系统	20	行车记录仪的认识与安装方法
10	汽车无线门锁遥控系统	21	倒车雷达的认识与安装方法
11	汽车防盗报警系统		

汽车维修电工其他
必备知识和技能

参 考 文 献

［1］李昌凤. 汽车数据流分析与故障诊断［M］. 北京：机械工业出版社，2018.

［2］吴荣辉. 新能源汽车结构原理与检修［M］. 北京：机械工业出版社，2021.

［3］管伟雄，吴荣辉. 汽车电气设备结构原理与检修［M］. 北京：机械工业出版社，2021.

［4］薛金梅. 新款汽车电脑端子速查手册 欧美车系［M］. 北京：机械工业出版社，2016.

［5］薛金梅. 新款汽车电脑端子速查手册 日韩车系：上册［M］. 北京：机械工业出版社，2016.

［6］薛金梅. 新款汽车电脑端子速查手册 日韩车系：下册［M］. 北京：机械工业出版社，2017.

［7］薛金梅. 新款汽车电脑端子速查手册 国产车系［M］. 北京：机械工业出版社，2018.

［8］胡欢贵. 2008—2018 款汽车防盗钥匙匹配遥控器设定保养灯归零电脑编程速查手册［M］. 北京：机械工业出版社，2018.

机械工业出版社 | 汽车分社
CHINA MACHINE PRESS

读者服务

机械工业出版社立足工程科技主业，坚持传播工业技术、工匠技能和工业文化，是集专业出版、教育出版和大众出版于一体的大型综合性科技出版机构。旗下汽车分社面向汽车全产业链提供知识服务，出版服务覆盖包括工程技术人员、研究人员、管理人员等在内的汽车产业从业者，高等院校、职业院校汽车专业师生和广大汽车爱好者、消费者。

一、意见反馈

感谢您购买机械工业出版社出版的图书。我们一直致力于"以专业铸就品质，让阅读更有价值"，这离不开您的支持！如果您对本书有任何建议或宝贵意见，请您反馈给我。我社长期接收汽车技术、交通技术、汽车维修、汽车科普、汽车管理及汽车类、交通类教材方面的稿件，欢迎来电来函咨询。

咨询电话：010-88379353　编辑信箱：cmpzhq@163.com

二、课件下载

为满足读者电子阅读需求，我社已全面实现了出版图书的电子化，读者可以通过京东、当当等渠道购买机械工业出版社电子书。获取方式示例：打开京东App—搜索"京东读书"—搜索"（书名）"。

三、教师服务

机械工业出版社汽车分社官方微信公众号——机工汽车，为您提供最新书讯，还可免费收看大咖直播课，参加有奖赠书活动，更有机会获得签名版图书、购书优惠券等专属福利。欢迎关注了解更多信息。

微信公众号
机工汽车

四、购书渠道

编辑微信
13641202052

我社出版的图书在京东、当当、淘宝、天猫及全国各大新华书店均有销售。

团购热线：010-88379735

零售热线：010-68326294　88379203